JN409770

우송 김태길 전집

새로운 가치관의 지향

우송 김태길 전집

새로운 가치관의 지향

철학과 현실사

1988년 철학문화연구소 개원 현판식

2008년 11월 일본 학사원 명예회원 메달 수령 장면

머리말

한국에 사는 까닭에, 한국의 현실에 대하여 무관심할 수가 없다. 현실에 대한 관심은, 단순한 호기심이나 이론적 탐구심과는 달리, 개조(改造)의 의지와 밀접히 연결되고 있다.

현실을 이대로 긍정할 수 없다는 점에 있어서, 사람들의 의견은 완전에 가깝도록 일치하고 있다. 무엇인가 달라져야 하며, 그 변화는 스스로 오기를 기다릴 것이 아니라 우리 인간의 노력으로 일으켜야 한다는 점에 이르기까지는, 의심의 여지 없이, 사리(事理)가 매우 분명한 것같이 보인다.

그러나 무엇을 어떻게 고쳐야 할 것인가? 이 물음과 더불어 우리의 생각은 곧 암초에 부딪친다. 이 물음에 대한 전면적인 해답을 한숨에 내린다는 것은 너무나 벅찬 욕심에 지나지 아니함을 깨닫는다. 아마 그것은 한 사람이나 두 사람의 힘으로는 제대로 다룰 수 없는 방대한 문제라고 보아야 할 것이다.

이 방대한 문제를 본격적으로 다루기 위한 공동 연구의 기관이 아직 설립되지 못한 우리 한국에 있어서 우선 할 수 있고 또 해야 할 일은, 이 문제에 대한 다수의 관심을 촉구하는 일일 것이다. 과연 그러한 관심을 촉구하는 동시에 해결의 실마리라도 찾아보고자 하는 의도에서, 여러 사설 기관이 여러 차례의 모임을 베풀었고, 뜻있는 언론기관이 학자들의 의견을 개별적으로 묻는 일이 근래 자주 있었다. 그러한 모임 또는 청탁에 필자 자신이 참여할 기회를 종종 가졌으며, 그 참여의 결과로서 상당히 여러 편의 글이 손에 남았다. 그와 같이 남은 글들을 한데 엮어서 여기 조그마한 책 한 권을 꾸민 것이다.

처음부터 일정한 계획을 따라서 수행된 계속적인 연구가 아닌 까닭에, 책 전체를 통일하는 조직 내지 체계성 같은 것은 물론 없다. 그뿐만 아니라, 비슷한 문제를 서로 다른 각도에서 다룬 것도 적지 않으므로, 간혹 부분적인 중복이 있을지도 모른다. 그러나 모두가 우리의 현실 문제로 연결되는 논문들인 까닭에, 그런대로 그 가운데 어떤 내면적 연관성을 찾아볼 수도 있음직하다.

논문들의 성질을 고려하여 네 부분으로 나누고 순서를 정하기는 했으나, 엄밀하게 논리적인 기준이 거기 있을 수는 없었으며, 다만 편의와 상식을 따라서 정리했을 뿐이다. 그러므로 독자 여러분은 각자의 관심과 흥미를 따라서 순서를 바꾸어 읽어도 무방하리라고 생각한다.

1부의 논문들은 우리들의 정신적 자세에 관한 가장 일반적인 문제를 다룬 것이며, 2부는 전통과 외래 사상의 교류 및 교육의 문제를 다룬 것들이다. 3부의 논문들은 직접 실천의 문제를 다룬 것이 아니라, 실천 문제를 다루는 사람들이 발판으로 삼아야 할 철학적 배경에서 제기되는 이론적인 문제를 대상으로 삼은 것으로서, 그 가운데 몇 편은 전문적인 학술 논문에 가깝다. 4부의 글들은 대개 신구(新舊) 두 세대의 관계와 관련이 있는 것들로서, 비교적 가벼운 기분으로 읽을 수 있는 소론(小論) 내지 잡문(雜文)의 족속이다.

끝으로, 이 변변치 못한 책을 세상에 내보내기 위해서 필자는 여러 선배와 동학(同學)의 힘을 크게 입고 있다는 사실을 밝혀 두고자 한다. 특히 학술과 사상에 대한 깊은 관심으로 말미암아, 출판계의 갖가지 악조건을 무릅쓰고, 이 책의 간행을 맡아 주신 민중서관(民衆書館)의 이병준(李炳俊) 회장 이하 여러분들의 호의에 감사한다. 그리고 원고의 정리와 교정을 도와준 지연(地連)의 노고가 컸음을 적어 둔다.

1969년 6월

김 태 길

차례

1부
새로운 인간상의 모색

1장 새 윤리의 근본 문제
2장 새로운 인간상의 모색(Ⅰ)
3장 새로운 인간상의 모색(Ⅱ)
4장 전환기와 사회윤리
5장 르네상스와 휴머니즘

1장 새 윤리의 근본 문제

혼란을 거듭한 지 자못 오래다. 새 질서에 대한 갈망이 절실하며, '새 윤리', '새로운 인간상', '제2의 경제' 등의 말을 통하여 새로운 가치관의 방향이 모색되기도 하였다. 그러나 문제 자체가 매우 어렵고 또 구름을 잡는 것 같은 성질의 것이어서, 아직도 뚜렷한 방향을 얻지 못한 채 제자리 걸음을 하고 있는 형편이다. 아마 이 문제는 상당한 규모의 연구 기관에서 여러 방면의 전문가들이 힘을 모아 연구해야 할 과제라고 생각되거니와, 앞으로 그러한 연구 기관이 생길 것을 고대하면서, 우선 하나의 개인적 의견을 통하여 이 문제에 대한 약간의 실마리라도 찾아낸다면 그런대로 뜻있는 일이 될 것이라는 생각에서 붓을 들어 본다.

필자는 아주 상식적인 견지에서 출발하고자 한다. 다시 말하면, 문제의식을 가지고 우리나라의 현실을 주의 깊게 바라보는 사람들이 일반적으로 가지고 있는 생각 — 또는 일반적으로 가지고 있다고 필자가 보는 생각 — 을 토대로 삼고 출발하고자 한다. 따라서 앞으로 전개되는 이론은, 엄밀하게 말하자면, 필자 개인의 생각이기보다도 우리나라 상식인(常識人)들의 생각을 정리한 것에 가깝게 되지 않을까 여겨진다. 만약 이 글에 뜻이 있다면, 그것은 여러 사람들이 막연히 느끼고 있는 것을 뚜렷하게 만드는 동시에, 산발적이요 단편적인 생각들에 어떤 연결성을 지어 주는 점에 있을 것이다.

앞으로 우리의 근본 문제를 생각하는 동안, 필자는 도덕 자체를 위한 도덕보다도, 값있는 인생을 위한 행위의 처방으로서의 도덕에 치중하고 이론을 전개할 것이다. 그 자체가 목적이 되는 도덕의 문제를 소홀히 생각해서가 아니라, 우리에게 더 절박한 문제는 어떤 목적의 달성을 위한 수단으로서의 행위의 문제라고 믿어지기 때문이다. 수단으로서의 도덕을 문제 삼는 까닭에, 우선 공동 목표에 관한 고찰로부터 시작하기로 한다.

1. 공동 목표

어떤 사람들은 오늘날 우리 한국에 뚜렷한 공동 목표가 서 있지 않다고 걱정하며, 또 어떤 사람들은 우리에게 지도 이념이 결여되어 있다고 탄식한다. 민주주의라는 이념이 있고 근대화라는 표어가 던져지기도 했으나, 그 '민주주의' 또는 '근대화'의 개념이 아직 명백하게 확립되지 못했다는 현실의 사정을 고려할 때, 저 걱정 또는 탄식에 일리가 있음을 부인하지 못한다. 그러나 관점을 달리해서 볼 때, 우리에게는 이미 어느 정도 뚜렷한 공동 목표가 서 있다고도 말할 수 있음직하다.

우리는 지금 국가의 번영과, 번영을 이룬 국가 안에서의 개인의 행복을 성취함이 가장 바람직한 일이라는 의견을 널리 받아들이고 있으며, 적어도 관념상으로는 그러한 이상(理想)을 은연중 전제하고 그에 따라서 자기의 언행을 정당화하는 것이 어느 정도 교육을 받은 사람들의 일반적 경향이다. 국가 내지 사회의 번영을 방해하는 행위를 해서는 안 된다는 것이 우리들의 상식이며, 국가 내지 사회는 그 안에 속하는 국민 또는 개인의 행복을 조장함으로써 본래의 기능으로 삼는다는 것이 우리들의 통념이다. 다만, 전체로서의 국가의 번영과 일부 개인의 행복 사이에 불일치의 관계가 생길 경우에, 어느 길을 우선적으로 택할 것이냐에 관해서는 공통된 견해가 형성된 바 없는 것으로 보인다. 이 점에 관해서는, 나라가 잘되면 국민 각자도 잘살게 된다는 막연한 낙관이 지배하고 있는 것이 아닌가 생각된다. 여하튼 국가 전체의 번영과 국민 각자의 행복을 실현함이 가장 바람직한 목표라는 것을 부인할 사람은 별로 없으리라는 점에는 의심의 여지가 없다.

그러면 '국가의 번영'이란 무엇을 말하며, '개인의 행복'이란 무엇을 일컫는 것일까? 이 물음에 관한 전문가들의 대답에는 상당한 견해의 차이가 있을 것이며, 이 문제를 학문적으로 해결하기는 매우 어려운 일이라고 보인다. 그러나 여기에 있어서도 건전한 상식인들은 막연하나마 자기 나름의 생각을 가지고 있으며, 그 자기 나름의 생각들은 대국적인 견지에서 볼 때 대체로 비슷하다. 다시 말하면 '국가의 번영' 및 '개인의 행복'이라는 두 개의 개념에 대한 학문적으로 확립된 정의(定義)를 제시하기는 어려우나, 상식적인 수준에 있어서 어느 정도 일치된 견해를 발견하기는 반드시 어려운 일이 아니다.

'국가의 번영'이라는 말에 의하여 우선 연상되는 것은 경제적 번창이다. 경제적으로 궁핍하며 재정적으로 빈약한 나라를 우리는 '번영'이라는 말로 부르지 않는다. 같은 말에 의하여 둘째로 연상되는 것은 정치적 안정이다. 정치적인 불안으로 인하여 항상 동요하는 나라를 우리는 '번영'이라는 이름으로 부르지 않는다. 같은 말에 의하여 셋째로 연상되는 것은 높은 문화 수준이다. 경제적으로 풍부하고 정치적으로 안정된 나라라 할지라도, 원시적 야만 상태를 벗어나지 못했을 경우에는 보통 '번영된 국가'라고 부르지 않는다. 짧게 말해서, '국가의 번영'이라 하면 물질과 정신 두 측면이 모두 잘 개발된 경우를 일컫는 것이 보통이다.

'개인의 행복'이라는 말에 의하여 우선 연상되는 것은 정신적 평안(平安)이다. 마음이 편하지 않은 사람을 우리는 행복하다고 부르지 않는다. 그러나 마음이 편하기 위해서는 우선 어느 정도 물질생활이 안정되어 있어야 한다. 따라서 개인의 행복을 위해서도 경제생활의 안정은 필수 조건이라는 것이 우리들의 일반적 상식이다. 하지만 물질생활의 안정을 토대로 삼고 얻어지는 정신적인 평안만으로 개인의 행복을 위해서 충분하다고는 보통 생각하지 않는다. 이미 옛날에 아리스토텔레스가 강조한 바와 같이, 우리들 인간이 진정으로 행복할 수 있기 위해서는 자기가 가지고 있는 정신적 기능을 잘 발휘해야 한다. 다시 말하면, 정신적 능력의 충분한 개발이 없이는 참으로 행복한 사람이라고 불릴 수 없다는 것이 우리들의 상식이다.

'번영을 이룬 국가 안에서의 개인의 행복'이 가장 바람직한 일이라고 주장할 때, 우리는 모든 개인이 다 같이 행복하기를 바라는 것이며, 어떤 일부 사람들의 행복을 위하여 다른 일부 사람들이 희생을 당해도 좋다고 생각하는 것이 아니다. 공정(公正) 내지 사회정의의 원칙을 따라서, 모든 사람들의 인권과 자유가 평등하게 존중되어야 한다는 것이 우리들의 일반적인 통념이다.

이상에서 고찰한 바를 종합할 때, 우리는 하나의 결론에 도달하게 된다. 그 결론이란 대략 다음과 같은 표현으로 정리할 수 있음직하다.

(1) 우리들에게는 "무엇이 우리의 공동 목표로서 바람직한가?" 라는 문제에 관해서 어느 정도 일치된 견해가 있다.

(2) 그 일치된 견해에 의하면,

1) 모든 사람이 물질생활에 있어서 안락과 안정을 누리는 것이 바람직하다.

2) 모든 사람이 자기가 가진 자질과 능력을 충분히 발휘하는 것이 바람직하다.

(3) 모든 사람이 안락하고 안정된 물질생활을 즐기며 자기의 정신적 능력을 충분히 발휘할 수 있기 위해서는, 공정하고 번영된 국가의 건설이 필요하다.

요컨대, ① 풍족한 물질생활의 토대 위에서, 각자의 정신적 잠재력을 충분히 발휘하되, 특별한 혜택을 입은 일부만이 아니라 모든 사람이 고루 그렇게 사는 것이 바람직하다는 점에 있어서, 우리의 상식은 대체로 견해를 같이하고 있으며, ② 만인이 고루 그러한 삶을 누릴 수 있기 위해서는 공정하고 번영된 국가의 건설이 필요하다는 점에 있어서, 우리의 의견은 대체로 일치하고 있다.

가장 바람직한 사회적 목표가 무엇이냐에 관한 대체로 일치된 의견은 상당히 오랜 역사와 전통을 가진 가치관이다. 그것은 적어도 르네상스 이래 대부분의 문명사회에 있어서 지배적인 윤리관이며, 우리나라에 있어서도 이미 널리 받아들여진 철학이다.

2. 새로운 가치관의 문제

위에서 필자는 오늘날 건전한 상식인에 의하여 일반적으로 받아들여진 윤리관이 있음을 말하고, 나아가서 그것은 르네상스 이래의 오랜 전통을 가진 가치관이라고 덧붙였다. 그러나 이것은 오늘날 "새로운 가치관의 수립이 절실히 요망된다."는 여론이 분분하다는 사실을 모르고 하는 말이 아니며, 또 그러한 여론의 타당성을 의심하는 뜻을 포함하는 것도 아니다. 실은 거기에는 아무런 모순도 없는 것이다.

오늘날 새로운 가치관이 요청된다고 할 때, 그것은 안정된 물질생활의 기초 위에서 모든 사람이 각자의 기능을 발휘함을 이상(理想)으로 삼는 우리들의 생각을 배척하고 다른 공동의 목표를 세워야 한다는 주장으로는 해석되지 않는다. 궁극적 목표에 관한 한, 근대의 휴머니스트들이 지향한 저 이상이 아직 그대로 시인되고 있다고 보아도 어긋나지 않을 것이다. 문제는 그 휴머니스트적 이상을 실현하는 방법을 둘러싸고 제기되고 있는 것으로 보인다. 즉, 새로운 가치관의 수립이 요청된다는 주장의 뜻은, 오늘날 건전한 상식에 있어서 합의된 저 근본 목표를 바꾸자는 것이 아니라, 그 근본 목표의 달성을 위한 방법으로서의 사고방식 및 행동 양식의 쇄신이 요청된다는 뜻으로 해석된다.

우리들은 말하기를, 인격은 존엄한 것이며, 존엄한 까닭에 모든 사람은 자유와 평등 그리고 쾌적한 삶을 누려야 한다고 한다. 그러나 우리들의 일상적 사고방식 및 행동 양식은 저 지각 있는 말과는 일치하지 않을 경우가 많다. 국민의 물질생활이 안정을 얻기 위해서는 나라의 경제개발이 이루어져야 할 것이며, 오늘날 경제개발이 이루어지기 위해서는 합리적이고 과학적인 사고를 따라 행동해야 할 것임에도 불구하고, 전근대적 감각을 따라서 행동할 경우가 적지 않다. 예컨대, 절약이 요구될 경우에 낭비를 하고, 부지런함이 요구될 경우에 게으름을 피운다. 소질을 따라 올바른 정신 개발이 이루어지기 위해서는 참다운 인간 교육이 요청됨에도 불구하고, 우리는 눈앞에 닥친 입학시험에 몰려 생명 없는 단편적 지식을 거래함에 여념이 없는 실정이다. 모든 인권이 존중되고 모든 사람이 사람다운 생활을 하기 위해서는 기회의 균등과 분배의 공정이 실천되어야 할 것임에도 불구하고, 우리들의 주변에는 특권과 특혜가 난무하여 서민의 생존을 위협하는 사례가 비일비재하다.

우리는 우리의 공동 목표에 위배되는 처신을 하고 있으며, 시대의 요청을 배반하는 행동에 골몰하다. 이와 같이 그릇된 길을 걷는 것은 우리들의 행동을 떠받들고 있는 가치관이 잘못되었기 때문이라고 사람들은 판단한다. 이와 같은 맥락을 통해 볼 때, 우리는 "새로운 가치관의 수립이 긴요하다."는 식자들의 여론이 의미하는 바를 명확히 파악할 수 있음직하다.

우리는 '가치관'이라는 말을 막연한 뜻으로 사용한다. 무엇이 '좋다' 또는 '옳다'고 마음속으로 생각만 하고 실제의 행동은 그대로 하지 않더라도, 우리는 그 생각을 가치관이라고 부른다. 즉, 비록 실천은 따르지 않더라도 마음속에 일어난 관념으로서의 가치 의식에 대하여 우리는 가치관이라는 말을 쓴다. 예컨대, 스스로 사치와 낭비의 버릇을 가진 어머니가 딸의 사치와 낭비를 꾸짖을 때, 그에게 사치와 낭비를 부당하다고 생각하는 가치관이 있다고 말할 수가 있다. 그러나 한편, 우리는 실제 행동의 원동력으로서의 의지 작용을 가치관의 이름으로 부르기도 한다. 예컨대, 설교나 강연을 통하여 입으로는 온갖 좋은 말을 다 하나 실제 행동에 있어서는 야비하고 교활하기 짝이 없는 사람에 대하여, "그는 가치관을 고쳐야 한다."고 비난할 때와 같다. 요컨대, 우리가 막연히게 사용하는 '가치관'의 용어를 분석할 때, 우리는 단순한 관념 내지 의식으로서의 가치관과 행동 양식 또는 실천 경향으로서의 가치관을 구별할 수 있으며, 그것을 구별함은 우리의 현실 문제를 고찰함에 상당한 도움이 될 것으로 보인다.

오늘의 한국이 새로운 가치관의 수립을 요청한다고 주장할 때, 우리는 위에서 말한 두 가지 뜻의 가치관이 모두 언급되었다고 보아야 할 것이다. 우리는 가치에 관한 의식 그 자체에도 고쳐야 할 점이 많고, 실천적 행동의 경향에도 고쳐야 할 바가 많다고 판단되기 때문이다. 무엇이 옳고 무엇이 그르냐는 문제에 관해서 아직도 전근대적 관념에 젖어 있는 사람들이 적지 않다. 예컨대, 시민사회의 인간관계에 있어서 가족주의의 사고방식을 탈피하지 못한 사람, 과학의 가르침보다도 샤머니즘의 신비로운 영험을 더욱 믿는 사람, 남의 권리를 침범하면서도 별로 양심의 가책이나 수치감을 느끼지 않는 사람들을 우리 주변에서 찾아보기는 그리 어려운 일이 아니다.

그러나 정말 고쳐야 할 점이 많은 것은 관념으로서의 가치관이기보다도 행동 양식으로서의 가치관이다. 마음속에서의 생각에 관한 한, 우리는 무엇이 옳고 무엇이 그른가를 어느 정도 잘 알고 있다. '나만 잘살면 그만이다'라는 생각이 잘못임을 알고 있고, 뇌물을 주고받는 것이 부당함을 알고 있으며, 사치와 낭비 그리고 태만이 악덕(惡德)임을 알고 있다. 그것을 알고 있다는 증거는, 남이 그러한 행동을 했을 때 얼굴을 찌푸리고 비난의 언사를 던지기에 바쁘다는 사실에서 잘 나타나고 있다. 그러나 어떻게 하는 것이 옳다는 것을 관념상으로 알고 있다 하여 그것이 반드시 실천을 수반하는 것은 아니다. 마음속에서는 그렇게 하는 것이 옳다고 생각하면서도 실제로는 그렇게 행하지 못할 경우가 적지 않다. 부정, 부패, 사치, 낭비, 사기 따위의 행위가 옳지 못하다는 것을 전혀 모르는 바 아니나, 더 강한 욕망에 밀려 그러한 행동을 범하는 경우가 있다. 관념과 실행 사이에 괴리가 생기는 것은 어느 시대 어느 사회에도 있는 일이다. 그러나 오늘날 우리의 주변에는 그것이 유달리 심한 것으로 보인다. "어떻게 해야 옳은가?"라는 물음에 입이나 붓으로 대답을 하라면 바로 대답할 사람이 그래도 상당히 많을 것이라고 짐작이 될 경우에도, 실제 행동으로써 옳은 길을 택하는 사람은 몹시 적은 것이 우리가 오늘날 겪고 있는 도덕적 현실이다. 요즈음 우리가 "새로운 가치관의 수립이 요망된다."는 말을 흔히 하는 것도 실은 이러한 도덕적 현실을 — 실천에 있어서 난맥상(亂脈相)이 격심한 도덕적 현실을 — 싫도록 많이 관찰하기 때문이다.

3. 제2경제 논의의 역사적 배경

1968년 연초의 대통령 기자회견 석상에서 '제2경제'의 개념에 대한 대통령 스스로의 설명이 있었음을 계기로, 우리나라에 있어서의 가치관 내지 국민 윤리의 문제는 갑자기 활발한 논의의 대상으로 부각되었다. 대통령은 현재 우리나라의 국민 윤리가 상하를 막론하고 매우 타락되어 있음을 개탄하고, 그 시정을 관민(官民) 전반에게 호소한 것으로 보이거니와, 국민 윤리의 문제가 심각한 걱정거리로 등장한 것은 이번이 처음은 아니며, 항간에서는 이미 오래전부터 중대한 논의의 대상이 되어 왔다. 다만, 이 문제를 대통령이라는 막중한 직권을 장악한 인물이 공식적으로 문제 삼은 점에 새로움과

의의가 있다고 보인다.

5·16 당시, '인간 개조'의 구호를 통하여 이미 같은 문제가 제기된 일이 있었다. 그러나 인간 개조의 꿈은 그 뒤 흐지부지한 허사로 그치고 말았으며, 경제 건설 내지 경제개발이 국가의 당면 목표로서 제창되는 동시에, 물질 생산에 상당한 국력과 우선적인 노력을 기울여 왔다. "항산(恒産)이 없으면 항심(恒心)이 없다."는 맹자(孟子)의 말이 지적한 바와 같이, 우선 경제생활의 안정이 없이는 정신의 자세를 가다듬기 어렵다는 판단에서, 어느 일보다도 먼저 경제의 후진성부터 극복하지는 정책을 세운 것으로 이해된다.

경제개발을 위한 국가적인 계획이 국한된 측면에서 성과를 거두기는 하였으나, 아주 만족스러운 결과에 이르기에는 요원한 거리가 있었다. 경제개발의 거창한 계획이 어느 지점까지 진행하고는 그만 벽에 부딪친 격이 되었다. 그리고 경제 건설을 지향하는 민족적인 염원이 멀리 못 가서 온갖 애로에 봉착하게 된 근본 원인으로서 반성된 것이 '국민 윤리의 파탄' 또는 '정신적 기조(基調)의 빈곤'이었다. 여기 '제2경제'의 문제가 제기된 경위를 보거니와, 이러한 문제의 제기를 계기로 새삼 깊이 반성되는 것은 인간의 물질생활과 정신생활의 밀접한 상호 관련성이다.

인류의 역사가 시작되던 태고에 있어서는 아마 물질 내지 육체의 생활이 앞을 서고 정신적 활동은 그 물질생활을 위한 수단으로서 발달했으며, 따라서 이차적인 의의를 가짐에 머물렀을지도 모른다. 그러나 문명이 고도로 발달한 오늘에 와서는 이미 그러한 일방적인 목적과 수단의 관계로서 생활의 저 두 측면을 설명할 수는 없다. 인간 생활의 물질적 측면과 정신적 측면은 각각 그 자체가 목적인 동시에, 서로가 서로를 위한 수단이기도 하다. 그리고 물질생활과 정신생활 가운데 하나는 극도로 빈약하고 다른 하나만이 지극히 풍족한 경지에 이를 수는 도저히 없는 것이 현대의 인간 생활의 조건이다. 따라서 이에 우리는 물질과 정신 가운데 어느 하나만을 우선 강조하고,

나머지 하나는 저 먼저 것이 완성된 다음에 서서히 그 개발을 시도하는 순차적 단계를 밟으려 할 것이 아니라, 물질과 정신의 개발을 동시에 추진함이 마땅하다는 결론에 도달하게 된다.

그러나 두 가지 일을 동시에 추진한다는 것은, 언뜻 보기에 매우 원만하고 흠잡을 곳 없는 원칙 같기도 하나, 막상 실천에 옮기고자 하는 관점에서 검토할 경우에는 매우 답답한 이론이다. 원칙상으로는 두 가지를 동시에 추진함이 현명하고 당연한 처사임에 틀림이 없다 하더라도, 실제 일을 시작하는 작업의 기술로서는 어느 한쪽에 우선 힘을 주어야 하기 때문이다. 이는 자동차가 달리려면 앞바퀴와 뒷바퀴가 동시에 돌아가야 하지만, 자동차가 움직이는 순간에는 어느 한쪽 바퀴에 우선 에너지가 집중되어야 하는 것과 같은 이치라 하겠다.

물질과 정신의 개발은 동시에 추진함을 원칙으로 삼되, 그 추진 운동의 초기에 있어서 우선 한쪽에 먼저 힘을 주어야 한다면, 우리는 과연 어느 쪽에 그 힘을 먼저 주어야 하는가? 지도자의 관점에서 문제를 생각하는 한, '정신' 쪽에 먼저 역점이 주어져야 한다고 필자는 믿는다. 그리고 이와 같이 믿는 근거는, 인간이 스스로 운명을 개척할 수 있는 자유의 주체라는 사실에 있다. 우리가 우리의 현재를 극복하고 더 나은 내일을 갖고자 노력할 때, 거기에는 하나의 결의와 계획이 앞서는 것이며, 그 새로운 결의와 계획은 이미 정신적 자세에 변혁이 생기기 시작했음을 의미한다. 불만스러운 현재를 개혁하고자 하는 인간의 노력은, 그것이 의식적이요 자발적인 행위인 한, 항상 정신의 개혁으로부터 시작되기 마련이다. 물질의 개발과 정신의 개발은 항상 표리(表裏)의 관계를 이루고 병진(竝進)해야 하겠지만, 그 선봉의 주도만은 정신이 잡지 않을 수 없다. 그것은 자유의 주체인 인간이 역사를 창조하는 법칙이다.

개혁의 행진은 정신의 혁신으로부터 출발해야 한다는 주장이 옳다는 것은, 침체를 극복하고 신생(新生)의 길을 여는 데 성공한 나라들의 선례(先例)가 증명한다. 예컨대, 덴마크나 이스라엘 같은 나라들이 부진한 과거를 청산하고 영광스러운 사회를 건설함에 성공했을 때, 그들의 지도자가 우선 심혈을 기울인 것은 국민의 정신적 자세를 바로잡는 일이었다. 썩은 정신으로 건전한 물질생활을 영위하기는 불가능하나, 빈곤한 가운데서 정신을 가다듬는 것은 전혀 불가능한 일이 아니다.

궁핍하고 불안한 물질적 조건 아래서 모든 국민이 빠짐없이 올바로 마음의 자세를 갖도록 자기를 교육한다는 것은 불가능한 일이다. 그러니 우리의 현실 속에 포함된 문제의 본질이 무엇이며 그 문제를 해결하는 길이 어느 방향으로 뚫렸는가를 통찰할 만한 지각 있는 사람들은, 흐려진 현실 속에서 하마터면 구부러지기 쉬운 자기의 마음을 반성하고 바로잡을 수 있는 다소간의 힘을 지니고 있다. 그 다소의 힘을 지닌 사람들이 하나로 뭉칠 때, 그곳에 막대한 힘이 형성되는 것이며, 그렇게 형성된 힘이야말로 현실을 개조하는 원동력이요 추진력이 되는 것이다. "올바른 경제 건설이 가능하자면 건전한 국민 윤리가 확립되어야 하고, 건전한 국민 윤리가 확립되기 위해서는 올바른 경제 건설이 실현되어야 한다."는 순환론으로부터 실천적으로 구제될 수 있는 유일한 길은, 지각과 문제의식을 가진 소수의 엘리트들이 한데 뭉쳐 새로운 정신 풍토를 위한 진원(震源)을 형성하고, 정신과 물질 양면에 걸친 혁신 운동을 전개하는 일이다.

4. 윤리적 혁신 운동이 실패한 사유

5 · 16을 계기로 '인간 개조'의 표어를 내걸었을 때, 혁명 지도자들은 국가 건설에 있어서 정신적 자세가 차지하는 막대한 비중을 어느 정도 깨달았다고 보아야 할 것이다. 만약 그때의 그 표어가 한갓 구호로 그치지 않고 절반

만이라도 실천적 성과를 거두었더라면, 경제개발을 위시한 우리들의 국가 목표는 현재보다도 훨씬 더 크게 달성되었을 것이며, 오늘날 새삼스럽게 '제2의 경제'를 강조하고 역설할 필요도 없었을 것이다. 이제 우리가 또다시 정신의 자세를 바로잡기 위하여 범국민적 운동을 전개할 필요를 통감하는 시점에 있어서, 왜 저 '인간 개조'의 염원이 수포로 돌아갔는가를 반성하는 것은, 같은 실패를 되풀이하지 않기 위하여 절대로 긴요한 작업이 아닐 수 없다.

그것이 수포로 돌아간 첫째 이유는 지도층 특히 인간 개조의 창도자(唱導者)들이 솔선수범으로써 대중을 이끌지 못했다는 사실, 즉 남들 보고는 '새사람'이 되라고 권위적인 권고를 하고 자기들 자신은 여전히 '옛사람'의 모습을 그대로 지켰다는 사실 속에 찾아보아야 할 것이다. 교육이란 그 근본은 일종의 모방인 까닭에, 교육자 스스로 모범을 보여줌이 없이 남들을 선도한다는 것은 본래 불가능에 가까운 일이라 하겠거니와, '인간 개조'의 목표를 제시한 5·16의 지도자들은 이 점에 있어서 미흡한 바 있었던 것이다.

한국의 지도자들이 좋은 윤리적 목표를 제시하고도 솔선수범으로써 국민을 이끌지 못한 이유는 무엇일까? 애당초부터 진실한 결심도 없이 다만 국민의 여론에 영합하기 위한 선전에 불과했으므로 그저 그럴 수밖에 없었다고 보는 사람도 있는 듯하나, 필자가 보기에는 그것은 지나친 악의의 해석인 것 같다. 적어도 그들의 일부는 역시 잘해 보려는 열의를 가졌다고 관측된다. 잘해 보려는 의욕이 있었음에도 불구하고, 뜻대로 소신대로 행동하지 못한 고충이 그들에게도 있었다고 보는 것이 공평한 관찰이 아닐까 생각된다. 그러면, 소신대로 행동하기를 방해한 그 고충이란 무엇일까?

국가의 대권(大權)과 같은 중책을 맡은 이상, 사력을 다하여 잘해 보고 싶은 생각이 우선은 생기는 것이 인간의 상정(常情)이다. 이 점에 있어서는 우리의 정치 지도자들도 예외가 아니었다고 믿고 싶다. 그러나 중책의 사명을 훌륭히 완수할 수 있기 위해서는 우선 그 중책의 지위를 놓치지 않고 지켜야 한다는 제약으로 말미암아, 새로운 윤리적 풍토의 조성을 위한 솔선수범의 기수가 되지 못했던 것이다. 중책의 지위를 지키기 위해서 치러야 할 대가가 너무나 컸기 때문이다.

가장 큰 중책을 의미하는 정권을 유지하자면 우선 정치자금이 있어야 한다. 그러나 우리나라의 정치가들은 대개 맨손으로 출발했기 때문에 경제인과의 결탁을 통하여 정치자금을 마련해야 했으니, 이는 곧 부정 내지 부패의 위험성을 내포하는 것이었다.

경제적 자립에 이르지 못한 후진국에 있어서 정권을 유지하자면, 우방들과의 협조가 긴밀해야 한다. 그러나 한국의 우방 가운데는 주체성과 민족주의를 내세우는 과감한 혁신 정책을 의혹의 눈으로 바라본 나라도 있었다. 따라서 그러한 우방과의 원만한 관계를 위해서는 혁신 정책의 과감성을 버려야 할 고충이 없지 않았다.

요컨대, 정치자금을 위하여 금력(金力)과 결탁하고, 우방의 오해를 염려하여 혁신의 과감성을 버리다 보니, 결국 자체를 혁신하여 솔선수범함이 불가능했고, 따라서 거국적인 윤리의 개혁도 바랄 수 없게 되었다.

인간 개조의 염원이 수포로 돌아간 둘째 이유는, 위정자와 지성인의 협조가 원만히 이루어지지 못했다는 사실에서 발견된다. 인간 개조라는 거창한 이상을 실현하자면, 우선 그 추진 세력이 형성되어야 한다. 자각과 사명감을 가지고 이 보람된 일에 앞장을 설 세력이 필요한 것이다. 그리고 그러한 세력의 가장 적절한 원천은 역시 지성인의 계층 속에서 찾는 것이 가장 현명할 것이다. 그러나 한국의 역대 정권은 지성인들의 힘을 충분히 활용하는 일에 실패하였다. 이 점에 관해서는 항상 부정적 태도로 기울기 쉬운 지성인 측에도 책임이 있을 것이나, 비판과 고언(苦言)을 넓은 아량으로 받아들여 전진을 위한 지혜로 삼지 못하고, 신경질과 적개심으로 이를 물리친 권력층의 책임이 더욱 크다고 보아야 할 것이다. 지성인은 권력이나 금력에 대한 야심이 비교적 적은 사람들인 까닭에, 그들의 의견은 편견에 사로잡히지 않을 경우가 많으며, 따라서 국가 전체의 이익을 대변할 확률이 높다. 그들은 흔히 비판적이요 부정적이다. 그러나 그들의 비판과 부정은 더 큰 긍정과 건설을 위한 참고로서 활용할 수 있는 성질의 것이다. 특히 인간 개조와 같은 윤리적 운동을 위해서는 지성인의 힘을 충분히 살리는 것이 일의 성패를 결정함에 커다란 요인이 될 것이다.

인간 개조의 염원이 수포로 돌아간 셋째 이유는, 그것이 문교정책에 반영되지 못했다는 사실에 있다. 교육을 위한 전문적인 기관으로서 학교가 있고, 학교교육의 가장 중요한 측면이 인간 교육이라는 것은 만인이 긍정하는 상식이거니와, '인간 개조'를 국가적인 목표로서 제창하면서도 우리나라의 학교교육은 인간 교육의 측면을 거의 등한시하는 모순에 빠졌다. '도덕'이니 '국민 윤리'니 불리는 것이 교과과정 속에 들어 있기는 하나, 그러한 과목은 한갓 형식에 불과할 정도로 소홀하고 안이하게 다루어졌을 뿐이다. 국민학교에서 고등학교에 이르기까지는 입학시험 준비에 몰두했고, 대학 및 대학원에서는 오로지 기술 교육에만 치중하였다. 인간 교육의 이념과 방법을 연구하는 전문적인 기관의 설치는 고사하고, 학교에서의 '도덕' 또는 '국민 윤리' 시간마저도 그 방면에 대한 소양과 지식이 별로 없는 교사들에게 맡겨졌다. '인간 개조'는 정말 하나의 구호에 지나지 않았다.

인간 개조의 목표가 좌절된 넷째 이유는 — 그리고 이것은 가장 중대한 이유이기도 하거니와 — 정직, 근면, 절약, 협조, 기업 정신 등 오늘의 시민사회가 요구하는 기본적인 덕목을 실천하기에 적합한 사회적 여건이 형성되지 못했다는 사실에서 발견된다. 사람은 누구나 자기를 아끼고 사랑하는 본능을 가졌으며, 자기의 성장과 발전 또는 행복을 위해서 불리한 행동은 되도록 하지 않으려는 경향이 있다. 정직, 근면, 절약, 협조 등으로 불릴 수 있는 행위도, 그러한 행위가 자기의 발전 내지 행복을 위해서 도움이 된다면, 하지 말라고 말려도 사람들은 그것을 행할 것이며, 그렇지 않고 자기의 성공을 방해하는 결과를 가져온다면, 풍악을 울리고 권고해도 그것을 행하지 않을 것이다. 그런데 오늘날 우리의 사회적 현실은, 개인에게 유덕(有德)한 행위를 하고 싶은 생각을 일으킬 만한 여건을 갖추고 있지 않다. 쉽게 말하자면, 정직하고 부지런하며 검소한 사람 또는 기업 정신을 발휘하여 경제의 법칙대로 착실하게 일하는 사람이 성공하고 득세하기보다는, 매수와 결탁 또는 속임수를 일삼는 사람들이 잘사는 예가 많은 까닭에, 사람들은 착실하게 일하고 검소하게 저축하고자 하는 의욕을 잃는다. 악화(惡貨)에 밀려 양화(良貨)가 쫓겨나는 것이 우리의 사회적 사정인 까닭에, 사람들은 스스로 양화가 되기를 그리 원하지 않는다.

5. 새 윤리의 방향

우리는 이 글 1절에서, ① 모든 사람의 안락하고 안정된 물질생활, ② 모든 사람이 가진 자질과 능력의 충분한 발휘, 그리고 ③ 위에 말한 ①과 ②를 달성하기에 적합한 자유롭고 평등하며 공정한 사회의 건설, 이상 세 가지를 가장 바람직한 공동 목표라고 생각하는 것은 근세 이래의 여러 문명국가에 있어서 공통된 전통 사상이며, 오늘에 있어서도 대부분의 건전한 상식인들이 같은 사상에 찬동하고 있다는 것을 말하였다. 이제 우리가, "그러면 앞으로 어떻게 해야 할 것인가?"라는 물음을 제기하고, 우선 새로운 윤리의 방향을 모색하는 마당에 있어서, 저 세 가지는 우리의 국가적인 공동 목표로서도 나무랄 데가 없다고 인정하는 전제로부터 출발하는 것이 좋을 것 같다. 사실 우리가 '민주국가의 건설', '주체성의 확립', '근대화' 등의 슬로건 아래 추구해온 것도, 따지고 보면 저 세 가지의 궁극목표를 달성하고자 하는 모색에 불과했으며, 이제 다른 어떤 것들을 새로운 공동 목표로서 내세워야 한다고 믿을 별다른 근거가 없기 때문이다.

만약 위에 말한 바를 긍정한다면, 우리가 다음에 할 일은 '안락하고 안정된 물질생활', '정신적 능력의 충분한 발휘', 그리고 '자유롭고 평등하며 공정한 나라'라는 막연한 표현으로 제시된 것의 내용을 좀 더 분명하게 밝힘으로써 우리의 목표를 더 명확하게 구체화하는 일일 것이다. 그리고 이 과정에 있어서 우리가 겸해서 해야 할 일은, 우리가 지향하는 물질생활의 목표와 정신생활의 목표와의 상호 관계 및 그 우선 관계를 밝히는 일일 것이다. 그 일이 끝난 다음에는, 그와 같이 어느 정도 윤곽이 드러난 우리의 공동 목표를 달성하기에 요구되는 사고방식 및 행동 양식이 어떠한 종류의 것인가를 대강만이라도 고찰해야 할 것이다. 만약 이 세 단계의 작업이 어느 정도 성공적으로 끝난다면, 우리는 그때 새 윤리의 방향을 모색하는 기초 작업을 완료했다고 보아도 좋은 결과를 얻게 될 것이다.

물질은 본래 생활을 위한 수단이요 그 자체가 목적은 아니다. 따라서 "어떠한 물질이 얼마만큼 있어야 하는가?"라는 물음은 "가능한 최선의 생활을 위해서 무엇이 얼마나 필요한가?"라는 물음으로 바꾸어 놓을 수가 있다. 여기서 '가능한 최선의 생활'이라는 매우 모호한 개념이 좀 더 명확히 설명되기를 요구하거니와, 이 점에 관해서 우리는 또 한 번 상식인의 논의로써 만족할 수밖에 없다. 철학적 논쟁에는 끝이 없을 것이며, 하나의 예비적 고찰을 목적으로 삼는 이 글에 있어서, 그 끝없는 논쟁을 끌어들일 필요는 없을 것이다.

우리는 일정한 가능성을 지닌 소질을 타고 세상에 나타나거니와, 그 소질 속에 담긴 가능성을 남김 없이 실현한다면 그 이상 바랄 것이 없을 것이다. 이를테면, 선천적으로 타고난 수명, 체력, 지능, 예술적 소질, 덕성 등을 백 퍼센트 모두 실현 내지 발휘하는 것은 매우 바람직한 일이며, 또 그 이상 더 바랄 것이 없을 것이다. 그러나 온갖 자질 속의 가능성을 모두 완전히 실현한다는 것은 사실상 불가능한 일이다. 예컨대, 체력에 있어서 새로운 기록을 세우기 위하여 운동선수는 학자나 예술가가 될 수 있는 소질을 희생해야 할 것이며, 세계적인 학자가 되기 위해서는 예술의 소질은 약간 희생해야 할지도 모른다. 여기서 우리는 매우 어려운 문제 하나에 부딪친다. 여러 소질들의 우선순위를 어떻게 정할 것이며, 또 그것들을 어떠한 배합 내지 종합으로 실현해야 하느냐는 물음이다. 수명을 약간 단축시키는 한이 있더라도 연구와 창작에 몰두할 것인가? 또는 건강과 장수에 최고의 가치를 인정할 것인가? 그렇지 않으면, 육체의 건강과 정신의 업적을 어떤 비율로 절충할 것인가?

이 어려운 물음에 대하여 하나의 절대적인 대답을 내리는 것은 누구에게도 불가능한 일이다. 인생관의 차이를 따라서, 그리고 문화적 배경의 차이를 따라서, 서로 다른 대답들이 같은 권리를 주장할 수 있을 것이다. 그러나 여기에도, 역사상의 위대한 사상가들이 의견을 모았고 오늘의 우리들도 대개는 찬동을 느끼는 대답이 전혀 없는 것은 아니다. 우리의 선철(先哲)들은 대개 육체적인 것과 정신적인 것의 조화를 꾀하라고 가르쳤다. 그리고 육체와 정신의 우열을 논해야 할 때는 정신적 가치에 더 높은 점수를 인정하라고 가르쳤다. 육체와 정신의 조화를 이상으로 삼으라는 가르침에는 별로 반대가 없을 것이나, 육체의 가치를 정신의 가치 밑에 놓으라는 가르침에는 의견이 다른 사람도 있을지 모른다. 그러나 체격이 건장하고 내장이 튼튼한 정신 분열 환자와 육체는 극도로 쇠약했으나 정신만은 맑고 착한 사람과 어느 편을 택할 것인가를 생각해 본 사람들은, 아마 정신의 가치가 역시 우월하다는 의견에 끝까지 반대하지 않을 것이다.

"건전한 육체에 건전한 정신"이라는 옛 격언은 오늘날도 우리에게 매력이 있다. 건강한 몸으로 오래 살면서 자기가 타고난 정신의 능력을 최대한 발휘하는 것은 누구에게나 바람직한 일이며, 또 인간으로서 바랄 수 있는 그 이상의 것도 없을 성싶다. 다만, '정신적 능력'이라는 것이 심한 유동성을 가진 것이어서, 그것을 어떻게 발휘하는 것이 최대한 발휘하는 것이냐 하는 문제가 여기 예상되기는 하나 이에 대해서도 상식의 관점에서 대답하기는 그다지 어려운 일이 아니다. 즉, "각자가 타고난 소질 중에서 가장 뛰어난 것을 가장 앞으로 내세워서 연마하되, 다른 소질도 어느 정도는 살려서 균형이 잡힌 인격으로 성장하는 것이 제일 바람직하다."는 대답에, 우리의 대다수는 찬성을 느낀다. 학자의 소질이 강한 사람은 탁월한 학자가 되고, 예술가의 소질이 강한 사람은 예술가가 되며, 정치가의 소질이 강한 사람은 그 소질을 으뜸으로 살리되, 하나만 알고 둘은 모르는 편벽된 인격이 되기보다는, 전문 밖의 분야에 대해서도 어느 정도의 수준에 도달하는 것이 가장 바람직하다는 견해에 반대할 사람은 적을 것이다.

만약 이상의 논의를 대체로 받아들이기로 한다면, 이제 우리는 이상(理想)으로서 바람직한 물질생활과 정신생활의 윤곽과 그 상호 관계를 대략 다음과 같이 요약할 수 있을 것이다. ① 우리가 가진 육체와 정신의 기능을 발휘함에 더 큰 도움을 주는 물질생활은 더 값있는 물질생활이다. ② 육체의 건강과 장수는 그 자체 목적으로서의 가치를 갖는 동시에, 정신적 기능의 유감 없는 발휘를 촉진하는 수단으로서의 가치를 아울러 가졌다. ③ 정신적 소질 내지 기능을 연마하고 발휘하는 것은 그 자체 목적으로서의 높은 가치를 지니고 있으며, 그것은 또 바람직한 물질의 생산과 소비 및 육체의 건강과 장수를 위한 수단으로서의 가치를 가졌다. ④ 각자가 타고난 소질 가운데서 가장 우수한 것을 우선적으로 앞세워 연마하고 발전시키되, '건전한 육체 속에 건전한 정신'을 담은 조화로운 인격을 실현함이, 개인으로서 바람직한 최고의 선(善)이다.

위에서 대강을 살펴본 개인적 이상을 실현하는 데 되도록 가까이 감이 우리들 각자의 생활 목표라고 보이거니와, 그렇다면 그 목표를 달성하려면 우리는 어떠한 사고와 행동을 해야 하는 것일까? 이 물음을 앞에 두고 우리가 우선 생각해야 할 일은 인간이 사회적 동물이라는 사실이다. 사회적 동물인 까닭에 개인의 단독적인 노력만으로는 그 목표에 도달하지 못하며, 여러 사람들의 긴밀한 협조와 질서 있는 사회의 조직적인 생활을 통해서만 그것이 가능하다. 여기, 사고와 행동의 처방을 묻는 우리의 문제가 사회윤리의 문제로 전환하는 계기를 본다.

개인은 여러 가지 규모와 형태의 사회 안에서 그 일원으로서 살아가거니와, 그의 생활 및 운명에 가장 큰 영향력을 가진 사회는, 적어도 현재의 역사적 단계에 있어서는, 국가라는 이름의 공동체다. 따라서 사회윤리에 있어서 가장 기본적인 문제는, ① "어떠한 형태와 질서를 가진 국가가 저 개인적 이상을 실현함에 가장 적합한 국가인가?"와 ② "그러한 국가를 유지하고 발전시키기 위해서 국민 각자는 어떠한 사고와 행동을 해야 하는가?"라는 두 개의 물음으로 귀착한다. 첫째 물음부터 고찰해 보기로 하자.

개인의 이상을 실현하기에 적합할 수 있기 위해서, 국가는 첫째로 부강해야 하며, 둘째로 공정해야 하며, 셋째로 자유로워야 한다. 개인이 자기의 원대한 뜻을 이룰 수 있기 위해서는 우선 경제생활의 안정을 얻어야 하거니와, 그러기 위해서는 나라 전체가 경제와 정치의 안정을 얻어야 하므로, 우선 국가의 부강이 요청된다. 그러나 비록 전체로서의 국가는 부강하다 할지라도, 개인에게 주어지는 기회가 불균등하거나 분배가 불공평할 경우에는, 일부의 특권층만이 지나친 혜택을 입고 나머지 사람들은 불행을 감수하고 좌절해야 하므로, 둘째로 국가는 공정한 사회로서의 여건을 갖추어야 한다. 그리고 비록 경제생활이 안정되고 빈부의 차이가 심하지 않은 평등한 사회가 실현되었다 할지라도, 개인의 사상 및 행동이 지나친 억제를 받을 경우에는 자기의 소질을 연마하고 발휘하기 어려우므로, 셋째로 국가는 개인의 자유를 존중하는 기관이 되어야 한다는 결론이 따른다.

우리의 다음 문제는, 부강하고 공정하며 자유로운 국가를 유지하고 발전시키자면 어떠한 사고와 행동이 요청되느냐는 것이었다. 이 어려운 문제는 정치, 경제, 군사, 교육 등 여러 가지 분야의 문제와 관련시켜서 생각해야 할 거창한 내용을 포함하고 있는 것이나, 필자는 다만 윤리적 측면에만 국한해서 간단한 고찰을 꾀하고자 한다. 그리고 부강하고 공정하며 자유로운 국가를 발전시키기 위해서 요청되는 국민 윤리도 그 국가의 형편에 따라 다를 것이므로, 필자는 우리 자신의 관심사인 한국의 경우만을 염두에 두고 고찰하기로 한다.

경제적 후진국인 우리 한국이 부강한 나라가 되기 위해서 어떠한 덕목이 실천되어야 하느냐에 관해서는 이미 여러 사람들에 의하여 대체로 일치된 의견이 제시되었다. 그 가운데서 특히 중요한 것들을 추려 보면 다음과 같다.

첫째로, 우리는 성실하고 정직해야 한다. 이것은 어느 시대 어느 사회에서나 요청되는 덕목이며, 모든 윤리의 근본이다. 이것이 없이는 서로 믿고 존경하며 사랑할 수가 없는 까닭에, 공동체는 무너지고 사회는 그 바탕부터 흔들린다. 따라서 어떠한 성장, 발전, 건설도 제대로 되지 않으며, 국제사회에서의 낙오를 면하지 못한다. 그뿐만 아니라, 성실과 정직은 단지 사회의 질서와 발전을 위한 수단으로서만 요청되는 것임에 그치지 않고, 오늘날에 있어서는 이미 그 자체가 목적으로서의 의의를 갖게 된 본래적 가치(intrinsic value)의 담지자다. 그것은 바로 숭고한 인격 가치의 일부인 것이다.

둘째로, 우리는 부지런히 일하고 검소하게 절약해야 한다. 경제에 있어서의 후진성을 극복하고 부강한 나라가 되기 위해서는 국내 자본의 저축이 필요하거니와, 생산에 있어서 근면하고 소비에 있어서 절약하는 길밖에 많은 저축을 결과할 방도가 없기 때문이다. 다만, 돈을 모으기 위해서 돈을 모으는 수전노의 근성은 미덕이 아니다. 저축은 더 큰 생산과 건설을 위한 수단으로서 동원될 때 비로소 뜻이 있다. 외국으로 도피하거나 부동산 속에 투자되는 저축은, 우리나라의 견지에서 볼 때, 찬양할 일이 못 된다.

셋째로, 우리는 단결하고 협동해야 한다. 반목과 분열 가운데서 부강한 나라가 세워질 수 없음은 삼척동자도 아는 상식이거니와, 특히 오늘의 한국과 같이 국제적인 경쟁 내지 적대의 관계가 치열하고 심각할 경우에 있어서, 단결과 협동에 대한 요청은 더욱 절실하다. 우리 한국인은 가족, 동창, 동향(同鄕) 같은 파벌 따위의 작은 범위 안에서 단결하고 협동하는 데는 비교적 강한 편이나, 나라 전체를 위해서 대동단결하고 크게 협조하는 일에는 대단히 열등하다. 가족주의적 전통의 나쁜 영향과, 국가의 혜택을 입지 못한 약소민족으로서의 오랜 역사 때문이라고 반성되거니와, 이 점에 있어서 근본적으로 새로운 인식과 결단이 있어야 할 것으로 믿는다.

대동단결과 협력을 강조하는 것과 전체주의의 사상을 혼동해서는 안 된다. 우리가 역설하는 단결과 협동은 국민 각자의 자각과 자율에 의한 그것이요, 전체주의가 주장하는 것은 타율과 강제에 의한 행동 통일이므로, 이것과 저것 사이에는 본질적인 차이가 있다. 비록 전체주의는 극력 물리쳐야 할지라도, 단결과 협동은 지극히 필요한 국민적 요청이다.

타율과 강제 없이 단결과 협동을 성취하기 위해서는, 첫째로 성원 각자의 자각이 앞서야 한다. 그러나 후진국의 갖가지 악조건 속에서 모든 사람이 고루 자각하고 자진한다는 것은 매우 어려운 일이다. 여기 탁월한 지도자 내지 지도층의 출현이 갈망되는 이유가 있다. 투철한 사명 의식과 거룩한 희생정신을 가진 사상적 엘리트의 영웅적인 선도 없이 자유 아래서 급속한 발전을 이룩하기는 매우 어려운 일이다.

넷째로, 우리는 자주와 자립의 정신에 투철해야 한다. 정치적 주체성과 경제적 자립 없이 후진국이 부강한 나라로 비약한 예는 일찍이 없다. 우방들과의 긴밀한 협조와 우호의 관계가 유지되어야 함은 물론이거니와, 그것이 결코 예속적인 주종(主從)의 관계로 전락해서는 안 되리라는 것도 의심의 여지가 없다. 과거에 강대국에게 의존 내지 예속한 역사를 가졌던 우리로서, 다시는 전철을 밟지 않도록 이 점에 충분한 결의와 노력이 있어야 할 것이다.

다섯째로, 우리는 합리적 사고와 과학적 계획성이 가르치는 바를 따라서 행동하고 생활해야 할 것이다. 서양의 여러 나라가 경제 및 물질문명에 있어서 우리보다 크게 앞선 것은 그들이 합리주의와 과학의 이론을 실생활에 이용했기 때문이라는 것이 사실이라면, 우리도 그들에게 뒤지지 않는 수준에 도달하기 위하여, 합리주의 가치관과 과학적 기술 및 계획을 따라서 생산과 소비 및 그 밖의 크고 작은 일들을 처리해야 할 것이다. 합리주의적 사고와 과학적 처리가 바람직한 가장 큰 이유는 그것이 여러 가지 일을 해나감에 있어서 높은 능률을 올리기 때문이다. 동양의 여러 나라가 국제적 경쟁 속에서 낙후의 비애를 겪게 된 근본 원인이 불합리한 사고와 비과학적인 행동에 있었다는 것과, 이 낙후의 위치를 벗어나기 위해서는 우선 만사에 능률을 올리도록 일을 해야 한다는 것은, 이미 평범한 상식이다.

이상에 편의상 다섯 항목으로 나누어서 생각해 본 덕목들은, 비단 부강한 나라가 되기 위해서만 필요한 것이 아니라, 공정하고 자유로운 국가를 발전시킴에도 도움이 될 것이다. 그러나 이상의 논술의 부족한 점을 보충하는 뜻에서, 이제 공정하고 자유로운 나라라는 목표 쪽으로 초점을 옮기고 같은 문제를 계속해서 생각해 보기로 하자.

공정한 국가가 건설되기 위해서는, 첫째로 '만인 평등'의 이념이 한갓 관념으로 머물지 않고, 사회생활 속에 실천적으로 구현되어야 한다. 신분 사회로부터 시민사회로의 전환이 이루어져야 하는 것이다. 그런데 가족윤리가 사회윤리의 기본이 되다시피 한 우리나라에 있어서는, 아직도 종적(縱的) 윤리의 잔재가 다분히 깔려 있다. 남존여비(男尊女卑), 장유유서(長幼有序)의 관념도 완전히 가시지는 않았거니와, 특히 관존민비(官尊民卑)의 사상과 상사(上司)와 하사(下司) 사이의 존비(尊卑)의 관념은 여전히 강하여, 민주화에 막대한 지장을 초래하고 있다. 종(縱)의 윤리를 횡(橫)의 윤리로 바꿈으로써, 인권의 평등이 실현되지 않는 한, 공정한 국가의 실현도 한갓 꿈에 지나지 않을 것이다.

공정한 국가의 건설을 위하여 둘째로 요청되는 것은 분배의 공평이다. 오늘날 가장 심각한 사회문제는 대개 경제적 불균형, 즉 심한 빈부(貧富)의 격치에 근원을 두고 일어난다고 하여도 과인이 아닐 것이다. 특히 우리나라의 경우 이 문제는 매우 심각한 양상을 띠고 있으며, 시급한 시정이 요구되는 것으로 보인다. 이 문제는 부유층의 양심에 관계되는 문제이기도 하나, 근본적으로는 제도 내지 정치의 문제라고 여겨지는 까닭에, 여기서는 길게 논하지 않는다.

공정한 국가의 건설을 위하여 셋째로 요청되는 것은 준법의 정신이다. 법 자체가 불공정하게 제정될 수도 있고 법의 해석을 불공평하게 내릴 수 있는 까닭에, 법을 지키는 것만으로 공정한 국가가 실현된다고 말할 수는 없다. 그러나 법 그 자체는 사회의 현실에 비하면 공정하게 제정되는 것이 보통이다. 그리고 약한 자만이 법의 구속을 받고 강한 자는 법망을 뚫음으로 인해서 사회의 공정이 파괴되는 예가 대단히 많다. 그러므로 준법이 공정의 실현을 위해서 충분한 조건은 못 될지라도, 그 필요한 조건의 하나임에는 의심의 여지가 없다.

그러나 우리나라는 전통적으로 준법의 정신이 약하다. 우리나라의 윤리관에 막대한 영향을 미친 유교 사상은 본래 법치(法治)보다도 덕치(德治)를 숭상했으며, 만사를 해결함에 인정주의(人情主義)에 호소하는 경향이 강했다. 그러한 경향은 오늘도 우리의 생활감정 속에 살아 있으며, 법에 호소하는 것을 일반적으로 비난의 대상으로 삼는 인심(人心) 속에 잘 나타나고 있다. 가족적 인정주의는 좁은 범위의 사회를 위해서는 효과적인 질서의 원리가 될 수도 있을 것이나, 현대의 국가와 같이 방대하고 복잡한 집단의 질서를 유지하기에는 부족할 뿐 아니라, 오히려 그 폐단이 지대하다. 준법정신의 앙양은 우리의 새 윤리가 요청하는 중요한 과제의 하나다.

법은 상하를 막론하고 누구나 지켜야 하겠지만, 특히 관권(官權)과 금권(金權)을 가진 계층에서 잘 지켜야 한다. 그리고 사회정의의 확립을 위해서 가장 중요한 것은 법조계의 인사들이 법을 잘 지키는 일이다. 법률 전문가들이 그 지식을 악용하여 법을 어길 경우에는, 고양이에게 생선 가게를 맡긴 것과 같은 결과가 생긴다.

그러나 법으로써 질서를 유지한다는 것은 어디까지나 소극적인 처방에 지나지 않는다. 더욱 중요한 것은, 나의 권익을 존중하듯이 남의 권익도 존중하고, 나를 사랑하듯이 남도 사랑하는 적극적인 정신이다. 법으로써 악을 무찌르는 투쟁의 과정에서도, 마음의 바닥에는 옛 성현(聖賢)이 강조한 인간애(人間愛)의 정신이 깔려 있는 것이 바람직하다. 여기, 공자(孔子)가 가르친 '인(仁)'이 지금도 역시 가장 소중한 도덕의 원리로서의 타당성을 간직했음을 보거니와, 동양적인 인(仁)의 사상과 서양적인 정(正)의 사상을 어떻게 더 높은 차원에서 종합하느냐에 새 윤리를 모색하는 우리의 가장 큰 문제가 있지 않을까 생각된다.

공정한 국가를 위해서 요청되는 인권의 평등, 분배의 공정, 준법의 정신 등은 '자유로운 국가'를 위해서도 필요한 조건이며, '부강한 나라'를 건설함에도 도움이 되는 윤리의 근본이다. 공정의 실현을 위해서는 이런 윤리가 필요하고, 자유의 실현을 위해서는 저런 윤리가 필요하다는 식으로 나누어서 논하기는 어려운 문제이기는 하나, 서술의 편리를 위해서 분석적인 고찰을 시도해 온 우리는, 이제 '자유로운 국가의 건설'이라는 목표에 관련해서 한두 가지만 더 보태고자 한다.

'자유'의 실현에 관해서 우선 밝혀 두어야 할 것은, 경제생활의 안정이 없는 사람들의 자유는 한갓 관념에 지나지 않는다는 사실이다. 법률 문서상으로 아무리 자유가 보장되어 있다 하더라도, 물질생활의 기초가 없는 사람으로서는 그 자유의 권한을 실제로 행사할 도리가 없다. 그러므로 이 자유의 문제는 저 공평한 분배의 문제와 관련해서 생각하지 않으면 한갓 공론(空論)으로 그치기 쉽다.

자유의 문제에 관련해서 둘째로 강조해야 할 것은, 사상과 언론의 자유가 실질적으로 보장되어야 한다는 점이다. 국가의 이익을 위해서 행동의 자유를 제한해야 할 경우는 대단히 많을지도 모른다. 그러나 사상과 언론의 자유의 경우는 사정이 매우 다르다. 후진국의 급속한 발전을 위해서는 그 나라 지식층의 역량을 최대한으로 활용해야 하거니와, 사상과 언론에 대한 관권의 탄압이 심할 경우에는, 저 귀중한 역량이 위축되고 사장(死藏)된다. 위대한 정치 지도자는 자기에 대한 반대의 주장까지도 국가의 이익을 위하여 활용한다.

자유의 문제에 관련해서 셋째로 지적해 두어야 할 것은, 허용된 자유가 크면 클수록 그에 따르는 책임도 커진다는 사실이다. 자기 스스로의 뜻을 따라서 한 말이요 행동이라면, 그것에 대한 책임도 전적으로 자기가 져야 마땅할 것이다. 그러면 자기가 한 언행에 대하여 책임을 진다 함은 무엇을 말하는 것일까? 일을 저지른 다음에 벌을 달게 받는다거나 스스로 자기에게 고통을 가하는 것도 그 방법의 하나임에 틀림이 없으나, 그것은 매우 소극적이요 불충분한 방법이다. 가장 훌륭하게 책임을 지는 길은 일이 잘못되지 않도록 미리 최선을 다하는 것, 다시 말하면, 자기 자신을 올바로 통제하는 것이다. 진정한 도덕적 자유는 곧 자율 가운데 성립한다 하여도 과언이 아니다.

6. 개선의 방안

위에서 우리는 새 시대를 위해서 바람직한 국민 윤리의 대강을 살펴보았다. 그러나 우리의 문제는 어떠한 국민 윤리가 요청되는가를 아는 것만으로 해결되는 것이 아니며, 우리의 더 절실한 문제는 그 바람직한 윤리를 어떻게 실천적으로 확립할 수 있느냐에 있다. 어떤 도덕을 설교하고 그것을 따르라고 호소함으로써 국민 윤리가 확립될 수는 없다. 여러 가지 방면의 조직적 노력을 통해서 우리는 새로운 윤리의 실천적 확립을 꾀해야 한다. 그렇다면 새로운 국민 윤리를 실천적으로 확립하는 방안은 무엇일까? 그 가장 기본적인 것 몇 가지만을 생각해 보기로 하자.

1절에서 우리는 5 · 16 당시 인간 개조라는 민족적인 목표를 제시하고도 그것이 아무런 결실을 보지 못한 이유로서, ① 지도층의 솔선수범이 제대로 되지 않았고, ② 위정자와 지성인의 협조가 원만히 이루어지지 못했으며, ③ 그 이념이 문교정책에 반영되지 않은 위에, ④ 시민사회가 요구하는 기본적인 덕목을 실천하기에 적합한 사회적 여건이 형성되지 못했다는 사실을 지적하였다. 5 · 16 당시의 한국과 오늘의 한국 사이에는 상당히 달라진 면도 있다고 보아야 하겠으나, 국민 윤리 및 그것에 직접 관련된 제반 사정에 관한한, 근본적인 변화는 없다고 여겨지므로, 위의 네 가지 반성을 따라서 앞으로의 방안을 생각해 보기로 한다.

1) 지도층의 솔선수범

성실, 근면, 절약, 협동 및 그 밖의 여러 미덕을 대중에게 권고하기에 앞서서, 권력(權力) 또는 금력(金力)을 가진 특권층, 그리고 교육가와 공무원이 먼저 그것을 실천해야 한다. 권력과 금력의 결탁은 비록 당(黨)을 위한 것일지라도 용납되지 않는다. 부지런히 일하되, 합리적이요 계획성 있는 활동으로 물력(物力)과 인력(人力)의 낭비를 없애고, 실질적인 효과를 거두어야 한다. 고급 관용차(官用車)의 수를 줄이고, 사사로운 목적을 위한 관용차의 사용을 삼가야 할 것이며, 그 밖의 여러 가지 면에서 국고금(國庫金)의 절약에 노력해야 할 것이다. 고급 요정의 출입 금지가 일시적 임시 행사로 끝날 것이 아니라, 확고한 관기(官紀)로서 굳어져야 할 것이며, 관존민비의 낡은 관념을 버리고 국민의 공복(公僕)으로서 겸손히 봉사해야 할 것이다.

공직에 있는 사람들이 솔선수범할 수 있기 위해서는, 비방이 썩지 않은 사람이 적소(適所)에 등용되어야 한다. 다시 말하면, 실력 있고 인품이 훌륭한 사람이 발탁되도록 인사 행정이 쇄신되어야 한다. 정실인사(情實人事)를 통하여 무자격자가 등용되었을 때, 그에게 솔선수범을 기대한대도 무리한 일일 것이다.

공직자가 솔선수범할 수 있기 위해서는 그의 기본 생활이 보장되어야 한다. 생활이 안정되지 않으면 사람들은 항심(恒心)을 잃고 부정을 감행하기 쉽다. 그러므로 봉급 수입만으로 생계를 유지할 수 있도록 공직자의 처우를 개선해야 한다. 그 대신 부정을 행한 자는 가차 없이 처단해야 한다.

정권의 획득 내지 유지에 필요한 정치자금을 얻기 위해서, 또는 선거에서 승리하기 위해서, 부정을 행하지 않을 수 없는 처지에 놓일 때, 정치가는 대사(大事)를 위해서는 불가피한 악(惡)이라고 생각하면서 부정을 감행할지도 모른다. 따라서 그러한 일이 없도록, 즉 정치만 잘하면 정권은 자연히 돌아온다는 것을 믿을 수 있도록, 제도와 그 밖의 조건들을 정비해야 한다. 예컨대, 총선거의 공영(公營), 대선거구제(大選擧區制)의 채택, 유권자의 계몽 등을 통하여, 민주주의가 실현될 수 있는 기반을 마련해야 한다.

2) 위정자와 지성인의 협조

앞서 3절에서도 이미 언급한 바와 같이, 국가적 규모의 개혁을 성취하자면, 그 운동을 이끌어 갈 추진 세력이 필요하며, 그러한 추진 세력은 위정자와 지성인의 협력이 잘될 때 가장 강력하다. 그러나 여기서 말하는 '협력'이란 지성인이 위정자에게 아부하는 것을 의미하지 않음은 물론, 전자가 후자의 정책 수행을 위하여 긍정과 찬동으로 참여하는 경우만을 가리키는 것도 아니다. 지성인이 위정자를 비판하고 반대할 경우라 할지라도, 그 비판 내지 반대가 대국적 견지에서 타당하다면, 전자는 후자를 위해서 진정으로 협력하는 결과가 되는 것이다.

3) 올바른 시민 교육

새로운 인간상(人間像)을 길러 내기 위하여 국가 전체가 넓은 의미의 교육기관의 구실을 해야 하겠지만, 특히 학교를 통한 인간 교육에 더 많은 힘을 기울여야 할 것이다. 지금까지 우리가 인간 교육의 중요성을 모르는 바 아니었음에도 불구하고 그것이 제대로 되지 않았음에는, 교육제도, 사회 현실, 입학시험의 치열한 경쟁 등 여러 가지 사유가 관련되고 있다. 따라서 인간 교육의 문제를 본격적으로 논하기 위해서는 우리나라의 교육제도를 비롯한 여러 가지 문제를 광범위하게 검토해야 할 것이며, 그것은 전문가들의 연구 기관에서 종합적으로 다루어져야 할 문제다. 앞으로 전문 연구 기관에서 좋은 연구 결과가 나타날 것으로 기대하며, 여기서 미숙한 견해를 길게 늘어놓을 필요는 없을 것으로 생각한다. 다만, 근본적인 점을 한두 가지만 지적하고 다음으로 넘어가고자 한다.

첫째로 지적해야 할 것은, 인간 교육이라는 것이 교과서나 설교를 통해서 이루어질 수는 없으며, 다만 피교육자에게 좋은 환경을 만들어 줌으로써, 간접적으로 성취할 수밖에 없는 목표라는 사실이다. '정직하라', '검소하라', '근면하라' 등등의 명령 내지 권고를 받는다고 사람들은 그러한 미덕을 쌓게 되는 것이 아니다. 좋은 설교를 듣고 정직한 사람, 검소한 사람, 또는 근면한 사람이 되리라고 결심을 하더라도, 오래 안 가서 옛날 버릇으로 돌아오는 예가 많다. 미덕(美德)은 거듭된 미행(美行)을 통하여, 즉 미행의 습관화를 통하여 체득되는 것이며, 미행이 거듭될 수 있는 지속적인 자극, 즉 도덕적인 환경 속에서만 길러질 수 있는 것이다. 따라서 인간 교육이 성과를 거두기 위해서는, 피교육자를 위해서 좋은 환경을 만들어 주어야 한다.

교육의 관점에서 볼 때, 환경 가운데서 가장 중요한 요인을 이루는 것은 자연보다도 인간이다. 다시 말하면, 자연환경보다도 사회 환경이 인간 교육을 위해서는 더욱 중요하다. 따라서 사회 전체가 정화되어 교육적인 환경을 구성할 때 이상적인 인간 교육이 실현된다고 말할 수 있을 것이나, 복잡하고 방대한 사회를 전반적으로 정화한다는 것은 매우 어려운 일이며, 소규모의 인위적인 사회의 모형이라도 만들어서 젊은 세대에게 교육적인 환경을 만들어 주는 것이 바람직하다. 그리고 그러한 '정화된 사회의 모형' 즉 교육적 환경을 위한 특수 지대의 구실을 해야 할 것이 곧 학교라는 교육기관이다.

학교라는 특수 지대에 있어서 그 교육적 환경을 형성함에 가장 큰 비중을 차지하는 것은 교사들이다. 교육이라는 것은 본래 일종의 모방이며, 좋은 모방을 위해서는 좋은 모범이 있어야 하거니와, 인간 교육을 위한 좋은 모범의 구실을 해야 하는 것이 곧 교사라는 직책이다. 우리가 교사에게 탁월한 인격을 기대하는 것도 바로 그 때문이다.

훌륭한 인간 교육을 위해서 가장 중요한 것이 교사의 인품이라면, 국가는 인격이 훌륭한 교사를 양성하는 데 최선을 다해야 한다. 그런데 인격이 훌륭한 교사를 양성하는 방법도 역시 앞에서 말한 원칙을 따라야 한다. 즉 교과서나 설교보다는 환경이 더욱 중요하다. 따라서 교육자를 양성하는 기관의 교사나 교수는 특별히 우수한 자격을 갖춘 사람으로 충당해야 한다는 결론이 생긴다. 교육자가 되기 위해서 교육을 받는 동안의 환경도 중요하지만, 교사가 되어 교편을 잡는 동안의 환경도 그에 못지않게 중요하다. 아무리 교사라 할지라도 의식주의 기본 생활을 생략할 수는 없으므로 교사에게 있어 중요한 것의 하나가 경제적인 문제다. 이러한 관점에서 볼 때, 오늘날 한국의 교육자들이 심한 푸대접을 받고 있다는 사실은 매우 불행한 일이 아닐 수 없다. 당국의 특별한 배려가 있어야 할 것으로 믿는다. 자질이 우수한 사람이 교사가 되기를 원하게 되도록 교육제도 및 교육자 처우에 있어서 근본적인 대책이 있어야 할 것이다.

인간 교육에 관련해서 한 가지 더 지적해야 할 것은, 사회의 전반적인 개혁 없이 학교교육만을 훌륭하게 개선하기는 매우 어려운 일이라는 사실이다. 학교라는 특수사회도 일반 사회의 한복판에 위치하고 있다. 학교와 그것을 둘러싼 일반 사회를 구별하는 담은 아주 낮고 약한 것이어서, 일반 사회의 물결은 쉴 사이 없이 학교 안으로 흘러들어 간다. 따라서 학교를 둘러싼 일반 사회의 물결이 매우 어지럽고 탁할 경우에 학교 내부의 풍조만을 깨끗이 유지하기는 어려운 일이다. 그러므로 우리는 학교교육의 개선을 꾀하는 것과 때를 같이하여 사회 전반의 개혁도 함께 추진해야 할 것이다.

4) 공정한 사회로의 지향

국가나 사회 전체를 위해서는 비록 성실, 정직, 협동 등등의 덕행이 요구된다 할지라도, 그러한 덕행이 행위자 자신의 불리 내지 불행을 가져오는 문란한 세상에 있어서는, 보통 사람들은 도덕의 요구를 배반하기 쉽다. 따라서 바람직한 국민 윤리의 확립이 가능하기 위해서는 유덕한 행위를 안심하고 할 수 있도록 어느 정도 사회적 여건을 갖추어야 하며, 안심하고 유덕한 행위를 할 수 있기 위해서는 유덕한 행위를 하는 사람이 그 사회에서 패배자나 낙오자가 되는 일이 없어야 한다. 정직한 사람, 검소한 사람, 부지런한 사람이 그 사회에서 대접을 받고 성공할 수 있다면, 정직, 검소, 근면 등을 국민 윤리로서 확립하기는 그리 힘들지 않을 것이다.

앞에서 편의상 '유덕한 사람'이라는 표현을 썼으나, 이는 어떤 선천적 도덕설을 전제로 삼고 그러한 말을 사용한 것은 아니며, 다만 개인이 자질을 발휘하고 국가가 번영을 이루기에 적합한 사고와 행위를 늘 하는 사람을 가리켜서 그렇게 말했을 뿐이다. 그러므로 '유덕한 행위를 안심하고 할 수 있도록 여건이 갖추어진 사회'란, 국가의 발전을 위해서 요구되는 행위가 그 행위자 자신을 위해서도 좋은 결과를 가져오는 그러한 사회를 말한다고 볼 수 있다. 오늘날 우리의 가장 큰 고민은 개인의 이익과 국가의 이익이 서로 어긋나는 경우가 너무나 많다는 사실이다. 우리는 개인의 이익과 국가 전체의 이익이 가급적 일치하도록 제도 및 그 밖의 여러 가지 여건을 조성해야 할 것이다.

개인의 이익과 국가의 이익이 일치하기 위해서 가장 필요한 것은 사회정의의 실현일 것이다. 즉, 분배의 공정과 기회의 균등이 보장되는 정도가 높으면 높을수록, 개인의 이익과 국가의 이익이 일치하는 정도도 높아진다. 왜냐하면, 균등한 기회와 공정한 분배가 보장되는 정의로운 사회에 있어서는, 국가 전체가 번영하면 번영할수록 국민 각자에게 돌아오는 기회와 이익도 느는 데 비하여, 불공정한 사회에 있어서는 전체로서의 국가는 비록 부강을 이룬다 할지라도 소수의 특권층만이 그 혜택을 입고, 다수의 대중은 도리어 불행 속에 희생되어야 할 경우가 많기 때문이다.

그러나 특권층의 입장에서 볼 때는, 기회와 분배의 불공평이 도리어 국가의 번영과 개인의 이익과의 일치를 더욱 크게 한다는 주장도 성립할 수 있음직하다. 하지만 이러한 입론이 부당함은 곧 알 수가 있다. 첫째로, 우리가 민주주의를 신봉한다고 공언하는 이상 소수의 개인만이 혜택을 입고 다수가 희생되는 것을 가리켜 "국가의 이익과 개인의 이익이 일치한다."라고 말할 수는 없다. 나라의 주인은 국민 전체이기 때문이다. 둘째로, 불공평한 분배 또는 불균등한 기회를 통해서 소수가 특권을 누릴 때, 그것이 과연 그 소수를 위해서 진정으로 이로운 일이냐는 것도 의문이다. 왜냐하면, 오늘처럼 대중이 자기의 권익에 대한 의식이 높은 시대에 있어서 다수의 희생을 대가로 삼고 얻은 부귀(富貴)에 불안을 느끼지 않는 것은 매우 우둔한 사람뿐이며, 소수만이 부당한 특권을 누리는 국가에 있어서는 다수의 반발이 심한 까닭에 내분으로 인하여 그 국가의 번영 자체가 오래가기 어렵기 때문이다.

그러면, 분배가 공평하고 기회가 균등한 정의로운 사회를 건설하기 위해서는 어떻게 해야 하는가? 이것이 다음에 제기되는 문제다. 이것은 정치, 경제, 법률, 교육 등 여러 가지 분야에 걸친 광범위한 사회 개혁 방안의 문제이며, 여러 분야의 전문가들이 공동으로 연구할 문제다. 그러므로 우리는 이 문제를 앞으로의 연구 과제로 남기고, 여기서 일단 멈추기로 한다.

(1968년 3월)

2장 새로운 인간상의 모색(I)

1.

'새로운 인간상(人間像)'. 이것은 요즈음 매우 빈번하게 들려오는 말의 하나다. 그보다 먼저 '인간 개조'라는 슬로건이 지나갔고, 또 '체질 개선'이라는 말이 있었다. 그리고 약간 뉘앙스는 다르지만 '세대교체'라는 표어도 있었다.

모두 다 비슷비슷한 말들이다. 한 가지의 표어로 일관하지 못하고 비슷한 내용의 것을 표현만 여러 차례 바꾸어야 했다는 바로 그 사실에, 심상치 않은 의미가 숨어 있는 것이 아닐까. 이 언어의 급속한 신진대사(新陳代謝) 배후에 민족적인 실패의 기록을 판독(判讀)할 수 있음직한 일이다. '인간 개조'의 슬로건이 아무런 현실적인 열매를 가져오지 못한 까닭에 '체질 개선'에게 자리를 양보해야 했고, '체질 개선'의 구호도 역시 별로 신통한 결과로 연결되지 못한 까닭에 '세대교체', '새로운 인간상' 따위의 고쳐진 표현이 무대 위로 등장한 것이 아닐 수 없다.

연속적인 실패에도 불구하고, 구호를 바꾸어 가며 결국은 같은 방향의 목표, 즉 새로운 것을 끈질기게 탐구하고 있다는 이 주목할 사실이 의미하는 바는 뚜렷하다. 그것은 현재가 도저히 긍정할 도리 없을 정도로 깊이 병들어 있음을, 다시 말하면 우리의 현실에 여하간의 변혁이 가해져야 한다는 사연을 전달하는 신호가 아닐 수 없다.

우리는 이를테면 시대의 요청 또는 민족의 염원을 따라서 새로운 길을 찾아 헤매고 있는 모양이다. 그러나 그 새로운 길이 좀처럼 발견되지 않는다. 새로운 것으로 믿고 어느 방향으로 허둥지둥 달려가 보기도 하였으나, 결국은 제자리에 돌아와 있음을 발견하곤 하였다. 타원형의 주로(走路)를 수없이 맴도는 육상 선수들이 하듯이, 같은 곳을 거듭 순환한 것이다.

실패는 다음날의 성공을 위한 발판으로서 그 경험이 살려질 경우에만 의의가 있다. 그리고 실패를 성공의 발판으로 삼을 수 있기 위해서는, 그 실패의 원인이 정확한 인식을 통하여 파악되어야 할 것이다. 그러면 새로운 길을 찾아 헤맨 우리의 시도가 한갓 방황 이상의 것이 되지 못한 사유는 무엇일까? 새로운 인간상을 고대하는 우리의 반성은 아마 이 물음으로부터 출발해야 할 것이다.

2.

사람들은 날카로운 비판 정신으로 현재를 부정하였다. 개조를 역설하였다. 그러나 그 비판의 화살은 항상 밖으로 향해서 발사되었다. 개조되어야 할 대상은 언제나 자기 자신 이외에서 발견되는 경향이 있었다. 예컨대, '인간 개조'를 절규한 군정(軍政)의 지도자들은 구정치인(舊政治人)과 국민들에게 개조해야 할 잘못이 허다함을 지적함에 있어서는 매우 예리한 감각을 과시했으나, 자기 자신을 반성하는 역량은 비교적 미약하다는 사실을 증명하였다. 한편 이른바 구정치인들은 군사정부의 실정(失政)을 고발하는 데는 제법 볼 만한 것이었으나, 자기들의 인격과 사상은 구태의연한 자리에 머물렀음을 입증하여 국민들을 실망시켰다. 심지어 '세대교체'라는 구호에 매력을 느낀 젊은 세대에 있어서도, 오늘의 젊은 세대를 공정하게 평가하는 냉철한 지성은 좀 부족한 것으로 보인다. 그리고 비슷한 경향은 언론인이나 대학교수들에 있어서까지도 예외 없이 발견된다고 말한다 하더라도 크게 잘못은 아니라고 생각된다.

'새로운 인간상'의 이상은 넓은 의미의 **도덕적인** 요구를 표명하는 것으로 이해할 수 있을 것이다. 그렇다면 새로운 인간상을 만들어 내는 일은 결국 각자가 각자를 개조하고자 하는 **자율적인** 의지의 참여 없이는 도저히 성취될 수 없는 소원이 아닐 수 없다. 왜냐하면 참된 의미의 도덕적 향상은 언제나 자율적인 노력의 결과로서만 실현이 가능할 것이기 때문이다. 인간 개조도 체질 개선도 결국은 자기교육을 통해서만 실현을 바라볼 수 있는 내면적인 목표다. 혹은 타율적인 교육의 힘으로 그것이 가능하다고 주장하는 사람도 있을지 모른다. 그러나 이러한 주장이 지탱할 수 없음은 조그마한 비유로도 명백할 것이다. 가령 진흙 구렁 속에 빠진 사람이, 자기가 먼저 그 구렁 밖으로 빠져나감이 없이, 남들만을 그 밖으로 이끌어 낸다는 것이 얼마나 어려운 일인가를 상상해 볼 때, 우리는 문제의 핵심을 이해할 수 있을 것이다. 그리고 남을 도와서 구렁 밖으로 인도하는 작업이 성공하기 위하여 필요한 또 하나의 조건은 그 도움을 받는 사람이 스스로 구렁 밖으로 나가고자 꾀하는 자발적인 의사를 갖는 것이라는 사실을 아울러 생각할 때, 도덕적 개선의 사업이 우선 자기 자신으로부터 출발해야 한다는 견해에 의심의 여지가 없음을 볼 것이다.

전 국민이 한 사람도 빠짐이 없이 인간 개조와 체질 개선을 역설한다고 가정하자. 그러나 이렇게 역설하는 사람들이 모두 자기만은 **예외자**인 것처럼 처신한다면, 즉 자기에게만은 개조도 개선도 필요 없는 것처럼 행동한다면,

어떠한 결과가 생길 것인가? 아무도 개조나 개선을 입 밖에 내지 않은 것만도 오히려 못한 결과가 생길 것이다. 저 자신의 사람됨은 반성함이 없이 남의 잘못만을 들추어 내는 비판 정신은 오직 사람과 사람의 거리를 멀게 할 따름이기 때문이다. 지금 우리에게 있어서 필요한 것은, 남들의 개선을 재촉하는 언론보다도 우선 자신의 탈피를 재촉하는 채찍일 것이다. 남의 개조보다는 나의 그것이 더 시급하고, 개조의 언어보다는 그것의 행동이 더욱 요청되는 것으로 보인다.

새로운 길을 모색하는 노력이 한갓 방황 이상의 것이 되지 못한 또 하나의 이유는, 우리가 새로운 목표를 아직 분명하게 작정하지 못했다는 사실에 있을 것이다. 인간을 개조해야 한다고 부르짖었다. 그러나 어떻게 개조해야 할 것인지 분명한 제시는 없다. 체질을 개선해야 한다고 주장하였다. 그러나 어떠한 체질로 고칠 것인지는 분명하지 않다. 세대를 교체하라고 역설하였다. 그러나 연령만으로 세대의 신구(新舊)를 가릴 수 없을 것임에도 불구하고, 새로운 세대의 있어야 할 모습이 반드시 알려져 있는 것은 아니다. 요컨대, 앞으로 실현돼야 할 '새로운 인간상'의 청사진이 아직 분명한 형태로 주어지지 않은 것이다. 확실한 것은 오직 묵은 것을 부수어 버려야 한다는 부정의 일면뿐이다. 그러나 묵은 것의 자리를 대신 메워야 할 새것이 어떠한 내용을 가져야 할 것인지는 대체로 모호했던 것이다.

목표의 제시가 전혀 없었던 것은 아니다. 그러나 제시된 목표는 모두 추상적인 언어로 표현되는 막연한 것들이었다. 제시된 목표가 막연함을 면하기 위해서 가장 필요한 것은, 그 목표에 도달하기 위하여 사용될 방법 또는 수단에 관한 암시일 것이다. 그러나 아직 그러한 수단의 암시를 동반한 목표가 제시되었다는 보도는 별로 알려지지 않았다.

새로운 길이 요구되고 있음은 의심의 여지가 없는 사실이다. 그러나 새롭기만 하면 아무렇게 새로워도 좋을 리는 없다. 여러 가지로 가능한 새로운 길

가운데서 어떤 하나의 올바른 길이 발견되어야 할 것이다. 그런데 우리는 아직 그 올바른 새 길의 방향조차도 뚜렷이 잡지 못한 듯한 느낌이다. 만약 목표에 대한 분명한 개념이 형성되지 못하고 있음이 사실이라면, 새것을 찾는 우리의 시도가 방황의 단계를 벗어나지 못할 것도 당연한 귀추가 아닐 수 없다.

3.

만약 위에서 논한 바가 크게 어긋남이 없는 관찰이라면, 그리고 '새로운 인간상'의 목표가 기어코 실현돼야 할 과업이라면, 우리는 적어도 두 가지의 예비적인 작업에 우선 착수해야 한다는 결론에 이를 것이다. 즉 첫째로, 우리는 비판의 화살을 각각 자기 스스로에게로 돌려 보는 겸허한 자세를 취한다는 심기(心機)의 전환을 단행해야 할 것이다. 그리고 둘째로, 우리가 장차 실현해야 할 새로운 인간상에 관한 어느 정도의 약도(略圖)를 얻도록 지혜를 동원해야 할 것이다.

이상 두 가지의 예비적인 작업 가운데서 첫째 것에 관해서는 별로 논할 말이 없다. 겸허한 자세로 스스로 반성한다는 것은 오직 결의와 실천만을 기다리는 문제이며, 거기 별다른 이론의 탐구가 필요하지 않다. 도덕적인 개조가 필요하다고 믿는 뜻있는 사람들이 우선 자기의 처신부터 혁신해 간다면, 이 좋은 시범은 더 넓은 범위에 걸쳐 새로운 분위기를 조성하는 계기가 될 수도 있을 것이다.

우리의 앞으로의 고찰은 위에 말한 두 가지 예비적인 작업 중 그 둘째 것에 관하여 참고적인 의견을 시험하는 데 제공되어야 할 것이다. 그러나 필자가 여기서 앞으로 실현되어야 할 '새로운 인간상'의 청사진을 제시할 수 있으리라고는 생각하지 않는다. 장차 실현되어야 할 인간상이, 마치 땅 속에 묻힌 광맥처럼 숨은 상태로 주어져 있어서 오직 발견되기만을 기다리고 있다는 견해에 찬동할 수 없는 필자는, 어떠한 개인도 단독으로 이 청사진을 제시할 수 있으리라고는 믿지 않는다. 새로운 인간상의 청사진은 엄밀하게 말하자면 발견을 위한 대상이 아니라 창안(創案)을 위한 과제다. 그리고 역사는 적어도 현대에 있어서는 탁월한 개인이 좌우하는 것이 아니라 대중의 힘으로 만들어지는 것이라고 믿는 까닭에, 저 창안을 위한 과제는 전 국민의 공동의 과제이며, 결코 어떤 개인이 단독으로 해결을 꾀할 성질의 것이 아니라고 생각한다. 따라서 지금 이 자리에서의 필자의 생각도 저 공동의 과제에 참여하는 대중의 한 사람으로서의 발언 이상의 것이 아님은 두말할 나위도 없다.

새로운 인간상의 청사진은 밖으로부터 주어지는 것이 아니라, 인간 스스로의 결단으로 만드는 것이다. 다만 이 일은 어느 개인이 할 일이 아니라 사회 전체가 공동 작업으로 완성해야 할 성질의 것이다. 모든 개인은 이 공동 작업에 참여할 권리와 의무를 가졌다. 여기 공동의 문제를 토론하는 사색의 광장에서 감행하는 개인의 발언이 갖는 의의와 그 한계가 있음을 본다.

4.

우리는 어떠한 인간상을 실현의 목표로 삼아야 할 것인가? 이 거창한 물음에 대한 전반적이요 체계적인 고찰을 꾀하도록 전문적인 연구의 마당에 지금 우리가 놓여 있는 것 같지 않으며, 또 그와 같은 본질적인 탐구를 꾀하기에 충분하도록 많은 시간과 지면이 여기에 주어져 있는 것도 아니다. 앞으로 우리는 다만 즉흥적이요 단편적인 의견을 진술함으로써 이 글의 나머지를 채우는 것으로 만족해야 할 것이다.

이 시대가 요망하는 새로운 인간상이 어떠한 모습의 것이냐는 문제의 고찰은, 도대체 '새로운 인간상'을 희구하게 된 본래의 동기가 무엇이었는지를 돌이켜 보는 일에서부터 출발하는 것이 좋을 것이다. 왜 인간의 개조가 요청되었고, 체질의 개선이 필요했는가? 우리는 왜 그토록 열심히 새로운 것을 찾아 부르짖는 것일까? 이 문제의 발단으로부터 생각을 더듬는 것이 지극히 막연하고 어려운 우리의 물음을 분석해 보는 비교적 무난한 출발점이 될 것으로 보인다.

우리가 개조니 개선이니 교체니 하고 줄곧 새로운 것으로 달리게 된 근본 동기는 물론 묵은 것에 대한 불만과 불신이다. 그러면 묵은 것이 우리로 하여금 이토록 불만과 불신을 품게 하는 것은 무엇 때문이며, 도대체 묵은 것의 어디가 어떻게 잘못됐다는 것일까? 묵은 인간상의 잘못이 어디에 있는지, 묵은 세대의 과오가 어디에 있는지, 이 점이 정확하게 파악된다면, 새로운 인간상의 윤곽을 상상하는 데 적지 않은 도움이 될 것이다.

우리가 묵은 인간상에 대해서 이토록 심각한 환멸을 느끼게 된 사유를 밝힌다는 것은 그러나 결코 간단한 문제가 아니다. 거기에는 오랜 역사와 숱한 사연이 있다. 만약 문제를 근본적인 각도에서 다루어야 한다면, 선사시대 이래의 오랜 세월과 동양 및 서양의 넓은 지역에 걸쳐서 나타난 인간성 자체의 탐구로부터 시작해야 할 것이다.

인간이 '새로운 인간상'을 꿈꾼 것은 결코 요즈음 새로 시작된 일시적 유행이 아닐 것이다. 그것은 아마 인간이 자신의 유한성(有限性)을 깨닫게 된 이래로 한때도 끊일 날이 없던 오랜 꿈이었을 것이다. 플라톤과 아리스토텔레스, 공자와 노자, 그리스도와 석가모니, 스피노자와 니체, 그 밖의 거의 대부분의 종교와 도덕의 거성(巨星)들이 모두 새로운 인간상을 희구한 사상가들이 아니었던가? 그러나 이 자리에서 우리가 저 선철(先哲)들과 함께 인간의 존재와 당위를 논의할 겨를은 없다. 우리는 지금 인간 일반에 관한 철학을 토론하자고 이 자리에 나온 것은 아니다. 우리는 '오늘의 한국'에 관한 구체적이요 상식적인 관심에서 이 사색의 광장에 자리를 같이한 것이다. 그러므로 우리는 "오늘날의 한국이 특히 새로운 인간상을 열망하는 것은 무엇 때문인가?" 라는 문제로 우리의 관심을 국한해야 할 것이다. 제한된 지면의 사고가 초점을 잃지 않기 위해서이다.

오늘날 한국에 있어서 묵은 인간상에 대한 환멸이 극도에 달한 사유에도 여러 가지가 있을 것이다. 그러나 그 가운데서 특히 중대한 사유는 이 나라가 해방 이후에 겪어 온 사회적 혼란일 것이다. 가장 두드러진 혼란은 정치계와 경제계에서 일어났다. 그러나 사회의 혼란이란 본래적인 것이어서, 정치와 경제의 세계의 혼란을 반영 내지 뒷받침하고, 학문, 종교, 예술, 교육, 그리고 그 밖의 모든 분야가 예외 없이 부끄러운 혼란을 거듭하였다. 바로 이 전반적인 혼란의 원인이 이 나라 국민의 인간성에 있다고 생각하는 까닭에, 거듭된 혼란에 괴로움을 금치 못하는 사람들이 개조와 혁신을 부르짖고 나온 것이라고 이해된다.

우리가 겪고 있는 혼란의 원인의 일부가 국토의 분단, 자원의 부족 같은 외적 여건의 불리에도 있겠지만, 그 가장 근본적인 원인은 우리들 인간의 불찰에 있다고 보는 관찰에 틀림이 없을 것이다. 그 인간의 불찰이 일시적인 판단의 실수이기보다도 거듭된 과오의 되풀이라는 사실은 우리들의 사람됨의 바탕에 근본적인 잘못이 있음을 뉘우치게 한다. 그러면 현재의 우리 인간상에 있어서 근본적인 잘못은 어떠한 점에 있는 것일까?

우리들의 불행의 핵심은 사람들 상호간의 관계가 원만하지 못하다는 사실에 있을 것이다. 정치, 경제, 학문, 예술, 종교 등 모든 분야에 있어서, 여러 갈래의 파벌이 보기 싫은 싸움을 일삼는가 하면, 같은 파벌 안에서도 자기들끼리의 잔인한 암투에 골몰하는 것이 우리들의 사회현상이다. 그리고 이러한 인간관계는 우리를 항상 증오, 시기, 공포, 분노 등의 불행한 정서로 몰아넣는다. 불행이란 본래 고통스러운 감정의 총칭이다. 그리고 고통스러운 감정의 대부분은 조화를 잃은 인간관계에서 오는 것이다. 그러면 이토록 불협화적(不協和的)인 인간관계는 어디서 오는 것일까?

오늘날 우리들의 사회제도 또는 인간성 가운데는 사람과 사람을 융화시키는 강력한 요소가 결핍한 것으로 보인다. 현대에도 물론 성(性)과 혈연을 계기로 하는 자연적 결합의 매개가 있고, 이해의 일치로 뭉치는 비속한 결합의 계기도 있다. 그러나 사람들을 광범위하게 그리고 깊이 내면적으로 결합시키는 인자는 우리 인간 밖에도 안에도 발견되지 않는다. 인구의 증가, 생존경쟁의 심각성 등 사람과 사람의 사이를 떼어 놓는 힘은 날로 커가는 반면에, 사람들의 관계를 접근의 방향으로 촉진하는 인자들은 점점 약화해 가는 듯한 경향이 있다.

인간은 본래 집단생활의 동물이었다. 개인이 독립한 단위로서 자아(自我)를 주장하기 시작한 것은 비교적 새로운 일이라고 알려져 있다. 인간 생활의 독립한 단위로서의 구실은 오랫동안 부족, 씨족 또는 가족이 맡아 했고, 개인은 오직 저 전체의 부분으로서만 존재의 이유가 인정되었다. 개인이 아니라 집단이 생활의 단위였음을 증명하는 단적인 예로서는, 행위의 책임을 행위자 개인에게만 묻지 않고 씨족 또는 부족 전체에게 물은 옛날의 도덕관념을 생각할 수가 있을 것이다. 한 개인의 잘못으로 인하여 한 족속 전체가 연대 책임을 지고 처벌 내지 보복을 당한 예는 동서양 어느 나라에도 흔히 있었다. 원시사회에 있어서는 개인의 자유나 개인의 의향은 그리 문제가 되지 않는다. 배우자나 직업의 선택 같은 중대한 일에 있어서까지도 개인의 의사는 거의 고려되지 않을 정도였다. 집단의 권위가 개인의 의사를 지배한 것은 비단 원시사회에 있어서뿐만이 아니다. 중세의 가톨릭 사회 또는 근대화 이전의 동양 여러 나라의 풍습을 상기한다면, 개인의 자아의식이 비교적 새로운 역사상의 현상임을 알 수 있을 것이다.

개인의 의사가 유린되어도 좋으냐 어떠냐는 문제는 지금 우리가 관여할 문제가 아니다. 여기서 필자가 말하고 싶은 것은, 개인이 집단이라는 전체의 유기적인 부분으로서의 구실밖에는 못하던 시대에는 그 시대의 질서를 따라서 사람과 사람을 연결시키는 유대가 굳건했다는 사실이다. 가령 봉건시대의 주종(主從)의 관계는, 우리의 안목으로 볼 때 불합리하기 짝이 없는 인간관계임에는 틀림이 없으나, 그러나 그런대로 그들의 사이는 의리와 인정 그리고 넓은 의미의 사랑으로 연결되어 있었다.

물론 집단주의의 인간관계는 불공평과 불합리의 모순투성이었다. 그러한 모순이 탄로되어 봉건의 체계가 무너지고, 근대 개인주의 사회로의 전환을 본 것은 역사에 있어서 큰 전진이었다. 그러나 개인주의 사회를 맞이했다 하여 인간이 '사회적 동물'이기를 그만둔 것은 아니다. 오늘도 우리는 여전히 협조와 우정을 필요로 하는 군서(群棲) 동물이다. 개인과 개인은 연결되어야 하며, 그 연결을 위한 유대가 있어야 한다. 개인주의 사회에 있어서 협조와 우정 그리고 그 밖의 개인과 개인을 묶는 유대가 미약할 때, 거기 '이기주의(利己主義)'라는 불행의 탄생을 본다. 이기주의를 불행하다고 하는 이유는, 그것이 결국은 피차의 의도를 좌절시킬 뿐 아니라 이기주의자의 사회는 지극히 고독한 인간관계이기 때문이다.

이제 한국에서도 봉건제도가 후퇴하고 근대화의 걸음을 서두르게 된 것은 다행한 일이다. 그러나 이 근대화의 물결을 타고 들어온 우리나라의 '개인주의'가 실은 저 이기주의라는 고독한 인간관계가 아닌가 걱정스럽다. 봉건주의 사회에 봉건주의 나름의 인간적 유대가 필요했듯이, 개인주의 사회에서도 개인주의 나름의 인간적 유대가 필요할 것이다. 그러나 지금 우리에게는 사람과 사람을 연결시켜 주는 충분한 유대가 없는 것이다. 모두 그런 것은 아니겠지만 대부분의 사람들이 각각 자기만을 생각하는 경향이 있다. 그리고 협조와 우정을 모르는 이 이기적인 인간성이 우리나라의 각계를 휩쓰는 불행의 기본적인 원인의 하나가 아닌가 생각한다. 공동의 목적으로 매진해야 할 우리가 각각 자기의 이익에 골몰하니, 결국은 모든 일이 틀려 돌아가고 마는 것도 당연한 일이 아닐까 한다.

5.

우리가 지향하는 '새로운 인간상'에 요구되는 성격 내지 덕목은 간단히 망라할 수 없을 정도로 여러 가지일 것이다. 그러나 '새로운 인간상'이 갖추어야 할 여러 가지 필수 조건들 가운데서도 특히 중요한 것을 지적하라고 요구한다면, 필자는 이기주의의 지양(止揚)을 들지 않을 수 없을 것이다.

만약 역사가 후퇴할 수 없는 것이라면 우리는 개인주의의 방향으로 밀고 나갈 수밖에 없을 것이다. 그러나 개인주의가 고독한 철학이 되지 않기 위해서는 한 가지 중요한 조건이 필요하다. 개인주의를 신봉하는 개인들이 자기와 타인을 연결시킬 어떤 유대의 원리를 스스로 안에 갖는다는 조건이다. 개인주의를 신봉하는 개인들이 자기와 타인을 연결시킬 유대를 각자 안에 가져야 하는 이유는, 사람과 사람을 밖으로부터 묶어 줄 타율의 유대가 개인주의에는 없기 때문이다. 안으로부터 타인에게로 뻗어 가는 결합의 원리를 갖추지 못한 개인주의자들은, 결국 안개 속의 나무들처럼 각각 고립해야 하며, 거기 복된 생활을 위해서 필요한 공동의 관심과 공동의 무대를 발견하지 못할 것이다.

개인주의의 역사적인 공적은 전근대적 권위의 횡포를 막는 데 방패의 구실을 했다는 사실일 것이다. 권력의 횡포가 개인의 인권을 유린하는 동안은 자유와 평등을 강조하는 것만으로도 개인주의의 의의는 적지 않다. 그러나 횡포한 권력의 체제가 무너지고 주권이 백성에게로 돌아오는 날, 백성들은 각자가 주권의 소유자라는 바로 그 사실만으로 행복을 누리지는 못할 것이다. 행복은 사람과 사람이 너와 나의 울타리를 넘어서서 하나의 '우리'로 융합될 때, 그리고 그 '우리'가 공통의 관심을 통하여 공동의 과제로서의 가치의 세계를 개척하는 가운데 실현될 목표다. 새 시대의 새 인간상은, 자기가 가진 생존의 권리를 주장할 뿐만 아니라 타인이 가진 생존의 권리도 똑같이 존중하는 동시에, 개인을 고립한 개인으로서가 아니라 공동체의 귀중한 일원으로서 이해하며, 또 그러한 일원으로서 행위하는 사람들이 형성하는 조화된 인간 사회여야 할 것이다. 장차의 인간은 개인의 목적과 사회의 목적의 조화를 통해서만 자아의 성장이 실현될 수 있다는 묵은 진리로 되돌아감으로써, 새로운 경지를 열어야 할 것이다.

그러나 우리가 우리의 현재를 극복하고 새로운 상(像)으로 탈피함은 어떻게 가능할 것인가? 방법을 묻는 이 물음에 대한 신중한 논의가 뒤를 이어야 할 것이다. 그러나 허락된 지면을 다 써버린 필자는 이 문제에 대한 고찰을 다음 기회로 미루지 않을 수 없다. 다만 여기서는, 탈피한 인간상이 가능하기 위해서 적어도 두 가지 조건이 선행되어야 한다는 사실을 지적함으로써 그치고자 한다.

선행이 요구되는 조건의 첫째는 사회생활의 경제적 안정이다. 사람들은 물질생활의 안정을 얻지 못하면 반듯한 마음의 자세를 유지하기 힘들다. 특권층만이 호의호식하고 일반 백성은 굶주리는 불합리한 상태에서는 인심이 살벌하지 않을 수 없으며, 슬기로운 사회를 건설하지 못할 것이다.

선행이 요구되는 조건의 둘째는 '인간'이라는 것에 대한 올바른 인식이다. 인간이 사회적 존재이며, 협조와 우정을 떠나서 행복이라는 것을 생각할 수 없다는 사실, 인간은 모두 죽음을 면치 못할 존재라는 사실, 그리고 '자아'의 한계는 반드시 개인의 육체로 그어지는 것이 아니라 마음가짐의 상태를 따라 신축(伸縮)하는 것이라는 사실 등 상식적인 인식이, 우리의 일상생활의 행위 하나하나를 지배하도록 확고한 지경에 도달한다면, 우리의 세계관 및 인생관에 근본적인 변동이 결과할 것이다. 그리고 새로운 세계관 내지 인생관은 새로운 인간상을 위한 바탕이 아닐 수 없다.

(1964년 1월)

3장 새로운 인간상의 모색(Ⅱ)

1.

사람들은 오늘을 '우주시대'라고 부른다. '우주시대'라는 말이 의미하는 바는 인간이 달나라 또는 그 밖의 아득한 천체(天體)에 도달할 수 있게 되었다는 사실을 지적함에 그치지 않는다. 그것은 자연에 대한 인간의 승리를 통틀어 상징하는 동시에 물질의 세계에 관한 한 인간 능력이 무한대에 가까움을 스스로 증명했다는 사실을 암시하는 말이다.

한편 사람들은 오늘을 '불안과 위기의 시대'라고도 부른다. 국제적으로는 전쟁의 위협이 그칠 사이 없고, 국내적으로는 집단과 집단 사이의 암투가 치열하며, 개인은 자아의 주체성을 상실한 한갓 기계문명의 허수아비로서 시대의 탁류 속으로 휘말려 흘러가고 있다는 사실을 가리켜, 그렇게 부르는 모양이다.

하여간, 인간이 자연을 상대로 거둔 저 혁혁한 성공과 그가 자기 스스로의 문제를 해결하지 못하고 허덕이는 이 실패와의 거리는 너무나 요원하며, 그 대조는 너무나 심각하다. 여기서 우리는 어디엔가 근본적인 잘못이 있다는 반성에 도달한다. 달에 착륙한 우주선을 지구 위에 앉아서 조정할 수 있도록 위대함을 증명한 인간이 자기 자신의 욕망과 감정을 다스리지 못하여 이혼, 자살, 전쟁 따위의 파국을 막지 못한다면, 반드시 어디엔가 잘못이 있을 것이며, 그 잘못은 인간 스스로의 것이 아닐 수 없다. 우리의 반성은 너무나 당연한 논리의 귀결이다.

오늘날 우리 한국에 있어서 흔히 들리는 '새로운 인간상', '인간 개조', '체질 개선' 따위의 표어가 인간의 세계사적 반성에 직접 연유한 것인지는 약간 의문이다. 아마 그것들은 부정과 부패 그리고 빈곤에 시달리는 우리 한국의 비극적 현실 속에서 겪는 일상적 체험에 더 깊이 그리고 더 직접적으로 연결되고 있을 것이다. 그러나 이 한국의 비극적 현실도 사실은 저 세계사적 오류의 한 여파 내지 그 부분적 표출에 지나지 않는다는 점을 고려한다면, 우리는 '새로운 인간상' 또는 '인간 개조'의 염원을 저 세계사적 반성에 근원을 둔 하나의 움직임이라고 해석해도 좋을 것이다.

2.

'새로운 인간상'의 출현을 역설하는 우리나라 식자층의 움직임은, 그것이 현재의 세계사적 모순에 대한 인간적 반성을 간접적으로나마 반영하고 있다는 점에서, 어느 정도의 슬기로움과 정당성을 지니고 있다. 그러나 '새로운 인간상' 또는 '인간 개조'를 논할 때, 논자들이 말하는 '인간'이 전체로서의 **사회**를 뜻하기보다는 사회를 구성하는 기본단위로서의 **개인**을 뜻하는 점에 있어서, 다시 말하면 우리에게 가장 시급하고 절실한 문제가 정치와 경제와는 떼어서 생각해야 할 협의의 도덕 문제라고 보는 경향이 농후한 점에 있어서 '새로운 인간상'을 설교하는 논자들의 견해에는 근본적인 오류가 깃들었다.

"만사는 인간이 하기에 달렸으며, 우리가 현재를 극복하기 위해서는 결국 인간이 달라져야 한다."는 결론 그 자체에는 이론(異論)의 여지가 없다. 그러나 여기서 '인간'을 여러 사회제도의 제약을 물리쳐 가며 '의지를 자유로이 결정할 수 있는 도덕적 독립자로서의 개인'이라고 이해할 때, 그리고 사회의 여러 제도는 그대로 두고 개인의 태도만을 도덕이나 종교의 교육을 통하여 고칠 수 있는 것처럼 낙관할 때, 논자들의 주장은 허망한 공론으로서의 성질을 띠는 동시에, 기만과 위선의 길을 닦기 시작한다. 왜냐하면 인간이란 본래 사회조직 속에 유기적으로 연결되어 있으며, 개인의 성격 및 행동 양식과 그가 속하는 사회의 조직 및 제도 사이에는 밀접한 인과관계가 지배하기 때문이다.

우리는 인간의 이성 또는 양심의 힘을 공연히 과소평가해서는 결코 안 될 것이다. 그리고 인간이 스스로를 더 슬기로운 존재로 만들기를 원하는 도덕적 의지의 중요성을 부인해서도 안 될 것이다. 그러나 우리는 이성이나 양심 또는 도덕적 의지가 우리의 감정과 욕구의 근원을 이루는 생물학적 충동보다도 더욱 강한 위력을 가졌다고 상상해서는 안 된다. 성현(聖賢) 또는 군자(君子)에 가까운 예외자의 경우는 모르거니와, 우리네 보통 사람의 도덕적 반성이 실천적 효과를 거둘 수 있는 범위에는 한계가 있다. 그리고 그 한계는 개인이 자기를 보존하고자 하는 기본적인 욕구가 희생을 당하지 않기 위해서 지켜야 할 선과 대체로 일치한다.

"인간의 그 이기성과 생물학적 충동을 극복하고 오로지 이성적이요 도덕적인 인간으로 탈피하자는 것이 바로 '새로운 인간상'을 동경하는 우리의 본의가 아니겠느냐?"고 논자들은 반문할 것이다. 그러나 우리의 목표는 실현이 가능한 범위 안에서 세워져야 한다. 그리고 국민의 전원 또는 대다수를 도학자(道學者)에 가까운 애타주의(愛他主義)로 개조하려는 계획은 비현실적일 뿐만 아니라, 매우 위선적이다. '새로운 인간상'을 모색하는 노력의 실천적인 일보(一步)는, 이성과 양심의 명령을 따라서 공정하게 행위하는 것이 결국은 행위자 자신을 위해서도 가장 유리한 길이라는 것을 입증할 수 있는 기초를 닦는 일로부터 시작해야 할 것이다.

다시 말하면, 사회 전체의 번영을 위하는 길과 행위자 개인의 성장을 도모하는 길이 일치할 수 있도록 사회의 질서를 재조직하는 일로부터 출발해야 한다. 설교(說教)와 훈계(訓戒) 그리고 본인의 반성과 결의를 통하여 우선 인간의 내부 즉 '마음'부터 고치면, 인생의 외적 측면으로서의 사회질서는 저절로 개혁되리라고 믿는 사람들이 있다. 그러나 이러한 믿음은 인간성에 대한 지나친 낙관에 입각한 것이며, 일의 선후를 그릇 판단한 결과로 보인다.

우리의 인간성을 결정하는 것은 우리가 듣는 도덕적 설교나 우리가 속으로 다짐하는 반성적 결심이 아니라 우리가 거듭하는 실제 행동이다. 예컨대, 공정한 인물이 출현하기 위하여 가장 필요한 것은, 공정의 덕을 고취하는 설교나 공정한 사람이 되리라는 결심이 아니라, 공정한 행동을 실제로 거듭하는 일이다.

다시 말하면, 평소에 늘 공정하게 행동하는 습관이 형성되었을 때 공정한 인물이 탄생한다. 그리고 평소에 늘 공정하게 행동할 수 있기 위해서는, 우리를 공정한 행위의 궤도로 모는 어떤 외적인 압력이 존재하거나 또는 공정하게 행동하는 것이 필경은 자기 자신을 위해서도 좋은 결과를 가져오리라는 것을 믿게 하는 사회질서가 확립되어 있어야 한다. 우리를 항상 공정하게 행동하도록 인도하는 저 '외적 압력'이나 또는 이 '사회질서'가 모두 사회제도에 크게 의존한다는 사실을 상기한다면, 필자가 앞에서 "새로운 인간상의 모색은 사회제도의 개혁으로부터 출발해야 한다."고 말한 주장에 수긍이 갈 것이다.

'제도의 개혁보다는 운영(運營)의 묘(妙)'라는 주장은, 제도의 개혁을 원하지 않는 사람들의 구실이 아니면, '제도'라는 것을 단순한 법조문의 소관 또는 외적 형식의 문제라고 보는 잘못에 연유한다. 참된 의미의 '제도'라는 것은 법령의 제정이나 외형의 구비로써 확립되는 것이 아니라, 그 제도의 근본정신이 요구하는 바를 따라서 사람들이 행동하지 않을 수 없는 세력의 균형이 실현되었을 때, 비로소 확립되는 것이다.

3.

이제까지 논한 바를 한마디로 요약한다면, "새로운 인간상의 모색은 새로운 사회상(社會相)의 모색과 병행해야 한다."는 말로 표현할 수 있을 것이다. 앞에서 필자는 사회의 제도가 인간의 성격과 행동 양식에 미치는 결정적 영향력을 강조했으나, 이는 '인간상'의 문제를 개인적 도덕성의 문제라고 보는 식자층의 경향에 대한 반론(反論)을 펴기 위한 것이요, 제도를 만들고 운영하는 것도 결국은 인간이라는 사실을 간과하자는 뜻은 결코 아니다. 제도와 인간성은 밀접한 상호 관계를 가졌다. 그 하나를 개조하기 위해서는 다른 하나도 함께 개조해야 한다. 두 가지의 개조는 동시에 추진되어야 하며, 하나가 완성된 다음에 다른 하나에 착수할 성질의 문제가 아니다.

그러나 여기 매우 중요한 차이점이 하나 있다. 그것은 제도의 근본적 개혁은 인간성의 근본적 개혁이 이루어지기 전에도 어느 정도 그 윤곽을 잡을 수 있으나, 인간성의 근본적 개혁은 제도의 근본적 개혁 없이는 그 윤곽조차도 이룩할 수 없다는 사실이다.

제도의 개혁 없이는 '새로운 인간상'의 실현을 기대할 수 없다는 우리의 결론은 우리를 지극히 난감한 문제로 이끌어 간다. "제도는 어떻게 달라져야 하는가?"라는 어려운 물음에 부딪치는 것이다. 여기서 우리는 다시 원점으로 돌아가 현대사회의 가장 큰 병폐가 무엇이며, 그 병폐의 근원이 어디에 있느냐는 물음으로부터 다시 논리를 더듬어야 할 것으로 보인다.

현대적 불행의 표출된 현상으로서는 부(富)의 편재(偏在)와 약자의 빈곤, 인간적 유대의 약화와 인화(人和)의 부재, 인간의 자기 상실, 그리고 전쟁 따위를 들 수 있을 것이다. 한마디로 말해서, 현대의 불행은 사람들이 '돈과 기계의 노예'가 되는 동시에 자아의 본질을 상실했으며, 이기성(利己性)의 병적인 발달로 말미암아 서로가 모두 고독하게 됐다는 사실에 그 핵심이 있다고 볼 수 있을 것이다. 이와 같이 요약되는 현대의 불행은 우리들의 사회제도와 깊이 관계되고 있으며, 그 근원은 18세기의 '자유와 평등'의 사상에까지 거슬러 올라간다.

프랑스 혁명의 배경을 이룬 18세기의 개인주의가 질적 변화를 거쳐 자유방임주의의 경제사상으로 발전했으며, 이 경제사상이 산업혁명과의 실천적 결합을 통하여 서양 근대사의 방향을 좌우했다는 것은 널리 알려진 상식이다. 그리고 자유방임과 산업혁명의 결과는 '최대 다수의 최대 행복'이 아니라, 대량의 실업자와 빈부의 격차, 제국주의와 식민지 전쟁 따위의 불행 쪽으로 기울어졌다는 것도 널리 알려진 사실이다. 널리 알려진 상식적 사실에 대하여 역사적 고찰을 되풀이할 흥미는 없다. 우리가 여기서 지적하고 또 기억하고자 하는 것은, 저 19세기적인 과오가 — 그것이 과오로서 공인된 지 오래임에도 불구하고 — 오늘날 아직도 근본적으로는 시정되지 않았으며, 우리가 현대에 겪고 있는 불행의 근원도 바로 저 과오가 연장되고 있다는 어리석음 속에 있다는 사실이다. 19세기적 과오가 아직도 연장되고 있다 함은 어떠한 사실을 가리키며, 그 사실과 현대의 불행이 어떻게 연결되고 있느냐에 관해서 대략이나마 검토할 지면의 여유는 필자에게 남지 않았다.

이 점에 관해서는 앞으로 사회과학 전문가들의 좀 더 예리한 분석이 있을 것으로 기대하며, 필자는 여기서 오직 한 가지 사실만을 지적해 두고자 한다. 즉, 19세기적 개인주의의 폐단으로서 나타난 불합리한 생산과 불공정한 분배는 오늘에 있어서도 아직 제대로 시정되지 않았으며, 경제활동에 남아 있는 이 두 가지 부조리는 현대적 불행의 여러 원인들 가운데서 매우 큰 비중을 차지한다는 사실만을 지적해 두고자 한다.

'불합리한 생산'이라고 한 것은 생산이 인간 생활의 필요를 따라서 계획되지 않고, 기업가의 치부(致富)를 위한 수단으로서 운영되는 경향을 염두에 두고 한 말이며 '불공정한 분배'라고 한 것은 노동과 보수의 불균형을 생각하고 한 말이다. 이 두 가지 점에 관해서 약간의 수정이 여러 나라에 있어서 시도되고 있다는 사실을 우리는 부인하지 않는다. 그러나 그 수정은 매우 고식적인 것이며, 문제를 근본적으로 해결하는 단계에 이르기까지는 아직 앞으로 나아갈 길이 요원하다.

4.

문제를 근본적으로 해결할 수 있기 위해서는, 수시로 교체되는 위정자의 지혜와 금력에 대한 생리적 충동을 느끼는 기업가의 선심에만 호소하는 현재의 방안을 지양하고, '합리적 생산'과 '공정한 분배'를 자동적으로 촉진하는 제도를 확립할 필요가 있다. '합리적 생산'과 '공정한 분배'가 제도적으로 보장된 사회에 있어서는, 사람들은 각자의 소질과 능력에 따라서 그 사회가 요구하는 일을 하면 되며, 돈의 노예가 되어 비열한 경쟁과 모략을 일삼을 필요는 없을 것이다.

이러한 사회에서는 정당하게 노력하고 실력으로 봉사하는 사람들이 존경을 받으며 성공을 거둔다. 따라서 '새로운 인간상'은 구태여 떠들지 않아도 자연히 출현하게 될 것이다.

그러나 그토록 합리적이요 공정한 사회제도의 확립이 어떻게 가능한가? 현재 지배적 위치에 자리잡고 있는 계층의 사람들은 현재의 사회제도에 이익을 보는 사람들이며 이 제도가 그대로 존속하기를 원하는 사람들이다. 이들의 강력한 반대를 누르고 새로운 제도를 세울 수 있는 효과적인 방법은 무엇인가? 여기서 우리는 또 한 번 극히 어려운 문제에 봉착하고 있음을 발견하거니와, 이 어려운 문제에 대해서는 이미 사상가들의 견해가 격론을 펴고 대립하고 있는 것으로 안다.

존 듀이를 비롯한 중도적 사회사상가들은 '지성적 대화와 협상'의 방법을 통하여 새로운 제도를 세울 수 있다고 주장한다. 그렇게 주장하는 가장 큰 근거는 과학의 승리가 가져온 현대의 막대한 생산력은 이를 합리적으로만 활용하면 인류 전체를 잘살 수 있게 하기에 넉넉하다고 보는 관측에 있다. 그러나 전형적 사회주의자들은 말할 것도 없거니와 라인홀드 니버 같은 종교적 사회사상가까지도 듀이 일파의 견해를 중간계급의 편견에 불과하다고 통박(痛駁)한다. 인간의 욕심은 끝이 없으며, 지성의 대화로써 집단적 이기심을 극복할 수는 없다는 것이다.

아마 대립된 두 견해에는 각각 일리가 있을 것이다. 두 견해의 장단점을 비판적으로 검토하고 한국의 현실에 비추어 저 어려운 물음에 대한 우리 스스로의 대답을 꾀하는 것은 앞으로 남은 우리들의 공동의 과제일 것이다.

필자 개인으로서도 이 문제에 대한 좀 더 확충된 이론의 전개가 있어야 마땅하다는 것을 모르는 바 아니나, 지면이 허락되지 않아 우선은 문제만을 제기하고 여기서 멈추는 것을 유감스럽게 생각한다.

(1967년 1월)

4장 전환기와 사회윤리

1. 역사의 전환과 윤리의 혼란

역사에 큰 전환이 있을 때, 도덕의 원리에도 자연히 개조 내지 혁신이 요구되기 마련이다. 그것은 '역사의 전환'이라는 넓은 의미의 '권위'의 교체를 포함하는 것이며, 도덕의 원리는 저 권위와의 유대 내지 연관을 통해서만 비로소 실천의 지침으로서의 제구실을 할 수 있기 때문이다.

르네상스와 종교개혁 이래, 서양 세계에 있어서의 모럴의 원리는 크게 동요하기 시작하였다. 르네상스라는 움직임 자체가 중세기적인 세계관 및 가치관에 대한 반정립(反定立)의 성질을 띠고 나온 것임은 널리 알려진 사실이거니와, 16세기를 통하여 여기저기서 일어난 종교전쟁을 계기로 기독교적 규범 체제의 와해는 더욱 채찍질을 받았다. 신성하다고만 보기 어려운 잔인한 전쟁이 계속됨에 따라서, 싸움의 주동에 가깝다고 볼 수 있는 교권(教權)의 권위와 이에 복종할 의무의 근거가 모호하다는 생각이 차츰 사람들의 마음을 차지하였기 때문이다.

묵은 질서 안에 어떤 모순이 섞였다고 판단했을 때, 사람들은 그 묵은 것을 두들겨 부수기에 한동안 열을 올린다. 그러나 그들은 자기 스스로 원하지 않는 사태를 불러일으키고 있다는 사실을 조만간 발견한다. 그나마의 질서, 그 묵은 질서나마 있었을 때만도 못한 상황을 스스로 지어내며 그 속으로 뛰어들고 있는 자기 자신의 모습을 돌아볼 냉정을 회복할 날이 온다. 아무런 규범의 원리도 없이 그저 혼란하기만 한 사회는 모순 덩어리의 권위로 유지되던 질서의 사회보다도 더욱 괴로울 수가 있다. 그러나 오늘이 어제만도 못하다고 해서, 스스로 욕하고 물리친 어제로 돌아갈 수는 없다. 역사의 뒷걸음질을 획책하는 일이 있다면, 그것은 오직 더 험악한 무질서를 준비하는 어리석음일 뿐이다.

어느 시대에도 행위는 다스려져야 하며, 행위가 제대로 다스려지기 위해서는 규범의 원리가 서야 한다. 그러나 묵은 원리는 이미 맞지 않는다. 새로운 시대를 위한 새로운 원리가 세워지지 않으면 안 된다. 이리하여, 16세기 서양에 묵은 모럴의 원리가 무너졌을 때에도, 새로운 원리에 대한 요구가 심각하지 않을 수 없었다. 그리고 이 요구에 호응하여 그 새로운 원리로서 일부의 학자 — 그로티우스(Hugo Grotius, 1583-1645)를 대표로 하는 일부의 학자 — 들이 내세운 것이 이른바 자연법(Jus Naturale)의 사상이었다.

8 · 15는 우리나라 역사의 커다란 전환점이었다. 역사의 전환점이었던 까닭에 여기에도 묵은 권위와 옛 도덕에 대한 불신이라는 일반적인 현상이 뒤따랐다. '식민지'라는 억압된 지위에 알맞던 규범의 원리는 그 식민지를 지배하던 정권의 붕괴와 함께 그 터전을 잃었던 것이다. 8 · 15는 한 민족이 다른 민족으로부터 해방되는 계기였을 뿐 아니라, 개인으로 하여금 각자의 자아에 눈뜨게 하는 이를테면 '개인 해방'의 계기이기도 하였다.

각자가 자기의 존재와 권리를 강조하는 새로운 풍조 안에 있어서 가장 환영을 받은 표어는 '자유' 그것이었다. "나는 자유다!" 열 사람이 열 가지의 모양으로 날뛰었다. 그러나 자기가 주장하는 '자유'가 엄밀히 무엇을 의미하는 것이며, 자유가 현실적인 것이 되기 위하여 갖추어야 할 조건, 즉 자유의 한계를 냉철히 살필 수 있는 '민도(民度)의 수준'은 준비된 바 없었으며, 개인이 각각 자기의 위치를 올바로 인식하기에는 일반적인 상황이 지나치게 흥분된 분위기였다. 네 자유와 내 자유, 그리고 그들의 자유가 마구 충돌할 때, 거기에는 봉건시대만도 못한 혼란이 오기 마련이다. 20년에 가까운 세월이 흐르는 동안에, 8 · 15의 자유민들은 자기들의 자유에 공포를 느끼기 시작하였다. 스스로의 자유를 처리하기에 벅참을 깨달은 백성들은, 여기 강력한 통제라도 나타나기를 — 이를테면 군사혁명 정부 같은 강력한 통제가 나타나기를 — 고대해야 할 지경에 이르렀다. 웃지 못할 자유주의의 역설이다. 역시 규범의 원리가 필요하다. 그러나 전근대적인 옛 원리를 또다시 모셔 올 수는 없다. 역사가 뒷걸음질을 칠 수는 없는 일이 아닌가? 새 시대는 새로운 도덕의 원리를 요청한다. '전환기'는 역사학자의 관심으로 볼 때는 흥겨운 시대일지 모르나, 그 안에 사는 사람들로 본다면 대체로 그리 복된 시대가 아니다. 그것은 빨리 극복되어야 할 문제의 기간이다. 그리고 그 극복을 위한 중요한 과제의 하나로서 '새로운 도덕원리'의 수립이 있는 것으로 안다.

2. 과도기의 현상

기원전 5세기, 아테네를 으뜸으로 한 그리스의 연합군이 페르시아의 대군을 물리쳤을 때, 아테네는 새로운 역사적 상황 안에 놓였다. 페르시아를 막아 낸 싸움에 있어서 가장 공로가 컸던 해병(海兵)들은, 당시 그리스 사회에서 가장 천대받던 수부(水夫) 계급의 출신이었다. 그러나 나라에 공을 세운 뒤에는 그들의 사회적 지위도 올랐으며, 버젓이 정치에 참여하는 권한까지 얻게 되었다. 가장 하찮던 계급까지 정치에 참여하기에 이르렀으니, 그리스의 땅 위에 민주주의의 새벽이 밝았다 할 것이다. 그러나 아깝게도 아테네 민주주의의 싹은 순조롭게 자라지 못하였다. 실력이 문벌을 대신하여 보배롭게 된 새 시대에 있어서, 실력 양성의 첩경으로서의 교육에 대한 열이 높아지고, 이 드높은 향학열에 호응하여 직업적 교사의 무리가 나타난 데까지는 좋았다. 그러나 일반이 그 양성을 서둘렀던 '실력'이란 반드시 고귀한 동기와 결합된 것만은 아니었다. 오히려 정치 무대에 있어서의 성공을 비롯한 **개인의 영달**이 면학(勉學)의 지배적인 동기였다. 따라서 그들이 배우고자 원했고 직업적인 교사 소피스트들이 가르친 것도 실은, 나라의 공동의 목표 달성에 긴요한 덕성(德性)보다도, 개인의 생존경쟁에서 승리자가 되는 데 필요한 기술임에 가까웠다. 뜨거운 공동 의식과 굳센 협조 정신의 밑받침이 약했던 아테네의 민주주의는 결국 이기주의와 부패가 지배하는 껍데기만의 '데모크라시'로 전락하고 말았다.

같은 그리스의 도시국가 중에서도 스파르타는 억센 규율과 무서운 통제를 나라의 근본 방침으로 삼았다. 플라톤의 '이상국가론'에까지 반영되었다고 알려진 스파르타의 군국주의(軍國主義)가 방종에 가까운 아테네의 자유주의보다도 현실적인 타당성을 가졌다는 것은 펠로폰네소스의 전쟁에서 스파르타가 승리했다는 역사적인 사실에 의하여 밝혀졌다고 볼 수 있다. 그러나 스파르타식의 전체주의(全體主義)만으로도 이상국가가 될 수 없다는 것은 그 후의 역사가 말해 주고 있다.

8 · 15 이후의 한국의 사태를 천 5백 년 전의 그리스의 사정에 비긴다면 좀 어색할지도 모른다. 그러나 거기에는 적어도 몇 가지 공통점이 있음을 부인할 수 없다. 이 나라에 있어서의 8 · 15는 민주주의로의 전환을 위한 좋은 계기였다. 그러나 이 나라의 민주주의도 그리 순조로운 발전을 거듭한 편은 아니다. 사회상(社會相) 일반에 적지 않은 혼란과 부패가 있었다. 8 · 15 이후의 이 나라의 향학열은 매우 상승되어 왔다. 그리고 많은 학교가 세워졌다. 그 많이 세워진 학교들은 질적으로 조금씩 나아지는 경향을 보이고 있으며, 교

육기관의 양적 발전이 결국 이 나라의 장래를 위하여 보탬이 되리라고 믿어진다. 그러나 이 나라의 학원도 그동안 심각한 비판의 대상이 되어 왔다. 수년 전에 시도되었던 '대학의 정비'와 '학사고시(學士考試) 제도', 그리고 요즈음 구상되고 있는 '공부하는 대학생, 연구하는 교수의 기풍 조성 계획' 등의 색다른 문교정책은 그러한 비판을 배경으로 삼고 시험된 것이라 하겠다. 대학의 정비나 학사고시 따위의 정책이 나왔다는 바로 그 사실이 우리의 반성을 요구하는 것이다. 학교도 점차 대량생산의 기관으로 변해 가고 있는 오늘날, 교육 특히 대학 교육의 목적이 '기술자의 양성보다도 인격의 도야'에 있다는 생각은 아마 실정에 맞지 않을지 모른다. 그러나 대학의 사명이 단순한 기술자의 양성에만 있다는 견해에 동의하는 사람은 적다. 기술 교육 내지 전문교육을 통하여 역시 인간을 길러야 한다고들 믿는다. 그러나 인간 교육이 가능하기 위하여 가장 필요한 조건이 지금 우리에게 결여된 것 같다. 이른바 인간 교육이 가능하기 위해서는 교육자와 피교육자가 근본에 있어서 다 같이 긍정할 수 있는 이상(理想) 아래 서야 한다. 다시 말하면 공통된 가치척도를 가지고 있어야 한다. 그러나 우리는 아직 공통된 가치의 척도가 없을 뿐 아니라, 한 사람의 마음속에도 여러 개의 척도가 어른거리고 있는 형편이다. 묵은 윤리의 체계는 무너지고, 새로운 것은 아직 굳지 않은 과도기적인 현상이다.

확고하고 공통된 가치의 척도가 없다는 현상은 그 밖의 여러 가지 불안정한 과도기적 현상의 결과인 동시에 또 그 원인이기도 하다. 다시 말하면, 정치, 경제, 예술 등 여러 가지 분야에 있어서의 혼란이 가치의 척도를 흔들리게 하는 동시에, 흔들리는 가치의 척도가 갖가지 사회현상에 혼란을 일으키는 악순환의 관계가 있다.

그러므로 전반에 걸친 사회생활의 안정을 위하여 새로운 윤리의 확립이 시급한 동시에, 새로운 윤리의 확립을 위하여 사회생활의 안정을 도모해야 한다는 순환론적 결론에 도달한다. 우리의 결론에 순환론적 성격이 들었다는 사실은 우리의 문제가 어렵고 까다로움을 의미한다. 그러나 문제가 어렵고 까다롭다는 사실은 그것을 해결할 수 없다는 것과는 다르며, 그 해결을 위한 노력을 게을리해도 좋다는 이유는 더구나 되지 않는다.

3. 새로운 원리의 모색

역사가 급격한 변천을 겪고 있는 오늘날, 새로운 도덕의 원리가 빨리 세워져야 한다는 것은 생각 있는 사람들의 공통된 견해다. 그러나 '새로운 원리의 수립'이라는 역사적인 과제는 어떠한 방향에서 어떻게 해결이 모색되어야 할 것인가? 우리의 과제는 크게 두 개의 문제를 포함하고 있는 것으로 보인다. ① 우리는 어떠한 원리를 우리의 행동의 지침으로 삼을 것인가? ② 우리가 선택 내지 발견한 행동의 원리를 어떻게 국민 전체의 공동의 소유로 만들 수 있을까? 우선 새 시대에 맞는 새로운 원리의 방향이 제시되어야 하며, 다음에 그 제시된 원리의 방향이 사회를 이끄는 현실적인 힘이 되기 위해서, 새로 제시된 이 원리가 대중의 생활감정 내지 가치 의식 속에 침투해야 한다.

'민주주의'라는 말은 우리 사회에 있어서 거의 움직일 수 없는 목표를 의미하게 되었다. 새로운 도덕도 이 민주주의와 조화되는 방향에 있어서 모색되어야 할 것 같다. 그러나 그 '민주주의'가 매우 모호한 개념이라는 사실로 말미암아, 우리의 문제는 아직도 그 출발점에서 제자리걸음을 하고 있다. 사람들은 민주주의를 각각 제멋대로 해석하는 까닭에, '민주주의 윤리'라는 대답만으로는 우리의 첫째 문제는 풀리지 않는다.

'민주주의'가 아무리 여러 가지로 해석될 수 있다 하더라도, 개인의 평등한 권리를 부인하는 민주주의는 있을 수 없을 것이다. 자아의 권리를 당당히 주장할 수 있는 개인 의식의 발달은 민주주의의 가능을 위한 전제 조건이다. 그러나 개인이 자기의 권리를 주장할 줄은 아나 남의 그것을 존중할 줄 모르는 사회에서는, 민주주의는 실현되지 않는다. 민주주의는 나와 남의 인격을 평등하게 존중하는 지성의 수준이 높은 개인들의 모임에 있어서만 현실적이다. 지금 무조건한 자기희생을 강조하는 전체주의 내지 애타주의를 부르짖어도 이에 따라올 사람은 적을 것이다. 현대의 개인은 자기의 존재를 소중히 여긴다. 그러나 세련된 개인주의자는 사회 전체의 복지를 파괴하고 자기만이 잘될 수 없다는 사실을 안다. 세련된 개인주의자는 자기 자신을 위해서도 남의 존재를 아끼고 질서를 존중한다.

나라가 망하고 그 안의 개인만이 잘살 수 없다는 것은 평범한 상식이다. 그런데 지금 우리나라는 국제적인 긴장의 틈바구니에서 매우 어려운 고비를 겪고 있는 것이다. 이러한 상태에서 우선 나라를 살리고 세우는 일은 나 개인의 행복을 위해서도 절대로 필요한 조건이다.

개인주의는 생각할 수 있는 최선의 길은 아니다. 그러나 현실에 발이 붙지 않은 어떤 이상주의나 위선에 가득 찬 전체주의보다는 몇 배 착실하고 안전한 길이다. 개인주의는 우리가 밟고 넘어가야 할 계단이다. 그러나 우리의 민도(民度)는 아직 그 계단에도 이르지 못하고 있다. 각자가 제 앞도 못 가리는 민도에 있어서는 우선 각자가 제 앞을 가리는 단계를 당면의 목표로 삼아야 한다. 민주주의가 실현될 수 있는 사회의 '개인'은 내 권리를 고집하는 반면에 내 의무에도 충실하다. 남으로부터 공연한 간섭을 받기 싫어할 뿐 아니라, 나도 남에게 공연한 간섭을 하지 않는다. 남의 인권과 남의 자유도 존중할 줄 아는 좋은 의미의 개인주의를 한 번은 거쳐야 할 것으로 믿는다.

8·15 이전까지의 우리 사회는 대체로 타율적(他律的)인 규범이 개인의 행동을 다스려 온 경향이 있다. 이제 '민주주의'의 표어는 이 타율적인 도덕에 대한 반발을 고취한다. 그러나 타율의 도덕을 떳떳이 물리칠 자격이 있는 것은 오직 자율(自律)의 도덕을 가진 사람들뿐이라는 사실은 흔히 망각되기 쉽

다. 현재 우리에게 요구되고 있는 것은 타율적 도덕을 몰아내는 일에 그치는 것이 아니라, 그것을 몰아낸 빈자리에 자율의 도덕을 세우는 일이다. 그리고 자율의 도덕이 가능하기 위한 기초로서, 나와 남을 공평하게 저울질할 수 있는 세련된 개인의 형성이 요청된다.

개인주의에 의하여 가장 감격적인 인생이 영위되리라고는 생각하지 않는다. 인간은 '개인' 이상의 것이다. 그러나 지금 '근대화'라는 역사적인 흐름을 타고 있는 우리가 '개인'을 극복하는 길은, 우선 투철한 개인주의의 과정을 겪는 일이다. 개인이 궁극에 가서 부정되어야 한다 하더라도 그것은 개인의 철저한 긍정 뒤에 오는 자각을 통한 것이 아니면 안 된다. 우리는 자아의 발견 이전의 원시시대로 되돌아갈 수는 없다. 자아의 진지한 추구가 어떤 한계선에 다달아, '개인'을 넘어서는 정열이 솟구칠 때까지 우선 개인주의의 건전한 발전 과정이 선행되어야 한다고 본다.

우리의 다음 문제는, 새로운 도덕의 원리가 어떻게 대중의 가슴 깊이 침투하여 실천의 역량으로 변하게 할 수 있느냐는 것이었다. 일부의 머릿속에서 어떤 원리가 긍정된다 하더라도 그것이 바로 실천의 역량으로 화하는 것은 아니다. 도덕적 관념은 거듭된 실천을 통해서만 실천의 원리로서 확립된다.

어떤 도덕의 원리가 사회를 이끄는 실천의 원리로서의 의의를 가질 수 있으려면, 그 원리가 대중의 실천을 통한 지지를 받아야 한다는 것은 이미 홉스(T. Hobbes)가 역설한 바와 같다. 그리고 대중이 어떤 원리를 자발적으로 실천할 수 있으려면, 먼저 대중의 생활이 안정되어야 한다. 특히 각 개인이 자기의 맡은 바 책임을 다하는 것을 전제 조건으로 삼는 민주주의의 윤리가 서기 위해서는 국민 각 개인의 일반적인 수준이 문제가 된다. 국민의 일반적 수준의 향상은 인간 교육을 예상하는 것이며, 인간 교육은 젊은이들의 신뢰를 받을 수 있는 안정된 사회 환경에서만 가능하다. 사회 일반, 특히 경제생활의 안정은, 새로운 원리의 형성을 위한 기본 조건이기도 하다. 이에 우리의 방법론적 문제는 정치 및 경제의 건설의 문제와 직결되는 것이며, 다른 분야의 전문적인 연구의 협조를 기다리게 된다.

그러나 경제나 정치의 안정만 실현되면 새로운 도덕의 원리가 저절로 대중의 실천을 통하여 확립되리라고 낙관하는 것은 아니다. 우리는 여기서, "발전해 가는 국가에 있어서 교육 사업이 완수해야 할 사명이 얼마나 큰가?" 에 관하여 생각하지 않을 수 없는 단계에 있음을 깨닫는다.

오늘날 우리나라의 위정자들은 생산의 중요성을 매우 강조하고 있으며, 생산의 중요성에 대한 신념은 실천적인 정책에도 크게 반영되고 있다. 이공계통 방면의 교육에 특히 힘을 기울이고 있는 것도 그러한 정책의 한 현상이라고 이해할 수 있을 것이다.

경제문제가 가장 심각하고 시급한 우리나라의 실정으로 볼 때, 생산에 주력하는 위정자의 판단은 시기에 매우 적합한 것으로 인정된다. 그러나 여기서 자칫하면 간과되기 쉽고, 또 약간 간과되고 있지 않은가 하는 의심을 일으키는 것이 인간의 생산의 중요성의 문제다.

일찍이 듀이(J. Dewey)도 지적한 바와 같이, 생산 가운데서 가장 귀중한 생산은 **인간의 생산**이다. 그리고 인간의 생산은 단순한 출생만으로 끝나는 것은 물론 아니다. 인간의 생산이란 좋은 목적을 위해서 헌신할 수 있는 사람을 길러 냄을 가리키는 말이며, 그것은 이른바 '인간 교육'의 문제를 포함하는 것이다. 그러나 지금 우리는, 훌륭한 인간을 만들어 내는 일은 훌륭한 기계나 약품을 만들어 내는 일보다도 몇 배 더 중요하다는 사실을 충분히 고려하지 못하고 있는 듯한 일들을 종종 목격한다. 사실은, 지금 우리가 하고 있는 것보다도 훨씬 더 많은 힘과 정성을 우리는 젊은 세대의 교육 문제에 기울여야 하는 것이다.

(1962년)

5장 르네상스와 휴머니즘

한국의 현실을 생각할 때, 우리는 가끔 르네상스를 연상한다. 그리고 르네상스에 관한 글을 읽을 때면 우리 한국의 현실을 생각하게 된다. 오늘의 한국과 15-16세기의 서구는 서로 전혀 다른 세계임에도 불구하고 이러한 연상을 금치 못하는 것은, 아마 그 두 세계가 과도기라는 점에서 공통성을 가지고 있기 때문일 것이다. 르네상스가 서구의 근대화를 준비한 전야(前夜)였다는 사실을 생각할 때, 아직 전근대적 요소가 적지 않은 한국 속에 사는 우리가 가끔 르네상스의 옛일을 연상하는 것은 아마 극히 자연스러운 심리일지도 모른다.

르네상스의 시대사조 가운데서 주류를 차지한 사상을 우리는 '휴머니즘'이라는 이름으로 부르는 것이 보통이다. 다음에 잠시 르네상스의 휴머니즘을 살펴보고자 하는 것은, 그것이 오늘을 사는 우리 한국인에게도 무엇인가 암시해 주는 것이 있음직하다고 생각되기 때문일 것이다.

1. 전환기의 시대사조

중세기의 사상가들은 그리스도교적 신학(神學)의 여러 개념들을 통하여 세계를 이해하였다. 그들의 안목으로 볼 때, 세계는 전지전능하며 착하고 지혜롭기 그지없는 하나님이 당신의 목적을 달성하기 위하여 만들어 낸 창조물이다. 세계의 온갖 사물에는 각각 목적이 있다. 그 목적을 이해함이 없이는 사물에 대한 어떠한 이해도 오직 피상적일 뿐이다. 어떤 사물이나 사건의 본질을 설명하는 길은, 곧 그 목적을 밝히는 일이라고 생각되었다. 이리하여 중세기의 철학은 목적론적 체계의 형태를 띠고 나타나게 되었다. 그리고 세계의 인식을 위한 근본이 되는 그 목적은 지극히 착하고 어진 하나님의 뜻이 정한 것인 까닭에, 그 목적의 근원인 하나님에 대한 이해 없이는 세계를 제대로 설명할 수 없다는 결론이 되었다. 여기에 중세의 철학이 하나의 학문에 그치지 않고 종교로 넘어갈 내면적인 필연성이 있었다.

중세의 철학자들의 눈으로 볼 때, 자연계의 사물은 한갓 자연물임을 의미함에 그치는 것이 아니었다. 그것은 더 중요한 연극이 진행되기 위한 무대요, 소도구들이다. 그것은 하나님의 아들인 인간을 가르치고 단련하기 위하여 필요한 수단이다. 그러나 인간도 그 자체에 절대적인 의미 또는 중요성이 있는 것은 아니었다. 인간의 중요성은 그것이 인간이라는 사실에 있는 것이 아니라, 하나님의 아들이라는 사실에 있었다. 그리고 인간의 가장 거룩한 사명은 하나님에 대한 올바른 관계, 아담의 잘못으로 말미암아 상실하게 된 올바른 관계를 다시 회복하는 일이었다.

그러나 세계와 인생이 하나님의 뜻의 표현으로밖에 보이지 않는 그러한 관찰이 언제까지나 계속되지는 않았다. 새로운 각도에서 새로운 모습으로 세계를 이해하는 눈이 하나둘 생기기 시작하였다. 옛날 그리스의 철학자들이 그러하였듯이, 자연을 자연으로서 이해하고, 인생을 인간의 활동 무대로서 바라보는 경향이 차츰 나타나기 시작하였다. 페트라르카(Petrarca, 1304-1374)와 보카치오(Boccaccio, 1313-1375) 같은 새로운 감각의 시인들은, 이미 14세기에 있어서 새로운 안목으로 세계와 인생을 바로 보는 선구의 길을 열었거니와, 15세기와 16세기로 들어서면서 이 새로운 세계관의 물결은 묵은 전통을 물리치고, 시대사조의 주류를 차지하는 세력으로 발전하였던 것이다. 이른바 르네상스(Renaissance)라는 정신적 혁명이다.

르네상스란 어떤 사건을 일컫는 말은 아니다. 그것은 일정한 특색을 가진 사건들이 연달아 일어난 어떤 시대 또는 그 시대의 사조를 가리키는 이름이라고 보는 편이 옳을 것이다. 그 일정한 특색이란, 하나님의 개념을 통하여 모든 것을 이해하고, 하나님의 뜻에 물어서 인생의 물음에 대답하려던 중세기적 사조에 항거하여, 현세주의적(現世主義的)이고 인간 중심적인 방향으로 달리고자 하는 경향의 나타남이었다.

르네상스는 13세기에 그 싹이 트기 시작하여 15세기에 들어서면서 갑자기 그 세력이 확대되었다. 그것은 처음에 이탈리아에서 시작하여 유럽 각지로 번져 갔다. 르네상스의 정신 혁명 운동이 이탈리아로부터 시작된 것은 결코 우연한 일이 아니다. 고대 그리스의 문화와 가장 긴밀한 연결을 유지하여 왔다는 사실이 이탈리아로 하여금 근대 사상의 요람이 되게 하였다. 15세기에 이르러 고대 그리스의 고전이 또다시 햇볕을 보고 열렬한 연구의 대상으로 소생했을 때, 이탈리아의 사람들은 북녘 유럽의 사람들보다도 훨씬 깊은 통찰력을 가지고 그것을 이해할 수가 있었다. 그것은 바로 그들 자신의 유산(遺産)이었기 때문이다.

그리스 고전에 대한 새로운 연구가 문화의 역사 위에 미친 가장 중대한 영향은, 사람들로 하여금 교회의 울타리 밖에 인간이 그 스스로의 법칙을 따라 스스로의 역사를 꾸며 가는 새로운 생활을 영위함이 가능함을 깨닫게 하였다는 사실이다. 그뿐만 아니라, 고대 그리스의 고전은 르네상스의 정신이 독자(獨自)의 이성(理想)을 발견할 때까지, 이를테면 사상의 지도를 위한 모델의 구실을 하였다.

이탈리아에 있어서의 인간 스스로에 대한 자각은, 그 나라의 정치적 사정에 의하여 더욱 촉진되었다. 당시의 이탈리아는 여러 작은 나라로 나누어져 있었고, 그 조그만 나라들은 항상 치열한 정치 싸움을 하기에 바빠서 하루도 편할 날이 없었다. 이러한 상태는 사회질서를 몹시 어지럽게 하였으며, 이 어지러운 사회상은 자아에 대한 개인의 자각을 촉진하는 결과를 가져왔던 것이다.

중세기에 있어서, 사람들은 교회 또는 그 밖의 종교 단체와의 연결을 통해서만 귀중한 존재가 될 수 있었다. 단순한 자연인 및 자연인의 순전히 개인적 생활에는 가치도 권위도 인정되지 않았다. 그러나 정치적 싸움과 사회질서의 문란은 드디어 개인으로 하여금 자기 자신의 인격 성장에 깊은 관심을 기울이도록 이끌어 갔다. 어지러운 세상에 있어서, 사람들은 자연히 단체 생활에 대한 매력을 잃기 마련이며, 단체 생활을 등진 사람들이 생활의 중심으로 삼을 것은 오직 개인의 내면생활밖에 없었기 때문이다. 그리하여 14세기 내지 15세기의 이탈리아는 개인주의의 방향으로 크게 기울어지는 동시에, 개인의 인격과 그 정신생활에 독자적인 가치를 인정하기 시작하였다.

'재생(再生)'을 의미하는 '르네상스'라는 이름으로 이 과도기를 부르게 된 것은, 고대 그리스의 정신이 되살아왔다고 보았기 때문일 것이다. 그리고 이 시대에 열을 올린 고전의 연구가 그 고대 정신의 부활과 밀접한 관계에 있음은 두말할 필요도 없다. 그러나 '고전의 연구'라는 학계의 새로운 풍조가 이 시대의 모든 변화의 근원은 아니다. 오히려 여러 세기를 두고 준비되었던 새로운 시대정신이 옛 그리스의 기록에 공명을 느껴, 고전에 대한 연구열이 높아 갔다고 보아야 할 면이 클 것이다. 중세의 학자들도 고대의 유산을 전혀 망각하거나 무시한 것은 아니다. 그들도 그들 나름으로 고전을 중요시하였다. 즉, 그리스도교적 신조를 떠받쳐 주는 이론 근거로서, 옛 철학의 권위를 빌리려 하였던 것이다. 그러나 르네상스의 사상가들은 종교를 옹호하거나 장식하기 위하여서가 아니라, 고전 그 자체를 배우기 위하여 고전으로 달려갔다. 그들은 고전을 단순한 고전적인 관심에서 연구한 데 그친 것이 아니고, 새로운 가치의 척도와 새로운 인생의 방향을 그 고전으로부터 암시받았던 것이다. 르네상스의 특권은, 고전에 대한 연구가 높아졌다는 그 사실에 있다기보다도, 고전을 대하는 새로운 태도와, 그 새로운 태도의 배경이 된 세속적이요 개인주의적인 기풍에 있다고 할 것이다.

2. 자아의 발견

르네상스의 시대정신의 특색을 우리는 전통에 대한 — 특히 중세기적 전통에 대한 — 불신과 반발에서 찾는다. 그리고 이 불신은 어떤 우발 현상에 그치는 따위의 것이 아니라, 묵은 것과는 온통 관점을 달리하는 새로운 세계관 및 가치관의 탄생으로 곧장 연결되는 근본적인 성질의 것이다. 그것은 이미 어렴풋이 피어나기 시작한 새로운 세계관의 발로인 동시에, 앞으로 체계를 갖추고 성장할 새로운 철학의 싹이기도 했다. 그리고 이 시대에 머리를 든 새로운 세계관 내지 새로운 가치관의 바탕에 깔린 사상을 우리는 '휴머니즘(humanism)'의 이름으로 부를 수 있을 것이다.

휴머니즘은 르네상스 시대에 비로소 나타난 사상은 물론 아니다. 인간주의(人間主義) 또는 인본주의(人本主義)라고 번역되는 휴머니즘의 기초가 된 것은 '휴머니티(humanity)'의 개념이며, 이 개념은 본래 옛날 그리스의 생활 문화에 근원을 둔 고전적 개념이다. 좀 더 자세히 말하자면 로마시대, 특히 키케로(Cicero, 106-43 B.C.)의 시대에 있어서, 그리스적인 교양에 대하여 동경의 감정을 느낀 사람들에 의하여 성립된 개념이다. 그리스의 생활 문화는 그리스인 자신들에 의하여서는 특별한 평가의 대상이 되지 않았다. 그 가운데 산 사람들은 그것을 그저 평범하게만 느꼈던 것이다. 그러나 그리스의 문화로부터 멀리 떠나온 로마의 사상가들은, 그리스 사람들의 정신적 가치와 자신들 사이에 커다란 거리가 있음을 느끼는 동시에, 그리스의 인간을 인간의 이상형으로서 숭상하는 마음을 갖게 되었다. '휴머니티'란 바로 스스로 교양의 부족을 느낀 로마 사람들이 그리스인에게서 발견한 교양 있는 인간성을 종합적으로 가리키는 개념이었다. 그리고 이 개념을 바탕으로 삼고 하나의 체계적인 철학 사상을 수립한 것은 키케로였다고 전해진다. 휴머니티의 개념을 토대로 삼고 세워진 키케로의 철학은 "더 높은 것을 희구하는 로마인이 인간다운 인간이 되기 위하여 지향해야 할 목표는 무엇인가?"라는 물음에 대한 해답으로서 주어진 것이었다.

키케로의 철학의 중심 개념인 휴머니티는, 동물과 구별되는 높은 존재로서의 인간의 본질, 사람다운 사람의 모습, 또는 인간의 가치와 품격을 형성하는 덕성을 의미하는 개념이었다. 그리고 키케로는 '사람을 사람답게 하는 것'을 그리스적인 교양 및 그 교양의 결과로서 생긴 고상한 인품이라고 보았던 까닭에, 그의 휴머니즘은 인문주의(人文主義)로서의 색채를 짙게 가지고 있었다. 즉 키케로의 휴머니즘은 교양을 통하여 다듬어진 고상한 인격을 이상으로 삼는 것이었다.

그러나 로마인에 의하여 형성된 휴머니티의 개념은, 교양을 통하여 정화된 이상적 인간상만을 주요한 내포로 삼는 것은 아니었다. 그것은 스토아 철학자들이 믿었던 보편적 인간성의 관념을 아울러 포함하고 있었다. 다시 말하면 이성적 존재로서의 인간은 누구나 그 본질과 가치에 있어서 동등하다는 관념이 포함되고 있었다. 이 보편적 인간성에 대한 신념은 근세 이후의 사회사상에 있어서 중심적 개념으로 등장한 자유와 평등의 이념으로 직결되는 동시에, 휴머니즘에 인도주의적(人道主義的)인 일면을 나타내게 한 근본이기도 하다.

위에서 말한 바와 같이, 우리는 휴머니즘의 근원을 멀리 그리스와 로마의 생활 문화 가운데에서 찾아볼 수 있는 것이기는 하나, 원숙한 형태를 갖춘 휴머니즘이 세계사적 조류를 형성하고 나타나기에 이른 것은 르네상스 이후의 일이다. 그것은, 앞에서도 말한 바와 같이, 중세의 봉건사회에 있어서 억압되었던 인간성을 다시 해방할 것을 외치고 나선 근대적 사상의 선구로서 대두하였던 것이다.

르네상스 시대의 휴머니즘에도 키케로적인 휴머니티의 개념, 즉 교양을 통하여 순화된 인격의 이상은 살아 있었다. 거기에도 옛 그리스적인 교양과 문화에 대한 동경이 서려 있었다. 그러나 르네상스의 휴머니즘은 단순히 그리스적인 교양과 문화의 부활만을 목표로 삼는 것은 아니었다. 그것은 새로운 인간성과 새로운 인간관계의 실현에 대한 정열에 불타는 전반적인 혁신의 사상이었다. 그것은 새로운 인간적 가치 또는 새로운 인간상을 지향하는 노력이었다.

새로운 인간 가치의 확립은 낡은 것 — 인간성을 억압하고 왜곡하는 낡은 가치관 — 의 부정으로부터 출발해야 했으며, 봉건적 구속에서 자아를 해방시키는 일로부터 시작되어야 했다. 그러므로 르네상스의 휴머니즘은 우선 해방의 사상이었고 반항의 정신이었다. 그것은 교양과 학예를 종교인의 독점으로부터 해방하여 일반 시민에게 고루 나눌 것을 희구하였으며, 교회적 권위로부터의 세속적 인생의 해방을 지향하였다. 그것은 그리스도교적인 세계관 내지 가치관에 대하여 꾸준히 반항하였다. 새로운 인간상의 형성을 가톨릭 교회에 대한 반대의 방향에서 모색했던 것이다.

르네상스의 휴머니즘은 인간의 자기 긍정을 출발점으로 삼으며, 개인의 자아 존중을 근본 이념으로 삼는다. 하나님과의 관계를 통해서만 약간의 가치를 인정받던 중세의 인간과는 달리, 그 스스로 안에 본래적 가치를 간직한 인간의 존재를 믿었으며, 겸손과 금욕과 복종을 미덕으로 삼던 중세기적 개인과는 달리, 자기를 주장하고 자기의 힘을 과시하고자 힘쓰는 개인의 출현이 찬양을 받았다. 르네상스의 휴머니스트들은 강한 개성의 발전을 꾀하는 한편, 다방면에 교양을 쌓기를 희망하였다. 그들의 이상은 '성자(聖者)'가 되는 일이 아니라, '전인(全人)'이 되는 일이었다. 여러 가지 방면으로 천재적 재능을 발휘한 레오나르도 다 빈치(Leonardo da Vinci, 1452-1519)는 당시의 이상적 인간상의 한 구현이었다고 볼 수 있을 것이다.

새 시대의 사람들은 자기의 개성을 존중하고 자기의 감정을 값진 것으로서 의식하였다. 이 시대에 많은 자서전적 작품이 나온 것도 개인의 자기의식과 깊은 관련이 있는 것으로서 이해된다. 각자는 각자의 고유한 삶을 가지고 있으며, 각자의 삶은 그 특수성으로 말미암아 충분한 이야깃거리로서의 가치를 가졌다. 이러한 의식을 바탕으로 삼은 '자기의 표현'으로서의 문학이 이 시대에 일어났으며, 그러한 문학의 대표로서 우리는 몽테뉴(Montaigne, 1533-1592)의 수필을 알고 있다. 몽테뉴가 그린 것은 초월적 존재나 초자연적 존재가 아니라 인간이었다. 그리고 그가 그린 인간은 밖에 있는 다른 사람들이 아니라, 주체적으로 파악된 자기 자신의 모습이었다. 그러나 그의 문학은, 한 개인의 내면을 묘사함을 통하여, 동시에 인간성의 공통된 내면을 그려 낸 것이기도 하였다. 개인은 그 개성의 측면에서 볼 때는 특수한 존재이나, 그 근본은 공통된 인간성을 바탕으로 삼고 이루어진 자연물이기 때문이다.

르네상스의 사상가들이 긍정한 인간은 형이상학적 존재로서의 인간이 아니라, 경험적 자연의 일부로서의 인간이었다. 그것은 욕구와 감정을 가진 상식적인 인간이었다. 따라서 그들에게 있어서의 인간의 긍정은 지상적(地上的)인 생활 가치의 긍정이기도 했다. 중세의 종교적 사상가들이 오로지 '성스러운 것'만을 숭상하여 물질적이요 육체적인 것을 업신여긴 것과는 달리,

그들은 지상에 있어서의 육체적인 쾌락에도 응분의 가치를 인정했으며, 세속적인 의미의 성공을 중요시하였다. 짧게 말해서, 자연적인 생(生)을 그대로 긍정했던 것이다.

자연적인 생을 긍정하고 세속적인 성공을 숭상하는 새로운 기풍은, 사색적인 사람보다도 행동적인 사람을 높이 평가하는 새로운 가치관을 결과하였다. 본래적인 의미의 철학자보다는 정치가와 예술가들이 존경을 받았다. 그리고 특히 기술자가 우대를 받았으며, 기술을 위하여 이론적 근거를 제공하는 새로운 자연 연구가 환영을 받았다. 모든 이러한 사정은 곧 근대적인 자연과학의 발달을 위한 적절한 조건이 아닐 수 없었다.

물질적인 생활을 중요시하고 세속적인 성공을 열망하는 르네상스의 가치관은, 자연히 사람들로 하여금 경제에 대하여 깊은 관심을 기울이게 하였다. 그들은 돈의 귀중함을 공공연히 인정하는 동시에, 돈을 벌기 위하여 부지런히 노력하고 치열하게 경쟁하였다. 이리하여 이젠 상공업이 귀중하고 우세한 직업으로서 등장했으며, 저 과학 기술의 발달과 발을 맞추어 산업의 일대 혁신이 서서히 준비되어 가고 있었다.

3. 휴머니즘의 과제

휴머니즘은 인간이 자기 자신을 아끼고 존중하며, 자기 자신의 권리를 주장하는 정신에 입각한 사상이었다. 그런데 인간이 자신을 소중히 여긴다고 할 때, 우리는 두 가지 경우를 생각할 수가 있다. 하나는 모든 비인간적인 것에 대하여 전체로서의 인간 또는 인류를 소중히 여기는 경우요, 또 하나는 한 개인이 모든 타자에 대하여 자기 자신의 가치와 권리를 주장하는 경우다. 휴머니즘의 이 두 가지 측면은 반드시 서로 모순되거나 서로 배척해야 할 논리의 필연성을 가진 것은 아니다. 인류 전체의 존엄성을 강조하면서, 동시에 자기 한 개인도 소중한 존재임을 주장하는 것은 오히려 논리의 일관성의 요구에 부합한다. 그러나 실제에 있어서는, 인류의 존중과 개인의 자애(自愛)가 왕왕 서로 배척하는 결과에 도달하는 수가 있다. 특히 개인의 자애가 강한 이기성을 띨 때, 그 이기적 자애는 타인의 권익을 침범하는 결과를 동반할 수 있으며, 따라서 인류의 보편적인 존중과는 어긋나는 경향으로 흐를 수가 있다.

르네상스의 휴머니즘은 본래 인간의 자기 긍정의 두 가지 측면을 아울러 가지고 있었다. 즉, 보편적인 인간성에 대한 존경과 자기 개인의 자아에 대한 애착을 아울러 포함하고 있었다. 그러나 세월이 흐르는 사이에, 보편적 인간성 내지 인류 전체에 대한 존중은 한갓 관념적 이론으로 남게 되고, 실제에 있어서는 개인의 자기주장만이 실천적 행동을 통하여 강하게 나타나기 시작하였다. '만인의 자유와 평등' 그리고 '인간의 존엄성'은 르네상스 이래 오늘까지의 근대화의 과정을 통해서 줄곧 강조된 표어의 기본 개념이었다. 그리고 특권층에 눌린 서민층의 경우에 있어서는, 자유와 평등과 인권을 주장하는 것과 자기 개인의 권익을 쟁취하고자 하는 태도 사이에 실질적으로 큰 거리는 없었다. 압박을 받는 사람의 입장에서 볼 때는, '만인의 자유와 평등' 그리고 '인간의 존엄성'의 관념은 바로 그가 자기 자신의 권익을 주장하고 나설 이론 근거가 되기 때문이다. 쉽게 말해서, 약자가 자신의 권익을 주장하고 나설 때, 그 자기의 옹호가 남의 권익을 근본적으로 침해하는 폐단을 동반하는 경우는 적다. 그러나 자기의 이익을 위해서 혈안이 된 사람이, 억압을 당하고 있는 약자가 아니라, 도리어 남을 억압할 수도 있는 강자일 경우에는, 그 이기적 태도는 휴머니즘의 근본 이념의 하나인 자유와 평등, 그리고 인권을 유린하는 결과를 가져올 수가 있다.

근대의 휴머니즘은, 압제를 받는 약자의 위치에 있던 상공 계급이 사회의 실권을 장악한 우세한 계급으로 승진함을 계기로, 파탄을 일으키기 시작하였다. 종교의 권위와 봉건귀족에게 억압을 당하던 상공 계급이 휴머니즘의 철학을 배경으로 삼고 자기들 자신의 권익을 위하여 싸웠을 때, 거기에는 아무런 잘못도 생길 여지가 없었다. 그러나 이미 지배자의 계급으로서 득세한 상공인들이 자유주의의 이름을 업고 무제한 자기들의 이익을 추구했을 때, 경제적으로 지배를 당하는 서민층의 인권과 자유는 결과적으로 유린을 당하지 않을 수 없었다. 그리고 이와 같은 역사적 사실은 바로 오늘의 휴머니스트들에게 중대한 과제를 안겨다 주는 성질의 것이다. "어떻게 하면 서민 대중의 자유와 권익을 실질적으로 보장할 수 있는가?" 이것은 오늘의 휴머니스트가 실천적으로 대답해야 할 가장 근본적인 문제의 하나다.

휴머니즘은 인간을 억압하는 것으로부터 인간을 해방할 것을 항상 요구한다. 그러므로 인간 특히 대중을 억압하는 것이 무엇이냐에 따라, 그 시대의 휴머니즘의 고유한 내용이 결정된다. 중세기에 있어서 대중을 억압한 것은 교회와 귀족의 특권이었다. 따라서 르네상스의 휴머니즘은 저 중세기적 특권에 대한 반항과 투쟁을 내용으로 삼고 성장하였다. 그러나 오늘에 있어서 대중을 억압하는 것은 중세기의 특권층과는 전혀 바탕이 다른 특권계급이다. 따라서 오늘의 휴머니스트에게는 새로운 내용의 과제가 주어지는 것이며, 그들의 사상 내용에도 르네상스의 휴머니즘과는 다른 요소가 포함될 것이 스스로 요청되고 있다. 그러나 모든 시대의 휴머니스트들은, 그들이 진정한 휴머니스트인 한, 하나의 공통된 특색을 가졌다. 언제나 대중의 편에 서서 대중을 위하여 말하고 행동한다는 특색이다.

휴머니즘은 인간성을 존중하고 인간의 해방을 역설한다. 그것은 인간성을 경멸하는 세력 또는 인간을 억압하는 세력의 존재를 전제로 삼는다. 그런데 인간성을 경멸하고 인간을 억압하는 것은, 항상 다름 아닌 인간 자신 또는 인간이 만들어 낸 제도, 형식 또는 문화 일반이다. 여기에 휴머니즘에 포함된 역설적인 배리(背理)의 계기가 있다. 즉, 휴머니스트는 항상 인간을 위해서

싸워야 하거니와, 그 싸움의 상대는 결국 다름 아닌 인간 자신이라는 역설적인 계기가 있다. 이러한 관점에서 볼 때, 휴머니즘이란 인간이 자기를 반성하고 자기의 현재를 극복하고자 하는 인간적인 노력의 사상적 표현이라고 규정할 수가 있다. 휴머니즘은 인간을 긍정하는 까닭에 인간을 부정해야 한다.

가장 아끼고 가장 사랑하는 것을 스스로 부정해야 하는 휴머니스트의 미묘한 처지는 현대의 휴머니스트와 자연과학의 관계에 있어서도 뚜렷이 나타난다. 오늘의 휴머니스트가 가장 찬양하고 가장 존중하는 것은 과학적 생활 태도다. 그러나 그는 자연과학의 눈부신 발달의 결과로서 생긴 기술과 기계, 그리고 물질문명이 현대인의 자유를 구속하는 큰 위협의 일부라는 사실을 간과하지 않는다. 따라서 오늘의 휴머니스트는 과학의 성과를 이용한 새 사회와 새 인간의 건설을 역설하면서, 그 과학이 생산한 제도와 문화의 일부를 부정해야 하는 것이다. 과학이 가진 막대한 힘을 어떻게 하면 인생에 선용(善用)할 수 있을 것인가? 이것은 비단 휴머니스트만이 아니라, 현대인 전체에게 던져진 매우 절실한 문제의 하나다.

(1947년 12월)

2 부
근대화의 문제

1장 전통적 도덕관념과 새 조류(潮流)의 조화의 문제
2장 프래그머티즘과 한국의 근대화
3장 오늘의 현실과 휴머니즘의 과제
4장 동양의 윤리와 서양의 윤리
5장 한국 교육의 병리(病理)
6장 교육 개혁의 기본 문제

1장 전통적 도덕관념과 새 조류(潮流)의 조화의 문제

1. 전환기를 맞이한 한국과 도덕관념의 혼란

역사라는 것은 본래 움직이기 마련이지만, 일찍이 세계의 양상이 오늘날처럼 빠른 속도로 달라진 적도 아마 드물 것이다. 역사가 빠른 템포로 움직일 경우에 반드시 일어나는 현상의 하나는 전통적인 도덕관념과 새로운 시대적 요구 사이에 생기는 부조화의 그것이다. 사회의 모습이 하루하루 달라지고, 새로운 모습의 사회가 풀어야 할 문제와 그 문제를 풀기 위하여 사람들이 해야 할 행동의 양식도 따라서 달라짐에도 불구하고, 행동의 양식을 위한 규범의 구실을 해야 할 도덕적 가치관은 좀처럼 달라지지 않는 까닭에 거기 필연적으로 낡은 도덕관념과 새 시대의 요구 사이에 어떤 부조화가 생기는 것이다.

도덕관념이란 대체로 보수의 세력과 악수하는 경향이 있다. 이러한 경향을 우리는 여러 가지 사유로써 설명할 수 있을 것이다. 첫째로, 한 나라 또는 사회의 도덕 사상을 결정함에 있어서 지배적인 영향력을 갖는 지배계급은 기성의 도덕관념을 젊은 세대에 전수하는 동시에, 새로운 도덕 사상이 등장하는 것을 음으로 양으로 억제한다. 둘째로, 개혁을 희구하는 새로운 세력의 계급은 전통적 도덕이 자신들의 이익과 일치하지 아니함을 깨닫고 간혹 이를 배척하는 태도로 나오기는 하나, 자신들이 배척하는 묵은 도덕을 대신하는 새로운 도덕을 제시하기에는 흔히 곤란을 느낀다. 그리고 도덕의 개혁은 단순한 부정만으로 이루어지는 것이 아니고, 새로운 도덕의 원리가 제시되고 또 그것이 널리 실천을 통하여 수락됨을 기다려서 비로소 이루어지는 것이다. 셋째로, 한 번 깊이 자리잡은 관념은 일반적으로 지워 버리기 힘드는 것이거니와, 특히 어릴 때부터 거듭된 자극을 통하여 조건 형성된 도덕관념은 좀처럼 우리의 마음 밖으로 떠나지 않는다.

그리고 비록 지성의 사고로는 낡은 도덕관념을 배척할지라도 우리의 감정과 행동은 여전히 옛 관념에 얽매이는 것이 보통이다. 이 밖에도 또 도덕의 보수적 경향을 설명해 줄 사유를 생각할 수 있을 것이나, 우리로서 이 점을 더 이상 파고들 필요는 없을 것이다. 우리로서는 도덕이라는 것이 본래 보수적 성격을 띠기 쉽다는 것과 이 보수적 성격으로 말미암아 역사적 전환기에는 으레 도덕적 갈등이 생긴다는 사실이 밝혀졌으면 그것으로 충분하다.

제2차 세계대전의 종결을 계기로 한국은 여러 가지 면에서 매우 급격한 변화를 경험하고 있다. 그런데 한국은 조선시대 5백 년의 유교적 도덕이 아직도 무시 못할 세력을 유지하고 있는 나라다. 이 보수적인 유교의 도덕이 급격히 변동하는 현재 한국 사회에 그대로 잘 들어맞을 리는 물론 없다. 그렇다고 해서 새 시대에 맞는 새로운 도덕의 체제가 손쉽게 갖추어질 수도 없는 까닭에 여기 이를테면 도덕적 공백기의 불행을 경험하게 되었다.

어떤 사람은 낡은 도덕을 물리쳐야 한다고 입으로는 외치면서 행동은 여전히 낡은 도덕에 충실한가 하면, 어떤 사람은 전통적 도덕이 퇴폐했음을 붓과 입으로는 개탄하면서 실천 생활에 있어서는 자기 스스로가 그 전통적 도덕을 배반한다. 또 어떤 사람은 도덕이라는 그 자체를 부정하면서 그래도 자기는 역시 행복하게 살고 싶다는 욕망을 감추지 못하는 모순에 빠진다. 이와 같은 도덕의 자기 분열은 도덕을 무력한 허수아비로 만드는 동시에, 도덕의 위신을 땅에 떨어뜨렸다.

8 · 15 해방 이후의 한국에 있어서, 사회 일반의 무질서와 도덕규범의 무력은 하나의 악순환을 일으키며 상호작용하였다. 역사적 전환기에 흔히 따르기 쉬운 정치와 경제, 그리고 사회생활 일반의 무질서는 안정된 사회를 배경으로 삼고 이루어진 기성 도덕관념의 해이를 강요하였고, 도덕관념이 해이하고 무력하게 된 틈을 타서 사회의 질서는 더욱 어지럽게 되었다.

그러니 묵은 도덕에 대한 불신과 반발은 곧 새로운 도덕에 대한 갈망으로 변하기 마련이다. 우리는 결국 사회적 존재라는 자각으로 돌아오는 동시에, 사회생활을 위하여는 행위의 규범이 필수적임을 깨닫게 되기 때문이다. 한국에 있어서도 지금 새로운 도덕을 모색하는 소리가 점차 높아 가고 있음을 우리는 알고 있다.

새로운 도덕의 수립이 요구되고 있다고 하였다. 그러나 새로운 도덕은 무엇을 토대로 삼고 수립될 것인가? 우리의 고찰은 바로 이 물음에 깊이 관계한다. 새로운 도덕의 수립에 관한 전반적인 탐구는 좀 더 광범한 공동 연구에 맡겨져야 할 것이다. 이 자리에서의 우리의 고찰은 더 본격적인 연구의 준비가 되기를 희망하는 하나의 시론(試論)이다.

비록 '새로운 도덕'이라고 할지라도 그것이 전통적 도덕과 전혀 관계없이 세워질 수는 없을 것이다. 우리의 가치관이 과거와 완전히 절연될 수는 없다. 우리의 새로운 가치관은 묵은 가치관을 떠나서 순전히 새롭게 시작될 수 있는 것이 아니라, 묵은 가치관을 밟고 넘어섬으로써 수립되어야 한다. 다시 말하면 묵은 가치관에 대한 비판과 시정을 통하여 수립되어야 한다. 모든 사상은 과거에 원천을 둔 연속적인 흐름이기 때문이다.

도덕률은 실생활을 위한 처방이다. 의사의 처방이 병을 고치는 효과를 초래해야 하듯이 행위의 처방으로서의 도덕률은 인생이 당면한 여러 문제를 해결하는 실효를 거두어야 한다.

그리고 도덕률이 인생 문제를 해결하는 효과를 거둘 수 있기 위해서는, 그것이 그 시대의 요구에 적응하는 바 있어야 한다. 따라서 새 시대의 요구가 무엇인지를 깊이 통찰함은 새로운 도덕의 수립을 위하여 매우 긴요하다.

새로운 도덕률은 새 시대의 요구에 적응해야 하며 그러나 옛 도덕과의 관계를 전혀 떠날 수는 없다는 전제에서 필연적으로 생기는 결론은, 새 도덕의 수립이 전통적 도덕과 새 시대의 요구와의 변증법적 종합 내지 지양(止揚) 가운데서 모색되어야 한다는 그것이다. 단적으로 말하자면, 새 도덕을 세우는 문제는 전통적 도덕과 새 시대의 요구를 어떻게 조화시키느냐는 물음을 중심으로 다루어져야 한다는 결론에 도달한다는 뜻이다. 그러므로 이 글은 다음과 같은 세 개의 물음에 따라서 전개될 것이다.

(1) 한국에 있어서 전통적 도덕의 기본 특색은 무엇인가?

(2) 한국에 있어서 새로운 시대가 요구하는 것은 무엇인가?

(3) 한국에 있어서의 전통적 도덕과 새 시대의 요구는 어떻게 대립하며 이 대립은 어떻게 조화되어야 할 것인가?

2. 한국에 있어서 전통적 도덕의 기본 특색

한국의 전통적 도덕관념이 유교 사상의 지배적인 영향을 받고 형성되었다는 것은 세상이 아는 사실이다. 불교의 영향도 있고 한국의 고유한 가치관도 살아남아 있으나, 대체로 말하면 유교의 사상을 줄거리로 삼고 다른 요소들이 이에 가미됨으로써 한국적인 도덕관념의 전통이 세워졌다고 보아도 틀림이 없을 것이다.

유교 도덕에 있어서 가장 기본적인 특색은 가족 중심의 도덕이라는 사실이요, 이 사실은 곧 한국의 전통적 도덕의 특색을 형성하는 바탕이기도 하다.

그리고 동양의 가족에 있어서 중추의 유대를 형성하는 것은 부모와 자식 사이의 혈족관계인 까닭에, 유교 내지 한국의 전통을 이루는 가족 도덕은 결국 부모와 자식의 관계를 중심으로 성립한다고 하여도 과언이 아니다.

부모와 자식 사이의 윤리가 평등한 관계로서 고려되지 않고, 부모에 대한 자식의 일방적 의무의 관계로서 이해된 것은 전근대적 사회에 있어서 거의 공통된 현상이다. 한국의 가족 도덕에 있어서도 부모에 대한 자식의 도리로서의 효(孝)가 중심 개념을 이루었다는 것은 누구나 인정하는 사실이다. 유가의 가르침에 의하면, 효의 근본은 부모를 섬기는 일과 노후의 부모를 봉양하는 일이다. 부모를 섬긴다(事親) 하는 것은 부모를 우러러 받들고 그의 명령에는 절대복종한다는 뜻을 포함하는 것이니, 여기 부모와 자식의 관계가 명령자와 복종자의 상하의 윤리로서 이해되고 있음을 본다. 노후의 부모를 봉양한다(養老) 함은 단순히 의식(衣食)을 공급하는 것만을 가리키는 것이 아니라 공경으로써 부모의 마음을 즐겁게 하는 것까지도 포함하는 것이니 부모를 섬기는 도리와 깊은 관계에 있음을 알 수 있다.

효자의 의무는 부모의 사망으로 종막을 고하는 것이 아니다. 그것이 사후에까지도 계속하는 것임은 『논어(論語)』「위정(爲政)」편의 "生事之以禮, 死葬之以禮, 祭之以禮, 可謂孝矣"라는 말로써 분명하거니와, 여기서 우리는 유교라는 도덕 사상 가운데 주술 종교적 요소가 있음을 보는 동시에, 그 전근대적 성격의 일단을 엿보는 것이다. 제사의 예가 부모의 영혼에게만 실시되는 것이 아니라 여러 대 앞선 선조들에게까지도 제사를 올려야 한다고 보는 점에 있어서 유교 도덕의 뒤로 향한 자세가 뚜렷한 동시에, 유교 도덕과 이 도덕의 사회적 배경으로서의 중국식 대가족제도와의 관계의 일단이 드러나고 있다.

효와 가족제도가 밀접한 관계에 있음은 가계(家系)의 영속(永續)을 매우 중요시하고 아들 못 낳는 것을 최대의 불효로 보는 사상 가운데 더욱 여실히 나타나고 있다. 아들만을 참된 후손으로 보고 존중하는 것은 부권 사회의 공통된 특색이거니와, 가계의 영속을 갈망하는 본래의 이유는 재산이 가장을 통하여 세습되는 가족제도와 밀접히 관련하는 것이다.

효의 도덕에 관하여 특히 주목할 점은 그것이 명령자와 복종자의 상하의 윤리라는 사실과, 동시대인 상호간의 횡적 윤리라기보다도 선대와 후대 사이의 종적 윤리라는 사실이다. 부모에 대한 자식의 자연지정(自然之情)이 전혀 무시된 것은 아니나, 효를 어디까지나 노력을 요하는 엄숙한 의무라고 본 점에 있어서, 그리고 자식의 도리를 강조함에 비하여 부모의 도리를 논한 기록이 매우 드물다는 사실에 비추어 효의 본질이 상하의 윤리임을 알 수 있다.

그리고 부모와 자식의 윤리를 위와 아래의 종속적 관계로 보는 동시에 이 종속적 관계를 선대와 후손에게까지 연장시키는 관념에서 자연히 생긴 귀결이 동시대인의 횡적 관계보다도 선대와 후대의 종적 관계를 중요시하는 도덕이다.

인륜을 평등한 관계로서 이해하지 않고 지배와 복종의 관계로서 보는 것은 유교의 일반적인 특색인 동시에 한국 도덕의 전통적 경향이다. 부자(父子)의 관계를 존비의 관계로 전제한 효에 대해서는 이미 언급한 바 있거니와, 군신(君臣), 부부(夫婦), 장유(長幼)의 윤리도 같은 전제에서 출발하고 있음은 두루 알려진 사실이다. 유교가 오륜(五倫)의 이름으로 중요시하는 다섯 가지 기본적 인간관계 가운데서 '붕우(朋友)'만이 평등의 관계로서 간주된 것인데, 그나마 붕우의 관계는 다른 인륜에 비하면 약간 경시되어 온 듯한 느낌이 있다.[1]

1 津田左右吉은 『예기(禮記)』 예운편(禮運篇), 『순자(荀子)』 군도편(君道篇) 등에 붕우(朋友)의 조항이 제거되고 있음을 지적하고, 붕우유신(朋友有信)이 오륜 가운데서 가장 경시당한 덕목임을 주장하고 있다. 津田左右吉, 『儒敎 實踐道德』, 1933, p.2.

대체로 도덕이란 우세한 계급의 이익을 옹호하기 마련이지만, 인간에게 존비귀천(尊卑貴賤)의 차별이 있음을 공공연히 인정하는 도덕 사상에 있어서는 이 경향이 더욱 심하다. 존귀한 자는 비천한 자를 자기의 소유물처럼 생각하는 기풍까지 생기며, 지배를 당하는 사람의 의무가 거의 일방적으로 강조된다. 마치 지배를 당하는 자에게는 의무만이 있고 권리는 없는 것 같은 불공평한 사회가 그대로 정당화된다.

공자나 맹자 같은 대표적인 유가(儒家)가 그러한 불공평을 의식적으로 옹호하거나 찬양한 것은 아니다. 그들은 지배자들이 인자하기를 희망하였고, 또 인자하라고 권고하였다. 그러나 인간에 존비귀천의 등급이 있다는 것을 인정하는 이상 그러한 희망이나 권고는 사실상 지극히 무력한 것이다.

평등한 입장에서 권리를 주장할 수 있는 기회가 거부된 사회에 있어서, 도덕은 실천의 마당에 이르러 항상 일방적일 따름이다. 비록 공자나 맹자가 의식적으로 그렇게 한 것은 아닐지라도, 유교의 윤리관은 당시의 불공평한 사회를 반영했고 또 그러한 사회의 지속을 위하여 이바지하였다.

지배를 당하는 자의 인권이 무시된 봉건사회에 근원을 둔 한국의 전통적 도덕은 자진해서 주는 도덕이라기보다도 받기를 요구하는 도덕으로서 성장하였다. 정부는 국민의 충성을 요구하고, 부모는 자식의 효도를 요구하며, 남편은 아내의 희생을 요구한다. 공자나 맹자가 그렇게 요구하라고 가르친 것은 아니다. 유교의 대가들은 의무를 자발적으로 실천하라고 가르쳤지만, 힘을 손아귀에 쥔 강자들의 자발적인 실천을 가만히 기다리고만 있기는 어려운 일이었다.

요컨대 한국의 전통적 도덕관념에 대하여 결정적인 영향을 미친 유교의 사상은 인간에 귀천의 구별이 있음을 공공연히 전제하는 봉건사회를 배경으로 삼고 발전한 것이며, 그 내용으로 말하면 특히 가족 중심의 도덕 사상이었다. 한국의 전통적 도덕도 따라서 봉건적이며 가족 중심적인 요소를 현저하게 가지고 있다. 봉건적이며 가족 중심적인 요소를 바탕으로 삼고 또 다른 여러 가지 특색들이 파생하였다. 주는 도덕이라기보다 받기를 요구하는 도덕이요, 따라서 자율적이라기보다도 타율적이라는 사실도 그와 같이 파생된 특색의 하나였다.

봉건적이고 가족 중심적이라는 기본 특색에서 파생된 결과의 다른 하나로서 국가나 사회를 위하는 의식의 결핍을 들 수 있을 것이다. 봉건사회의 도덕 가운데서 충(忠)이 매우 강조되고 있으나 이 충이란 녹(祿)을 받는 군주와 신하 사이의 개인적 인간관계에 근거를 둔 의무요, 국가에 대한 국민의 의무는 아니다. 봉건사회에는 군주와 신하의 종적 유대가 강한 반면에, 국민 상호간의 횡적 유대는 매우 약하며 따라서 일반 서민에게는 '국가'라는 관념도 '국민'이라는 관념도 매우 희박하다. 국가나 사회 전체에 대한 관념이 희박한 까닭에, 가족 중심의 사상이 강화되었으며, 강화된 가족중심주의는 국가에 대한 관념을 어둡게 하는 순환이 생겼다. 이러한 가운데서, 현대적인 개인주의를 볼 수 없었던 반면에, 가족 중심적 이기주의와 입신양명의 야망이 크게 발달하였으며, 오늘도 그 잔재가 곳곳에 발견된다.

봉건적이고 가족 중심적인 전통적 도덕의 또 하나의 특색으로서 예(禮)의 숭상과 형식주의를 들 수가 있다. 예의 숭상은 상하의 구별이 까다로운 사회에 있어서 필연적인 현상이다. 예는 계급적 질서를 유지하기에 매우 효과적인 규범이기 때문이다. 그리고 예가 형식주의로 흐르기 쉽다는 것은 예의 본질로 볼 때 피치 못할 사정이다. 계급사회와 예와 형식주의가 뗄 수 없는 관계에 있다는 것은 오늘날의 군대 특히 계급 차별이 심한 군대의 생활이 여실히 보여주고 있다.

가족주의적 봉건사회에 뿌리를 두고 성장한 한국의 전통적 도덕의 또 한 가지 특색은 시비와 선악을 구별하는 도덕관념이 냉철한 이지(理智)에 의해서보다도 예민한 감정에 의해서 지배되고 있다는 사실이다. 심리학적으로 볼 때 가치판단의 깊은 배후에 욕구와 감정이 관계하고 있음은 모든 사회의 도덕관념에 있어서 공통된 현상이지만, 특히 전근대적인 사회일수록 도덕판단 가운데의 감정적 요소는 더욱 우세하다. 한국의 경우에 있어서도 그 감정적 요소가 우세하다는 것은, 한국인이 경위를 따지거나 법에 호소함으로써 문제를 해결하기를 꺼리고 '가정적'이며 '온정적'인 해결을 환영한다는 사실 가운데도 잘 나타나 있다.

이상에서 우리는 한국의 전통적 도덕이 가진 특색의 몇몇 기본적인 것을 살펴보았다. 이 밖에도 이루 헤아리기 어려울 만큼 여러 특색이 있을 것이다. 그러나 그것들을 여기에 모두 열거하려고 시도하지는 않을 생각이다. 그만한 지면의 여유도 없거니와, 위에 언급하지 못한 특색의 대부분은 이미 언급한 기본 특색들의 변형 또는 파생이라고 볼 수 있을 것이기 때문이다.

3. 한국에 있어서 새로운 시대가 요구하는 것

한국은 현상을 그대로 오래 유지할 수도 없으며 또 유지해서는 안 되는 나라의 하나다. 봉건적 성격의 전통 사회는 이미 붕괴 과정으로 접어들었으며 새로운 사회의 건설이 요청되고 있는 것이다. 사람들이 즐겨 쓰는 간결한 표현을 빌린다면, 새로운 시대가 새로운 질서를 요구하고 있는 실정이다. '새로운 시대가 새로운 질서를 요구한다' 함은, 그러나 인간을 떠나서 '시대'라는 실체가 있다는 뜻은 아니다. 그것은 새로운 시대의 사람들이 새로운 것을 갈망하고 있다는 뜻에 지나지 않는다. 현대의 한국에도 종래의 것이 그대로 존속하기를 원하는 사람들이 전혀 없는 것은 아니다. 그러나 대부분의 사람들은 현대의 한국 안에서 차지한 자기의 지위에 대하여 불만을 느끼는 것이며, 이 불만은 시한폭탄과 비슷한 성격을 가진 에너지인 것이다.

우리들의 대부분이 가진 현재에 대한 불만은 필연적인 것이며, 또 충분히 이유를 가졌다는 뜻으로 정당한 것이다. 우리 한국인은 국제적 생존경쟁에서 거듭 참패를 겪은 불행한 민족이며 그 참패의 원인의 일부를 이 나라가 후진의 상태를 빨리 벗어나지 못했다는 사실에서 발견하는 까닭에, 아직도 봉건의 잔재가 적지 않은 이 나라의 현실에 대하여 불만을 갖지 않을 수 없다. 한국에는 선진 사회와의 접촉을 가진 많은 사람이 있다. 그들은 인권이 무엇인지 알고 있으며, 자유와 평등에 대한 절실한 요구를 갖고 있으나 그러한 요구를 채워줄 만한 기회는 이 나라의 현실 속에서 발견하지 못하는 까닭에 자연히 현실을 그대로 받아들일 수가 없게 된다. 또 선진 문명과의 접촉은 이 나라 사람들에게도 높은 소비생활에 대한 욕망을 품게 하였다. 그러나 일부의 특권층을 제외하고는 그 욕망을 채울 수 있는 기회를 얻지 못하니, 이것도 불만을 금할 수 없는 이유의 하나다. 이 나라에는 지금 높은 수준의 교육을 받은 많은 지식인들이 있다. 그들은 자신들이 습득한 전문적 지식 또는 기술이 활용될 기회를 원하며, 자신의 교육 정도에 알맞은 지위와 보수를 받을 권리가 있다고 생각한다. 그러나 그러한 기회와 지위는 오직 극소수에게만 주어지는 것이다. 여기에도 불만의 필연성이 있다.

다수의 필연적인 불만을 오랫동안 그대로 둘 수는 없다. 그것은 조만간 폭발할 성질을 가지고 있으며, 불만이 폭발되기 이전에 그것을 풀어 주는 것이 바로 시대가 요구하는 바의 핵심이다. 그리고 이 요구를 해결함이 우리의 공통된 과제인 것이다.

저 다수의 필연적이요, 따라서 정당한 불만을 종래의 낡은 사회질서의 테두리 안에서 풀어 줄 수 없다는 것은 우리들의 일치된 상식이다. 저 불만을 해소하기 위하여, 우리에게는 새로운 가치관에 입각한 새로운 질서가 필요한 것이다. 그러나 그 '새로운 질서'는 어떠한 원리 위에서, 그리고 어떠한 선례를 본받고서 모색될 것인가? 많은 식자들이 '후진성의 극복' 또는 '근대화'라는 말로 이 물음에 대답하였다. 그들은 널리 세계의 역사에 주목한 것이다. 다른 나라들도 한국과 비슷한 고민을 겪었으며, 또 그것을 극복했다는 사실 및 그 고민을 극복한 성공의 방안이 무엇이었는가를 음미한 끝에 얻은 결론이 바로 '후진성의 극복'이요, 또는 근대화 내지 현대화의 개념이었다. 후진성의 극복 또는 근대화라는 개념으로써 현대의 한국이 요구하는 전부를 망라할 수 있을지는 논의의 여지가 있을 것이다. 그러나 한국의 시급한 과제가 후진성의 극복 또는 근대화 내지 현대화의 문제와 깊이 관련되고 있다는 것을 의심하는 사람은 별로 없을 것으로 믿는다.

'후진성의 극복' 또는 '근대화'의 개념이 의미하는 바를 만족스럽게 밝히고자 하는 시도는 여러 가지의 논쟁을 불러일으킬 것이다. 그러나 이미 상식화된 견해에 의거하여 '근대화'의 개념이 적어도 다음의 사항들을 포함한다는 것을 우리는 안심하고 주장할 수 있을 것이다.

(1) 서민의 권익이 옹호되고 기회의 균등이 보장되는 평등한 인간관계의 수립

(2) 생산과정의 공업화와 공정한 분배를 통한 국민소득의 증대

(3) 비과학적 사고의 지양과 생활양식의 합리화

그러나 한국의 근대화 내지 현대화가 바로 서구화와 같은 뜻일 수는 없다. 서구 문명에 대한 단순한 모방은 도리어 한국의 후진성을 극복하는 데 방해가 될 것이다. 모든 식자들이 역설하고 있듯이, 이른바 주체성의 확립이 근대화를 위한 필수 조건의 하나임을 우리는 아울러 고려해야 할 것이다. 한국의 근대화는 서구의 선진 문화를 받아들이는 동시에 한국적인 고유의 문화를 창조한다는 이중의 과제를 포함한다.

근대화 내지 현대화의 과제를 위에서 말한 바와 같이 이해한다면, 그 과제의 완수를 위하여 어떠한 준비가 필요한 것인가? 이 물음 앞에 우선 떠오르는 것은, 경제와 정치 그리고 사회 일반의 여러 제도를 개혁해야 한다는 대답이다. 과연 제도의 개혁이 필요하다는 것에는 의심의 여지가 없다. 그러나

제도의 개혁만으로 모든 준비가 완전하리라고는 생각되지 않는다. 궁극적으로 가장 중요한 것은 제도라기보다도 인간이다. 무엇보다도 우선 사람 자신이 달라져야 한다. 사람의 태도가 달라져야 하며, 현대에 적합한 새로운 가치관이 형성되어야 한다. 그리고 어떠한 방향에 있어서 새로운 가치관이 모색되어야 할 것인가를 살피고자 하는 것이 이 글의 본래 목표였다.

4. 전통과 새로운 요구와의 조화의 문제

우리의 새로운 도덕이 순전한 무(無)로부터 시작될 수는 없다. 우리의 사상은 과거에 원천을 둔 흐름인 까닭에, 우리의 새로운 도덕은 전통적인 것에 대한 부정과 긍정을 출발점으로 삼고 모색되어야 한다. 이러한 관점에서 우리는 이미 한국의 전통적 도덕관념의 기본 특색을 살펴보았고, 한국에 있어서 현대가 요구하는 바를 검토하였다.

전통적인 도덕이 새 시대의 요구를 위하여 적합하지 못하다는 것은 이미 하나의 상식이다. 그러나 전통적인 것의 전부를 버려야 한다고는 생각되지 않는다. 인간성과 인간의 생활양식에서 옛 모습을 지키는 부분이 남아 있는 한 전통적인 가치관 속에 깃든 옛 지혜는 살아남는 것이며, 특히 한국의 근대화의 과제가 단순한 서구의 모방으로 풀릴 것이 아니라 한국적 고유문화의 창조를 포함한다는 사실을 고려할 때 전통적인 것에 대한 무분별한 배척이 찬양될 수 없음은 분명하다. 따라서 우리의 문제는 전통적인 것 가운데서 무엇을 버리고 무엇을 살리느냐는 문제이며, 전통적인 것과 새 시대의 요구를 어떻게 조화시키느냐는 문제다.

근대화 내지 현대화의 이름 아래 한국의 현대가 요구하는 것은 물질과 정신 양면에 걸친 생활의 전체적인 개혁이다. 물질생활의 개혁을 위하여 필요한 여러 가지 조건 가운데에서 특히 중요한 것은 첫째로 국내 생산의 현저한 증대요, 둘째로 생산재의 공정한 분배일 것이다.

다음에 정신생활의 개혁을 위하여 필요한 여러 가지 조건들 가운데서 특히 중요한 것으로서는 첫째로 합리적 사고방식의 보급 및 전근대적 인간관계로부터의 탈피를, 둘째로 한국에 있어서의 고유한 문화의 창조 및 발전을 들 수 있을 것이다.[2]

도덕적 행위에는 그 자체에도 목적성이 있는 것이나, 도덕률 내지 도덕 사상에는 우리의 현실 생활의 목표 달성을 위한 수단으로서의 의의도 크다. 앞으로 우리는 위에서 지적한 네 가지 조건을 실현함에 있어서 한국의 전통적 도덕관념이 도움을 줄 것인가 또는 방해가 될 것인가를 살피는 동시에, 우리의 전통적 도덕과 새 시대의 요구를 어떻게 조화시킬 것인가를 생각해 보기로 한다.

물질생활의 향상을 위해서는 인구보다 빠른 경제의 성장이 우선 필요하다. 그리고 경제의 급속한 성장을 위해서는 생산의 공업화가 절실히 요구된다. 생산의 공업화는 자연히 국토의 많은 부분의 도시화를 예상하는 것이니, 여기 벌써 농촌 생활을 배경으로 삼고 발달한 한국의 전통적 가족제도 및 그 가족제도를 중심으로 삼는 옛 도덕 체계의 붕괴가 불가피함을 암시하는 무엇이 있다(예컨대 다남(多男)을 축복하고 자손은 많을수록 좋다고 생각하는 전통적 관념부터가 가족계획을 서둘러야 하는 우리의 현실과 맞지 않는다).

생산의 증대를 위하여 직접적으로 필요한 덕목의 첫째는 왕성한 근로 정신일 것이다. 노동을 존중하고 실천하는 가치관이 수립되어야 하며, 많은 대학 출신이 농촌과 공장으로 진출해야 한다. 그런데 우리나라에 있어서 전통적

---

2 생활의 물질적 측면과 정신적 측면은 뗄 수 없는 것임을 알면서도 물질생활과 정신생활을 나누어 본 것은 서술의 편의를 위한 것이며, 물질생활과 정신생활의 개혁을 위하여 필요한 조건을 두 가지씩만 든 것은 이 글의 지면 또는 시간상의 제한 때문이다.

인 가치관은 이 근로 정신의 앙양을 위하여 불리하게 작용한다.

봉건사회에 있어서 하인을 혹사하던 나쁜 전통은 육체노동을 천하게 여기는 가치관을 조장했으며, 인간에 귀천이 있다고 믿었던 관념의 잔재는 오늘날도 직업의 귀천을 사실상 뼈저리게 인정한다. 따라서 관료주의는 아직도 구태의연하며 대학을 나오고 육체노동에 종사하기보다는 차라리 실업을 택하는 청년이 허다하다.

유가 또는 우리의 선배들이 근면의 정신을 고취하지 않은 것은 아니다. 그러나 그들이 권한 근면은 원칙적으로 정신의 노동에 관한 것이었다. "一寸光陰不可輕"이나 그 이유는 "少年易老學難成"에 있다. 하기야 "田園이 將蕪하니 歸去來"를 결의한 시인도 있었고, "晝耕夜讀"을 권장한 스승도 있었다. 그러나 사대부가 농경에 종사하는 것은 특수한 경우의 일이었고, 비록 농사에 관여했다 하더라도 대개의 경우 그것은 낭만적인 취미의 지경을 벗어나지 못했다.

생산의 증대 또는 경제의 성장과 밀접한 관계를 가진 또 하나의 덕목은 절약이다. 경제의 성장을 위해서는 국민소득의 될 수 있는 한 많은 부분이 저축되어서 그것이 다시 생산에 투자되어야 한다는 것은 하나의 상식이거니와, 그러기 위해서는 국민 각자가 무리 없는 범위 안에서 검소한 생활을 해야 하는 동시에, 특히 일부 특권층의 사치가 억제되어야 할 것이다.

유가들도 사치를 경계하고 검소를 권장하였다. 예컨대 『논어』에 공자가 말씀하기를, "정도에 뜻을 둔 선비가 나쁜 옷과 나쁜 음식을 부끄러이 여긴다면, 그는 함께 논의할 자격도 없는 사람이다(子曰, 士志於道, 而恥惡衣惡食者, 未足與議也)."라는 것이 있고,[3] 『소학(小學)』에는 "수나라의 대유 문중자

3 『論語』, 「里仁」, 9.

의 의복은 검소하고 깨끗하며 화려한 장식이 없었다. 호화로운 비단 따위는 방에도 들여놓지 않았다. 그는 말하기를, 군자의 의복은 베나 무명이 아니면 입지 않는다. 부녀자의 옷이라 할지라도 푸른색이나 하늘색 같은 정도를 넘어서서는 안 된다(文中子之服, 儉以絜無長物焉, 綺羅錦繡 不入于室, 曰, 君子非黃白不御, 婦人則有靑碧)."라는 구절이 있다.[4]

그러나 유가들이 권장한 검소라는 것은 본래 물질 또는 금전에 대한 경멸을 바탕으로 삼는 것으로서, "적게 벌어서 적게 쓰자."는 소극적인 주장에 그치는 것이며, "많이 벌어서 적게 쓰고 남는 것은 저축한다."는 적극적인 이미는 없는 것으로 이해한다. 그뿐만 아니라 예와 형식을 숭상하는 유교의 전통 속에서, 엉뚱한 방면의 낭비가 적지 않았으며, 약간 수입에 여유가 있는 사람은 그것을 친척이나 친구와 나누어 먹는 값싼 인정주의는 그 자체 비생산적인 소비였을 뿐 아니라 게으른 사람의 게으름을 더욱 조장하는 결과를 가져왔다.

경제의 비약적인 발전을 위하여 또 한 가지 요구되는 것은 사회 발전에 많이 이바지하는 사람일수록 높은 평가를 받는 일이다. 기술과 경험이 있는 전문가가 우대를 받는 실력 본위의 평가 기준이 확립되어야 한다.

그런데 한국의 전통적인 평가 기준에 있어서는 개인의 능력보다도 그 심정이 압도적 비중을 차지해 왔다. '인심이 좋다', '예의바르다', '어른을 알아본다', '의리가 있다' 등이 '유능하다'보다도 훨씬 높은 찬양의 뜻을 나타내 왔다. 심정의 가치가 높이 평가되는 그 자체에는 아무런 잘못도 없을 것이다. 그러나 인간의 생산적 능력이 응분의 비중을 차지하도록 평가 기준의 갱신이 있어야 할 것이다.

---

4 『小學』, 外篇, 善行 第六.

평가 기준의 갱신과 아울러 유능한 새 인재의 양성이 필요하다. 그리고 인재들의 창의가 충분히 활용되어야 한다. 이 점에 관해서 '장유유서(長幼有序)'의 권위주의가 어떤 방해가 되지 않도록 주의해야 할 것이다.

물질생활의 향상을 위하여 필요한 둘째의 조건은 생산재의 공정한 분배라고 하였다. 비록 국내 생산의 절대량이 증가한다 하더라도, 그 이윤이 일부 기업가의 독점하는 바가 되거나 또는 국외로 새어 나간다면, 서민 일반의 생활에는 향상이 없을 뿐 아니라, 심리적 안정이 크게 위협받을 것이다. 따라서 불로소득을 막고 분배를 공정히 하는 사회정의의 확립을 위하여 결단성 있는 조처가 취해져야 할 것이다. 만약 빈부의 차와 소수인의 사치에 대한 반감이 어떤 파괴적 사태를 초래하는 일이 없기를 원한다면, 경제활동에 관한 새로운 가치관의 확립이 필요한 것이다.

사회정의는 분배의 단계에 있어서만 요구되는 것은 물론 아니다. 기회의 균등으로부터 공동체의 능동적인 참여에 이르는 모든 면에 걸쳐서 서민의 권익이 실질적으로 옹호되어야 한다.

그리고 서민의 권익이 명목상으로뿐만 아니라 실질적으로 보장되기 위해서는 대중의 이익과 합치하는 정부가 수립되어야 하거니와, 그러한 정부의 수립이 가능하기 위해서는 밀리칸(M. F. Millikan)과 블랙머(D. L. M. Blackmer) 등의 공동 연구가 지적하듯이, 소수의 이익에만 애착하는 보수 세력을 물리쳐야 한다.[5]

이 사회정의의 확립이라는 관점으로 볼때, 유교적 전통의 도덕은 전반적인 적합성을 가진 것 같지 않다. 고전적 유가들이 반드시 사회정의에 무관심

---

5 M. F. Millikan, D. L. M. Blackmer eds., *The Emerging Nations*, M.I. T., 1961, 유익형 옮김, pp.31-36.

했던 것은 아니다. 다음의 인용은 그들이 결코 부정(不正)의 애호가가 아니었음을 암시하기에 충분할 것이다.

계강자가 정치의 근본을 공자에게 물었다. 공자는 다음과 같이 대답하였다. "정치는 올바르게 함입니다. 만약 당신이 정도로써 백성을 이끈다면 누가 감히 부정을 하겠습니까."(季康子 問政於孔子. 孔子對曰, 政者正也, 子帥以正, 孰敢不正)[6]

자공이 정치의 근본을 물었다. 공자가 말씀하시기를, "나라를 잘 다스리자면 먹을 것이 넉넉하고, 국방이 튼튼하며, 백성의 신뢰를 얻어야 한다."(子貢問政, 子曰, 足食, 足兵, 民信之矣)[7]

노애공이 유약에게 물었다. "흉년이 들어 국가의 재정이 부족하니 어떻게 해야 하겠소?" 유약이 대답하되, "어찌 세금을 1할로 줄이지 않으십니까?" 이에 애공은 반문하였다. "지금 2할을 받아도 부족한데 어찌 1할로 줄일 수 있겠소?" 유약은 다시 다음과 같이 대답하였다. "백성이 풍족하면 임금이 누구와 더불어 부족하겠습니까? 백성이 부족하면 임금이 누구와 더불어 풍족하겠습니까?"(哀公問於有若曰, 年饑, 用不足如之何, 有若對曰, 盍徹乎, 曰, 二, 吾猶不足, 如之何其徹也. 對曰, 百姓足, 君孰與不足. 百姓不足, 君孰與足)[8]

뜻을 이루지 못했다고 윗사람을 비난하는 것은 옳지 않습니다. 한편 백성

6 『論語』, 「顔淵」, 17.
7 『論語』, 「顔淵」, 7.
8 『論語』, 「顔淵」, 9.

의 윗사람이 되어서 백성과 함께 즐기지 않는 것도 역시 옳지 않습니다. 백성의 즐거움을 함께 즐기면 백성도 그분의 즐거움을 즐길 것이며, 백성의 근심을 함께 걱정하면 백성도 그분의 근심을 근심할 것입니다(不得而非其上者, 非也. 爲民上而 不與民同樂者, 亦非也, 樂民之樂者, 民亦樂其樂, 憂民之憂者, 民亦憂其憂).[9]

이러한 인용의 예는 얼마든지 들 수 있거니와, 『논어』의 "마굿간이 탔다. 공자가 조정으로부터 돌아와 말씀하기를, '사람이 다쳤느냐?'고만 하시고 말은 묻지 않으셨다(廏焚, 子退朝曰, 傷人乎. 不問馬)."라는 구절도 오늘날 식모보다도 개를 더욱 소중히 여기는 애견가의 행동이 반드시 공자의 책임이 아님을 짐작케 한다.

그러나 위에 인용한 구절들이 유교적 전통 도덕의 민주주의적 성격을 입증하는 것은 아니다. 공자나 맹자는 군왕에게 선정(善政)을 충언하기는 하였으나, 현대적인 의미의 서민의 권익을 주장한 것은 아니다.

그들은 위정자의 온정에 호소하는 데 불과하며, 그들의 호소를 성의 있게 받아들인 군왕은 거의 없었다. 사회의 현실에는 상하의 계급이 엄연했으며, 지위와 재산의 세습이 당연한 것으로서 간주되었다. 지배자의 인애(仁愛)가 가끔 찬양되기도 하였으나, 대체로 말하자면 피지배자의 의무가 일방적으로 강조되었다. 여하간 현대적인 의미의 정의를 기대할 수는 원칙상 없었던 것이 유교적 도덕 사상을 길러 낸 사회구조의 현실이었다.

오늘날 한국의 사회는 물론 공맹시대의 중국과 다를 뿐 아니라 수십년 전의 한국 사회와도 크게 다르다. 이미 양반과 상민의 구별은 옛이야기가 되었

9 『孟子』, 梁惠王章句 下, 樂以天下章.

으며, 지주계급의 황금기도 멀리 사라졌다.

그러나 지금 한국에는 새로운 형태의 계급이 형성되어 가고 있다. 그리고 밑의 계급의 무저항과 인내가 미덕으로 혼동되는 경향 가운데 유교적인 전통의 잔재가 살아서 작용하고 있음을 본다.

서민의 권익은 누구보다도 서민 자신이 옹호해야 한다. 그것은 특권층의 온정의 문제가 아니라 당당한 권리 주장의 문제다. 권리의 행사와 의무의 이행을 아울러 실천하는 국민만이 참된 민주주의를 실현한다. 그런데 유교적인 전통에서는 권리의 주장이 크게 억제되어 왔던 것이다.

이제 우리는 정신생활의 개혁이라는 목표를 염두에 두고 한국의 전통적 도덕관념을 비판적으로 검토할 단계에 이르렀다. 따라서 우리는 정신생활의 개혁을 위하여 필요한 조건의 첫째로서 합리적 사고방식의 보급 및 전근대적 인간관계로부터의 탈피를 들었다는 사실을 상기하게 된다.

서구의 근대화가 과학적 발달에 힘입은 바 크다는 것은 만인이 아는 사실이거니와 그 과학의 바탕을 꿰뚫고 흐르는 것이 바로 합리적 사고였다. 물질생활의 향상을 위해서도 합리적인 생활양식을 채택할 필요가 있거니와, 우리의 정신생활을 위해서도 합리적 사고의 습관을 길러야 한다.

동양의 사고가 대체로 그렇거니와 우리의 전통적 가치관도 그리 합리주의적인 편은 아니다. 우리의 행동은 냉철한 이지(理智)에 의해서보다도 예민한 감정에 지배되는 경향이 있다. 우리의 행동을 결정함에 있어서 감정의 영향이 우세한 경향은 가족중심주의 도덕관과 긴밀한 관계를 가졌을 것이다. 동양적 관념으로서의 가족이란 이지만으로 따지기를 허락하지 않는 원초적인 결합이기 때문이다.

가족주의적인 사고방식을 벗어나지 못하는 동안, 그 사회의 인간관계는 전근대성을 탈피하지 못한다. 사리를 따라서 일을 처리하는 것이 아니라 개인적 친분관계에 따라서 매사를 처리한다.

공부 잘하는 남의 아들을 물리치고 성적이 낮은 내 아들을 좋은 학교에 넣고자 해도 조금도 이상하다고 생각하지 않는다. 사람을 채용할 권한을 가진 권력의 자리를 탐내는 이유의 하나는, 그 자리에 앉으면 친척이나 친지의 자녀에게 혜택을 공공연히 베풀 수 있다는 사실이다. 선거전이 벌어졌을 때, 친척 또는 동창 가운데 입후보자를 가진 유권자는 누구에게 투표할 것인가를 조금도 생각할 필요가 없다. 합승 운전수가 친구로부터 요금을 받는 것은 의리가 아닌 반면에, 에누리할 수 있는 물건을 팔면서 외국인에게 바가지를 못 씌운다면 바보 같은 상인이다. 이러한 모든 불합리는 유교적 전통의 도덕관과는 비교적 잘 조화되는 것이다. 그러나 근대화 내지 현대화의 요구와는 어울리지 않는다.

가족중심주의적인 유교의 전통 속에서는 정치적 활동을 효의 수단으로 생각하는 경향이 있다. 가문의 영예를 위해서 출세가 필요한 것이다. 공직을 개인 문제 해결을 위한 수단으로 이용하기에 바빠서 국가 사회의 문제는 소홀히 하는 경향은 후진국에 있어서 일반적인 현상이거니와, 이러한 현상이 냉철한 합리주의적 사고방식의 결핍에서 오는 것임은 조금만 반성하면 곧 알 수 있는 일이다. 합리주의의 기본적 특색의 하나는 논리의 일관성이며, 만인이 개인문제의 해결을 위하여 공직을 이용하도록 논리 일관하게 허용할 때 생길 결과를 우리는 도저히 원할 수 없을 것이기 때문이다.

합리주의적 사고가 귀중한 또 한 가지 이유는 그것이 우리에게 자연과 운명을 인력(人力)으로 극복할 수 있다는 신념을 주기 때문이다. 주술이나 요행 또는 조상의 영혼의 힘을 빌려서 행복을 얻고자 하는 희망이 강한 동안, 근대화는 졸연히 실현되지 않는다.

여하간 우리는 합리주의적 사고의 보급을 통하여, 감정이 우세한 윤리로부터 지성이 우세한 윤리로 전환해야 한다. 그러한 전환에 도달했을 때, 거기 가족과 친척 그리고 동창과 동향을 넘어서서 전체로서의 국가로 대동단결하는 계기가 열린다. 냉철한 합리주의에 입각한 국민적 단결은 선동과 군중심리적 흥분에 입각한 그것과는 근본적으로 다르므로, 애국을 빙자한 독재주의의 제물이 될 위험성이 없다.

정신생활의 개혁을 위하여 필요한 조건들 가운데서 특히 중요한 것의 또 하나로서, 우리는 한국에 있어서의 고유한 문화의 창조 및 발전을 들었다. 이 고유한 문화의 문제를 다루는 단계에서 우리는 전통적인 가치 가운데서 무엇을 어떻게 남길 것인가 하는 물음에 초점을 맞추어야 할 것이다. 왜냐하면 한국이 문화적 식민지로 전락하지 않기 위하여 필요한 조건의 하나는 전통적인 것 가운데서 영원히 값진 요소들을 잘 살리는 일일 것이기 때문이다.

앞에서 우리는 새로운 시대의 역사적 사명을 완수하는 데 요구되는 새로운 마음가짐의 기본적인 것 몇 가지를 지적하였다. 그러나 비록 '새로운 마음가짐'이라고는 불렀으나, 그것들이 우리들의 전통 속에 전혀 싹도 없던 완전히 새로운 것이 아님은, 조금만 깊이 살피면 곧 알 수가 있다. 예컨대 이 시대가 우리에게 절실히 요구하는 근면과 검소의 정신으로 말하더라도, 그것과 비슷한 정신이 고대 유가들에 의해서도 강조되었음은 이미 언급한 바 있거니와, 조선시대 중엽 이후에 일어난 우리나라 실학파에 의해서 그 정신이 더욱 구체적인 이론으로 발전하고 있음은 주지의 사실이다. 예컨대 영조 때의 실학파의 대표인 이익(李瀷)은 생재(生財)의 도(道)를 논하고, 그 방법으로서 생중(生衆: 생산하는 사람이 많음), 식과(食寡: 놀고 먹는 사람이 적음), 위질(爲疾: 일을 부지런히 함) 및 용서(用徐: 쓰기를 천천히 함, 즉 절약)를 들었으니, 이는 그대로 오늘날 우리에게도 적합한 교훈임을 본다.[10]

또 우리는 현대가 요구하는 실천의 하나로서 '공정한 분배'를 들었거니와

---

10 현상윤, 『조선유교학사』, 민중서관, 1949, pp.331-334 참조.

이 공정한 분배에 관한 사상으로 말하더라도 우리의 전통 속에 전혀 없던 것은 아니다. 『맹자』의 다음 구절을 보자.

> 맹자가 말씀하시기를, "재구가 계씨의 가재 노릇을 하면서 계씨의 부덕함을 고치지는 못하고 세금은 그전의 두 배로 올렸다." 이에 공자는 "구는 내 제자가 아니다. 너희들은 북을 울려 가며 그를 성토함이 가하다."고 말씀하셨다. 이것으로 보건대, 군주가 인정을 베풀지 않는데 그를 부유하게 만들어 주는 자는 모두 공자의 버림을 받았던 것이다(孟子曰, 求也爲李氏宰, 無能改於其德, 而賦粟倍他曰, 孔子曰, 求, 非我徒也, 小子鳴鼓而攻之可也. 由此觀之, 君不行仁政而富之, 皆棄於孔子也).[11]

이 구절은 그 자체가 현대적인 의미의 공정한 분배를 역설한 것으로는 보기 어려우나, 공맹이 만약 세기의 인물이었더라면 무엇을 주장했을지 능히 짐작하기에 충분하다. 더욱이 영업전(永業田)이라는 제도를 세워 백성의 농토 소유가 균등히 되도록 꾀하기를 주장한 이익이나, 또 제세안민(濟世安民)을 위하여 균전제산(均田齊産)이 필요함을 역설하고 그 방법으로서 한전제도(限田制度: 토지 소유를 제한하는 제도)를 주장한 박지원에 이르러서는 그 정신의 방향이 더욱 뚜렷하다.[12]

다음에 근대화 내지 현대화를 위하여 절실히 요구되는 합리주의적 사고방식으로 말하더라도, 우리나라의 전통 속에 그에 가까운 것이 전혀 없었던 것은 아니다. 우리나라 실학파의 사상이 대체로 그러한 각성의 산물이었거니

11 『孟子』, 離婁章句 上, 率土地而食人肉章 第十四.
12 현상윤, 『조선유교학사』, pp.330-331, pp.345-346 참조.

와, 특히 그 대성자(大成者)로 알려진 정약용의 사상 가운데 우리는 그 뚜렷한 구현을 보는 것이다.

물론 우리는 우리의 전통을 과대평가해서는 안 된다. 근면과 절약, 공정과 민주주의의 정신, 그리고 합리주의의 사고가 비록 있었다 하더라도 현대의 견지에서 볼 때 불충분했을 뿐 아니라, 또 그러한 사상이 일부 선각자의 문헌 위에 나타났음에 그쳤으며, 현실 사회의 실정은 그러한 정신을 멀리 배반했다는 사실을 솔직히 인정하고 깊이 반성해야 할 것이다. 그러나 우리의 전통 속에 현대가 요구하는 정신의 싹이 발견된다는 것은 매우 뜻깊은 일이다.

왜냐하면 우리는 전혀 낯설고 새로운 것을 밖으로부터 빌려오는 대신, 선진국의 실패와 성공의 기록을 참작하여 우리 자신의 싹을 키우면 되기 때문이다. 우리는 남의 것을 크게 배워야 한다. 남의 것을 크게 배우기 위해서 가장 필요한 것은 허심탄회하게 내 결점과 남의 장점을 인정하면서도 내 근본을 잃지 않는 자주정신이다.

이제까지 우리는 한국의 전통 가운데서 버려야 할 것 또는 고쳐야 할 것에 관심을 집중하고 고찰을 계속하였다. 그러나 이것은 우리의 전통 속에는 소중한 것이 전혀 없다는 견해에 입각한 처사는 물론 아니다. 우리의 전통 속에 현대가 요구하는 정신의 싹이 깃들었다는 것은 이미 지적한 바와 같거니와, 그보다도 더욱 적극적인 의미로 살려야 할 것이 우리의 전통 안에 흐르고 있는 것으로 보인다.

지면의 제약으로 인하여 한국의 전통이 숨긴 자랑스러운 요소를 전부 지적할 수는 없다. 이제 우리는 그 가운데서 가장 기본적이라고 생각되는 것 하나만을 고찰해 보기로 하자.

한국에 있어서, 또는 동양 전체에 있어서, 가장 자랑스러운 정신적 가치는 우리의 가장 큰 약점 즉 합리주의적 사상의 결핍과 표리의 관계를 이루고 있는 것으로 보인다. 우리에게 냉철한 이지의 힘이 부족한 기본적 원인은 우리가 깊고 뜨거운 감정의 소유자라는 사실에 있으며, 이 사실은 한편 가장 심오한 인간적 가치의 근원이라고 생각되는 것이다.

근면과 절약 그리고 합리적 정신의 발휘를 통하여, 의식주에 부족이 없는 사회를 건설하는 데 성공했다고 가정하자. 무서운 경쟁과 얼음장 같은 이해타산, 그리고 시간의 노예가 됨을 무릅쓰고 그 목표에 도달했다고 가정하자. 그러나 그것만으로 우리가 인생에 보람을 느낄 수가 있을까? 물질에 관한 한 아무것도 아쉬울 것이 없는 생활, 그러나 그것만으로는 충분하지 않을 것이다.

결국 우리에게는 물질도 필요하지만 그 이상의 것도 있어야 한다. 그리고 그 '물질 이상의 것'을 우리는 동양의 전통 속에서 — 이지를 넘어서는 동양적 생활감정의 전통 속에서 — 가득히 발견하는 것이다.

서구에 있어서의 근대화는 철저한 개인주의의 산물이기도 하다. 한국의 경우에 있어서도 근대화를 위해서는 아마 개인주의의 세례를 거칠 필요가 있을 것이다. 그러나 서구식의 개인주의가 인생의 보람을 위한 가장 좋은 길인지는 의문이다. 개인이 자아를 망각하고 타아(他我)와의 인간적인 융합을 이루는 순간에 우리는 더 깊은 차원의 행복을 느끼는 것이다. 그리고 동양의 전통적 가치관 가운데 우리는 개인이 개인을 넘어서는 융합의 계기를 발견하는 것이다.

유교의 배경을 이룬 가족제도에는 많은 불합리와 폐단이 있음을 익히 알면서도 우리가 이 제도를 전적으로 버리지 못하는 이유의 하나는, 아마 거기에 인간의 깊은 욕구를 만족시켜 주는 무엇이 있기 때문일 것이다. 우리는 가족 안에서 개인을 초월한 자아의 존재를 발견한다.

공자는 유교가 이상으로 삼는 최고의 미덕을 '인(仁)'의 이름으로 불렀다. 인의 정확한 뜻에 관하여는 학자 사이에 이론이 분분한 것으로 알거니와, '仁'이라는 글자가 본래 '人'과 '二'의 두 글자의 결합으로 된 것이며, 따라서 인이 사람과 사람을 결합하는 원리로서 제시된 이상이라는 해석에는 반대의 의견이 많지 않을 것으로 믿는다. 여하간 공자는 인간의 사회성을 깊이 통찰했으며, 개인을 넘어서는 인간적인 결합 속에 최고의 인간적 가치를 발견한 것이다. 그리고 사람과 사람의 참된 결합을 위하여는 친애(親愛)와 지성(至誠)이 필요함을 역설한 것으로 보인다.

인은 가족 중심적인 차별 있는 사랑을 출발점으로 삼는다. 그러나 공자의 이상은 궁극에 가서는 보편적인 인간애에까지 이르는 것으로 믿는다. 공자가 가족에서부터 출발한 것은, 공허한 이상론을 원치 않은 그가 현실적인 인간성을 고려하여 실천의 처분을 제시한 것이리라. 공자가 떠난 지도 거의 2천 5백 년, 인간이 발전을 갖는 동물이라면, 이젠 낡은 가족주의의 테두리를 넘어서서 공자의 이상이 추구된다 해도 잘못이 아닐 것이다.

한국의 현실은 근대화를 요구하고 근대화는 합리주의의 정신을 요구한다. 그러나 빈틈없이 따지고 계산하는 합리주의의 정신만으로 참된 행복이 약속되는 것이 아니며, 인간은 인간다운 감정의 불길을 지금도 요구한다. 그 풍부한 감정을 우리는 동양적 전통 속에서 발견하는 것이며, 공자의 인의 개념을 통하여 그 감정적 가치의 이상적 경지를 바라보는 것이다. 이에 동양적인 전통 가운데서 끝까지 수호해야 할 요소가 무엇인가도 스스로 명백함을 본다.

그러나 서양의 전통 가운데는 풍부하고 세련된 감정의 정화가 결여한다는 뜻이 아니다. 동방에 합리적인 정신이 전혀 없지 않았듯이, 서방에도 깊고 세련된 감정이 뿌리를 둔 감동적인 사상이 많이 있다. 동방과 서방의 사고가 그 가장 높은 단계에서 서로 공명할 수 있다는 것은, 인간성의 공통된 바탕의 덕택일 것이다. 우리가 혹은 동양인으로서의 자주성을 찾아야 한다 하고, 혹은 선진의 서구로부터 배워야 한다고 역설하지만, 결국은 인간 스스로의 깊은 바닥으로 — 공통된 인간성의 본연의 모습으로 — 되돌아감이 가장 긴요한 일이 아닐까 생각한다.

(1965년 7월)

2장 프래그머티즘과 한국의 근대화

1. 한국과 프래그머티즘

철학적 사상으로서의 프래그머티즘은 한국 사회에 아직 널리 소개되지는 않았다. 그 이름은 널리 알려져 있으나, 그 사상의 내용은 오직 단편적으로 전해지고 있으며, 그나마 흔히 약간의 곡해를 통하여 이해되고 있는 실정이다. 프래그머티즘을 학구적으로 연구하는 전문가가 없는 것은 아니나, 그 수효는 매우 적으며, 그 연구의 결과가 일반에게까지 발표될 단계에 아직 이르지 못하고 있다. 따라서 미국의 철학 사상 프래그머티즘이 과거에 있어서 한국의 근대화 과정에 대하여 특기할 만한 직접적 영향을 미쳤다고는 생각되지 않는다. 프래그머티즘이 한국의 발전에 대하여 좋든 나쁘든 어떤 영향을 미친 바 있다면, 그것은 오직 단편적이거나 간접적인 성질의 것일 뿐이다.

한국의 문화 가운데서 프래그머티즘의 단편적 영향을 비교적 크게 받은 것은 아마 학교교육의 분야일 것이다. 8·15 이후 우리나라에서 한때 '새 교육 운동'이 활발하게 전개된 일이 있었다. 이 운동의 골자는 주로 듀이의 교육학설에 입각한 미국의 교육 방법을 본받자는 것이었으므로, 우리는 이 운동을 프래그머티즘의 영향의 하나로 이해할 수 있을 것이다. 그러나 이 운동을 영속성 있는 결실로 이끌기 위하여 필요한 본격적 연구가 수반했던 것은 아니며, 오직 단기 강습을 통하여 양성된 속성 '권위자'들에 의하여 지도된 이 운동은, 한국적 풍토에 뿌리를 내리지 못하고, 용두사미 격으로 흐지부지하게 되고 말았다. 물론 새 교육 운동이 실패한 책임은 그 지도자들의 역량 부족에만 있었던 것은 아니다. 현재 우리가 보는 바와 같은 입학시험 준비 위주의 교육을 초래한 우리나라의 사회적 실정 전체에 그 실패의 원인이 있었다.

8·15 이후의 한국은 각 방면에 있어서 미국의 영향을 크게 받아 왔다. 이 사실에 비추어 우리는 한국에 대한 프래그머티즘의 간접적 영향을 생각할 수 있을 것이다. 프래그머티즘이란 본래 미국인의 사회생활을 배경으로 삼고 발달한 사상이며, 또 그것은 미국인의 사고방식에 대하여 상당한 영향을 끼쳤다. 즉 프래그머티즘과 미국인의 사고방식 사이에는 밀접한 상호 관계가 있다. 따라서 한국 문화에 대한 미국 문화의 영향 가운데 미국인의 사고방식의 영향이 포함되고 있음을 부인하지 못하는 이상, 미국의 영향을 크게 받아 온 한국의 문화 가운데 프래그머티즘의 영향이 숨어 있으리라는 것을 인정해야 할 것이다. 그러나 미국인이 일반적으로 프래그머티즘에 대하여 학문적인 이해를 가지고 있다고는 생각하기 어려우며, 설령 그들에게 프래그머티즘에 대한 어느 정도의 이해가 있다 하더라도 그것은 대체로 속류(俗流)의 것인 까닭에, 우리가 위에서 인정한 한국 문화에 대한 프래그머티즘의 영향은 어디까지나 간접적인 성질의 것이라고 보아야 할 것이다.

과거에 있어서 한국의 근대화 과정에 대하여 프래그머티즘이 미친 영향을 단편적이요 간접적인 것에 불과하다고 본 이상의 관찰이 올바른 것이라면, '프래그머티즘과 한국의 근대화'를 주제로 삼는 우리의 고찰은 과거의 역사적 사실에 중심을 두기보다는 미래의 가능성에 초점을 두고 전개하는 것이 당연한 방향일 것이다. 이에 우리는 "프래그머티즘의 사상이 한국의 근대화에 대하여 장차 어떠한 공헌과 지장을 가져올 수 있을 것인가?" 라는 물음을 염두에 두고 앞으로의 고찰을 계속하기로 한다.

2. 프래그머티즘의 신조와 한국의 근대화

프래그머티즘이란 일정한 내용의 결론들로 구성된 체계의 이름은 아니다. 그것은 본래 하나의 **방법론**으로서 출발했던 것이다. 같은 방법론에 의존할 경우에도, 그것을 적용하는 대상과 특히 강조하는 점의 차이에 따라서, 도출된 결론에는 약간의 차이가 생길 수 있다. 프래그머티즘의 경우에도 이것의 옹호자로 알려진 학자들이 도달한 결론은 반드시 동일한 내용의 것만은 아니다. 그러므로 프래그머티즘과 한국의 근대화의 관계를 만족스럽게 살펴보기 위해서는 대표적인 프래그머티스트들이 주장하는 바를 개별적으로 검토할 필요가 있다는 견해가 성립한다. 그러나 지금의 우리에게는 그만한 여유가 주어져 있지 않은 까닭에, 우리는 여러 프래그머티스트들의 공통된 이설(理說)들 가운데서 특히 근대화의 과정과 관계가 깊다고 생각되는 주장 내지 신조(信條)들을 고찰의 대상으로 삼을 수밖에 없다.

1) 사회 현실을 주제로 삼는 철학

프래그머티즘의 위대한 개척자로 알려진 퍼스(C. S. Peirce)는 본래 사회 현실의 문제에 정열을 기울인 철학자는 아니었다. 주로 논리와 분석에 있어서 탁월함을 증명한 퍼스의 철학은 상아탑적 학구로서의 특색을 가득 지니고 있었다. 그러나 퍼스의 견지를 계승했다고 자처한 제임스(William James) 및 그의 후계자들이 **의미**를 밝히는 기준으로서 제시한 퍼스의 원리를 **진리**의 기준으로서 응용하는 방향으로 학설을 발전시켰을 때, 미국의 프래그머티즘은 퍼스의 본래의 의도를 넘어서서, 사회의 현실 속으로 파고드는 철학으로 성장하기 시작하였다.

제임스의 결정적인 영향을 받고 프래그머티즘을 대성(大成)한 사람으로 알려진 듀이(J. Dewey)는 역사의 방향을 위하여 횃불을 밝히는 것이 철학자의 가장 근본적인 사명이라고 믿었다. 모든 시대의 모든 사회에는 풀어야 할 인간적 갈등이 있고 해결해야 할 사회적 문제가 있다. 그리고 철학이란 바로 사회와 시대에 깃들인 인생의 문제들을 해결하고자 꾀하는 지성의 가장 포괄적인 시도다. 다시 말하면, 시대의 변천을 따라 일어나는 인간 사회의 근본 문제를 해결할 수 있는 지도 원리를 제시하는 것이 철학자의 사명이라고 듀이는 믿었다.

역사적 현실에 대처하기 위한 실천의 원리를 탐구하는 것이 철학자의 사명이라고 생각한 것은 물론 프래그머티즘에 의하여 처음 시작된 일이 아니다. 철학을 인생의 현실 문제에 직결시킨 사상의 전통은 소크라테스 이전까지 거슬러 올라간다. 그러나 근래에 와서, 점점 더 전문화해 가는 학문의 경향과 기력을 잃고 안일만을 탐내는 지식인의 풍조는 마침내 철학자로 하여금 사회의 현실을 외면하고 '철학을 위한 철학'에 몰두하게 하는 현상을 초래하였다. 이와 같은 시대적 풍조(風潮) 가운데서 철학의 역사성과 사회성을 강조했다는 것은, 프래그머티즘을 위하여 특기할 만한 사실이 아닐 수 없다.

'근대화'란 그 뜻이 단일하고 명확한 개념이 아니다. 그러나 지금 우리가 민족적 과제를 염두에 두고 문제로 삼는 '근대화'의 개념 가운데 '발전' 내지 '진보'의 의미가 포함되어 있을 것임에는 의심의 여지가 없다. 단순한 변화와는 구별되는 '발전' 내지 '진보'가 실현되기 위해서는, 거기 역사의 방향에 대한 올바른 인식과 시대의 요청에 부합하는 도덕적인 의지가 있어야 한다. 즉 근대화가 바람직한 미래로 접근하는 개혁의 과정을 암시하는 평가의 개념이라면, 그것은 이미 어떤 지도 이념의 존재를 요청하고 있다.

지도 이념을 제시하는 것이 반드시 철학자만의 소임은 아니다. 그러나 대중은 은근히 그것을 철학자에게 기대하고 있으며, 또 그와 같은 기대에는 상당한 근거가 있다. 여하튼 바람직한 인간 사회의 미래상을 구상함에 있어서 특히 지도적 통찰력을 발휘해야 할 책임을 가진 사람들이 있다면, 그 짐을 나누어야 할 사람들 가운데 우선 철학자들의 이름이 헤아려져야 할 것이다.

한국은 근대화를 필연적 과제로 믿고 있으며, 그 지도 이념을 철학자에게 기대하고 있는 전형적 후진국의 하나다. 그러나 불행히도 한국의 철학자들이 하고 있는 일은 그러한 기대와는 매우 인연이 멀다. 그들이 연구에 바치는 시간의 대부분은 외국 학자들의 상상력이 지어낸 형이상학적 개념을 음미하거나, 또는 A의 학설과 B의 학설의 공통점과 차이점을 발견하는 따위의 일을 위하여 쓰이고 있다. 우리나라가 처하고 있는 역사적 상황에 대해서는 믿어지지 않을 정도로 철저하게 어두운 것을 조금이라도 부끄러운 일이라고 생각해 본 적이 없는 한국의 철학자들은, 절박한 현실 문제에 관하여 실천적인 질문을 받았을 때 동문서답으로 체면을 유지할 수밖에 없는 실정이다.

이론과 현실과의 유리(遊離)는 한국에 있어서 철학에만 국한된 현상은 아닐 것이다. 인문사회과학의 다른 분야에 있어서도 실정은 대체로 대동소이한 것이 아닌가 짐작된다. 5·16 혁명 직후에 여러 분야의 학자들이 군정(軍政)의 고문으로서 수고했으나, 그 결과가 그리 신통하지 못했다는 사실은 이러한 짐작을 뒷받침한다.

이상에 관찰한 바와 같은 한국 학계의 실정에 비추어 볼 때, 만약 프래그머티즘의 정신이 우리나라 학자들의 학구적 태도 속에 깊이 침투한다면, 그것이 한국의 근대화에 미치는 영향이 작지 않으리라는 것을 짐작할 수가 있다. 만약 프래그머티즘에서 발견되는 바와 같은 현실에 대한 깊은 관심이 한국의 학계에 널리 보급된다면, 학자들의 사상이 한국의 근대화에 미치는 영향은 크게 늘어날 것이다.

프래그머티즘의 학문관을 받아들였을 경우에 근대화에 미치는 학자들의 영향력이 증대할 것임에는 의심의 여지가 없으나, 그러나 그 영향력이 반드시 좋은 방향으로만 작용하리라고 단정할 수는 없다. 학자가 현실 문제를 탐구의 대상으로 삼는 것만으로 근대화를 촉진하는 것이 아니라, 그의 **학설의 내용**이 시대의 요구와 일치할 경우에, 비로소 그는 근대화를 촉진하는 선각(先覺)의 구실을 할 것이다. 사회의 현실에 대하여 관심이 깊은 학자가 일부의 특권층의 부당한 이득을 옹호하는 학설을 빚어낼 수도 있으며, 그런 경우에는 도리어 사회의 발전을 저해하는 결과를 가져올 것이다.

프래그머티즘의 방법론이 **필연적으로** 도달하기 마련인 어떤 **한 가지** 사회 이론이 정해져 있지는 않다. 논리적 가능성으로 말하면, 프래그머티즘은 보수주의와 결합할 수도 있으며, 또 급진주의와 결합할 수도 있다. 다만 미국의 프래그머티스트들이 **실제로** 제창한 사회 이론에서 어떤 경향을 발견하는 것은 가능한 일이며, 그 경향과 한국의 근대화를 관련시켜서 고찰하는 일은 뒤로 미루기로 한다.

2) 다원론적 경험주의

프래그머티스트들의 또 한 가지 공통된 신조는 단일한 선천적 원리로써 모든 문제를 일률적으로 해결하려고 드는 절대론적 학설을 배격하는 사실에서 찾아볼 수 있다. 그들은 자연현상에 있어서나 사회 현상에 있어서나 각 부문에는 그 부문에 고유한 특색이 있을 수 있음을 인정하고, 스펜서(H. Spencer)나 헤겔(G. W. F. Hegel)이 했듯이, 하나의 근본원리로써 물질과 정신의 모든 현상을 설명하려는 태도를 물리친다. 예컨대, 생물학적 현상에 있어서 타당한 진화론의 가설이 지질학이나 천문학에서 다루는 현상에는 적용될 수 없으며, 한 나라의 역사적 발전을 지배한 법칙과 똑같은 법칙이 다른 나라의 역사적 발전에 있어서도 지배하리라고 단정해서는 안 된다고 주장한다. 따라서 각기 그 경우에 맞는 법칙을 실험적으로 발견해야 한다는 결론을 그들은 역설하거니와, 이와 같은 학문적 견해를 우리는 다원론적 경험주의(pluralistic empiricism)라고 부를 수 있을 것이다.

다원론적 경험주의의 견지를 취하는 것은 프래그머티스트들만은 아니다. 현대의 과학자들이 대개 이 견지를 취하고 있거니와, 철학에 있어서도 프래그머티스트 이외에 비판적 실재론자, 논리적 실증주의자, 케임브리지 분석학파 등 현대의 많은 학자들이 같은 견지를 옹호하고 있다. 그러나 이들 여러 계열의 경험론적 철학자들은 그들의 다원론적 경험주의를 순전히 이론적인 문제에만 적용했던 까닭에, 인간 사회의 실천적인 문제에 대한 어떤 해결안을 제시하는 따위의 일에는 관여하지 않았다. 다만 프래그머티스트들만은, 학문은 사회 현실 속으로 파고들어야 한다는 그들의 신조를 따라서, 다원적인 경험주의의 견지를 사회 이론에까지 발전시켰던 까닭에, 그들의 이 견지는 다른 계열의 경험론적 철학자들의 경우와는 달리, 근대화의 문제와도 직접적인 관련성을 갖는 일면을 나타내게 되었다.

프래그머티스트들은 어떤 원리의 절대적 보편타당성을 부인하는 까닭에, 정치나 경제의 문제에 있어서도 어떤 주의(主義)나 신조의 절대성을 인정하지 않는 동시에, 어떠한 종류의 독재도 시인하지 않는다. 어떠한 주의나 신조가 절대로 옳다는 가정은, 그 주의나 신조에 반대하는 모든 세력은 무조건 탄압해야 한다는 결론을 동반하는 까닭에, 옛날부터 많은 독재를 정당화하는 근거의 구실을 하였다. 그러나 프래그머티스트들은 어떠한 주의나 신조의 절대성도 인정하지 않는 까닭에 모든 독재를 물리치는 결론에 도달한 것이다.

프래그머티스트의 견지에서 볼 때, 주의나 신조는 그 자체가 신성한 목적이 아니라, 인생을 위한 수단에 지나지 않는다. 따라서 주의나 신조의 가치는 그것들의 신봉과 실천이 인생에 대하여 가져오는 결과에 의하여 판명된다. 그런데 어떤 주의나 신조의 신봉과 실천이 가져오는 결과는 국가나 사회의 특수성을 따라서 다를 것이므로, 주의나 신조가 갖는 가치도 그것들이 적용되는 국가나 사회 하나하나에 있어서 개별적으로 검토되어야 한다. 그리고 현재 실천의 원리로 삼고 있는 주의나 신조보다도 더욱 좋은 결과를 가져오리라고 기대되는 새로운 주의나 신조가 발견되었을 경우에는, 그것들을 실천적으로 적용함에 인색하지 않아야 할 것이다. 이와 같은 실험적 개선의 방법이 행하여지기 위해서는 여러 사람의 체험과 의견이 존중되어야 할 것이므로, 어떠한 형태의 독재도 시인될 수 없다는 결론이 된다.

주의나 신조의 절대성을 부인하고, 모든 형태의 독재를 배격하는 프래그머티스트의 태도가 한국과 같이 근대화를 지향하고 있는 나라에 있어서 바람직한가라는 물음에 올바로 대답할 수 있기 위해서는, 그에 앞서서 몇 가지 예비적인 문제들이 밝혀져야 한다. 첫째로, 거기서 요망되고 있는 근대화가 어떠한 점이 강조되는 근대화인가가 밝혀져야 한다. 그리고 둘째로, 그 나라의 지도층과 민중이 어떠한 사람들로 구성되어 있는가가 밝혀져야 한다. 프래그머티스트 자신들도 강조하듯이, 어떤 정치적 태도의 시비는 그 태도가 초래하는 결과에 의하여 판정되어야 할 것이며, 어떤 태도가 어떠한 결과를 가져오는가는 관계된 사회의 특수한 사정을 따라서 결정될 것이기 때문이다.

만약 한국에서 추구하는 근대화가 공업화와 같은 물질적인 면의 변화에 치중하는 따위의 것이라면, 또 그리고 민중의 지혜를 종합한 것보다도 더욱 현명한 지혜를 가졌으며 민중의 의지보다도 더욱 높은 의지를 가진 지도층이 한국에 형성되어 있다면, 그 지도층에 의한 강력한 계획과 통제가 우리의 목표의 조속한 달성을 가져올 것이다. 반대로 한국이 추구하는 근대화가 민주주의적인 사고의 방식과 생활의 양식에 치중하는 것이라면, 그리고 또 민중에 비하여 특별히 탁월한 지도층이 한국에 형성되어 있지 않다면, 모든 형태의 독재를 물리치는 프래그머티즘의 신조는 우리 한국의 근대화를 위하여도 적합한 것이 될 것이다. 만약 독재의 방법이 더 좋은 결과를 가져올 것이 확실하다면, 프래그머티즘의 견지는 당연히 이 방법을 환영하고 시인해야 할 것이다. 프래그머티스트들이 독재를 배격하는 근본 이유는 독재가 초래하는 결과가 미국식 민주주의가 초래하는 그것만 못하다는 판단에 있다. 그리고 이러한 판단은 미국의 사회와 미국인의 가치관을 배경으로 삼고 내려진 것이며, 이러한 판단이 동서고금을 통하여 절대 보편적인 타당성을 가지리라는 것을 프래그머티스트의 견지에서는 주장할 수 없을 것이다. 한국의 경우에 어떠한 정치가 어떠한 결과를 가져올 것이냐는 문제는, 책상 위에서 대답할 수 있는 논리의 문제가 아니라, 한국의 실정 전체를 참작해야 할 경험의 문제다.

3) 상대론적 가치설

다원론적 경험주의의 견지를 취한 프래그머티스트들은 가치의 본질에 관해서도 상대론(相對論)의 견해를 옹호한다. 프래그머티스트들의 대부분은 심리학적 가치설에 가담한 사람들이다.

제임스는 인간의 감정을 가치의 근원이라고 보았고, 페리(R. B. Perry)는 인간의 관심 내지 욕구를 가치의 근원이라고 보았으며, 듀이는 인간이 가진 문제가 풀리는 곳에 가치가 성립한다고 주장하였다. 그와 같은 약간의 차이가 있기는 하나, 그들의 견해는, ① 가치가 모든 주관과의 관계를 떠나서 그 자체 독자적으로 존재한다는 실재론(實在論)의 주장을 물리치고, ② 가치의 지평은 인간의 마음이 대상의 세계에 관계함으로 말미암아 비로소 열린다고 단정하는 점에 있어서 일치한다.

근대화라는 역사적 전환을 추진함에 있어서 상대론적 가치설은 실재론적 가치설보다 유리한 철학적 근거를 제공한다. 실재론적 가치설에 입각할 때 근대화가 논리적으로 불가능하게 되는 것은 물론 아니다. 그러나 적어도 두 가지 점에 있어서, 상대론적 가치설은 근대화를 더 자유롭게 그리고 더 활발하게 추진시킴을 정당화하는 이론적 근거를 제공하는 것으로 생각된다.

첫째로, 상대론적 가치설은 시대와 사회의 특수성이 요청하는 바를 따라서 도덕의 내용이 달라져야 할 것을 암시하는 동시에 낡은 윤리 내지 낡은 가치관에 대한 자유로운 비판의 자세를 고취한다. 그런데 근대화란 정신생활과 물질생활의 전면적 혁신을 의미하는 것이며, 따라서 그것은 가치관의 혁신을 기본 조건으로서 요청한다. 그러므로 전통적 가치에 대한 경건한 애착을 종용하는 실재론적 가치설에 비하여, 아주 자유로운 견지에서 전통을 평가할 것을 암시하는 상대론적 가치설이 더 적극적으로 근대화를 촉진할 수 있는 이론적 근거를 제공한다. 특히 한국의 경우는 근대화를 저해하는 낡은 가치 의식 및 그 가치 의식과 결부된 전근대적 관습이 많이 남아 있다. 이러한 상황 속에서, 어떤 죄의식 없이 전통을 재조직할 수 있는 상대론적 가치설은, 이 나라의 근대화를 위하여 크게 이바지할 수 있는 학설이라 하겠다.

근대화라 할지라도 과거에 대한 일률적인 부정을 요구하는 것은 물론 아니며, 전통적인 것 가운데서 영속성(永續性) 있는 가치는 소중히 보존할 것을 요청한다. 바로 이 점에 있어서 상대론적 가치설의 치명적 결함이 나타나지 않을까 걱정하는 사람이 있다. 그러나 상대론적 가치설은 결코 전통 속에 흐르는 영속적 가치를 부인하거나 소홀히 여기지 않는다. 시대나 사회가 달라도 인간의 생활에는 보편적인 일면이 있으며, 이 보편적인 생활의 조건을 반영하여 인간의 욕구나 감정에도 거의 불변하는 것이 있다. 그리고 인간의 욕구와 감정 가운데 거의 보편적인 것을 근거로 삼고, 거의 영속적인 가치가 형성된다. 이 영속적인 가치를 소중히 여김에 있어서, 상대론적 가치설은 결코 실재론적 가치설에 뒤지지 않는다. 다만 전자는 영속적 가치의 그 영속성의 근거를 인간성 및 인간의 생활양식의 보편적 측면에서 발견하는 데 비하여, 후자는 그 가치 자체의 본질 가운데 영속성이 깃들어 있다고 보는 차이가 있을 뿐이다.

상대론적 가치설이 근대화의 이념과 잘 조화된다고 생각하는 둘째 이유는, 이 두 가지가 모두 넓은 의미의 휴머니즘에 입각하고 있다는 사실에 있다. 근대화란 결국 인간의 존엄성을 믿고, 합리적인 사회생활을 통한 인류의 번영과 개인의 성장을 희구하는 휴머니즘의 정신을 철학적 배경으로 삼는 발전의 과정이며, 상대론적 가치설 또한 인간의 경험 및 인간성 속에 가치의 근원을 발견하는 신념이니, 결국 휴머니즘으로 귀착한다. 이와 같은 공통점은 상대론적 가치설이 근대화를 긍정하고 또 촉진하는 인생관으로 우리를 이끌어 갈 것이라고 추리하기에 충분한 근거가 될 것이다.

상대론적 가치설은 행위의 현실적인 결과를 중요시하는 결과주의의 윤리설로 발전하기 마련이다. 다만 어떠한 결과를 가장 소중한 것으로 보느냐는 문제는, 상대론적 가치설만의 논리적 필연성을 따라 결정되는 것이 아니라, 다른 개인적 신념과의 결합을 따라서 결정되는 것이나, 프래그머티스트들의 대부분이 실제로 옹호한 윤리설은 공리주의(公利主義, Utilitarianism)의 그것과 대동소이하다. 그러면 공리주의에 가까운 그들의 윤리설은 우리가 과제로 삼는 근대화와 어떠한 관계를 갖는 것일까?

본래 19세기의 영국에 있어서 발달한 벤담(J. Bentham) 일파의 공리주의는 상공 계급의 대두를 옹호한 자유방임의 경제 이론을 위한 철학적 배경의 구실을 한 학설이며, 현대의 비판가들로부터는 대중의 이익을 희생하고 일부 특권층만을 옹호한다고 비난을 받는 학설이다. 다시 말하면, 그것은 19세기 서구의 근대화를 촉진한 철학인 동시에 20세기 현대사회의 모순의 씨를 뿌린 책임을 나누어야 할 사상이기도 하다. 그러므로 만약 오늘날의 한국이 지향하는 '근대화'가 19세기의 서구를 모델로 삼는 것이라면, 공리주의에 가까운 프래그머티즘의 윤리설은 한국의 근대화를 위하여 빌려 쓸 수 있는 학설이라 할 수 있을 것이다. 그러나 만약 한국이 지향하는 '근대화'가 19세기의 서구보다도 한 걸음 더 진보한 사회를 목표로 삼는 것이라면 — 이때는 근대화라는 말보다도 **현대화**라는 말을 쓰는 것이 더욱 적절하겠지만 — 공리주의에 가까운 프래그머티즘의 윤리설은 비판적인 각도에서 음미되어야 할 것이다.

프래그머티스트들 가운데도 공리주의가 사회정의의 원리에 어긋난 바 있음을 비판하고 더 합리적인 윤리의 원칙을 제시한 사람들이 있다. 이와 같이 수정된 윤리설을 제시한 대표자로서 우리는 터프츠(J. H. Tufts)와 듀이의 이름을 들 수 있겠거니와, 이들의 수정된 윤리설이 한국의 근대화를 위하여 적합하냐 안 하냐는 문제는 역시 한국이 지향하는 새로운 사회의 청사진이 어떠한 것이냐에 따라서 대답될 수밖에 없다.

4) 평화적 개혁론

사회생활의 현실 문제에 대하여 깊은 관심을 표명한 프래그머티스트들은 공리주의에 가까운 윤리설을 제창하는 가운데도, 현대사회의 불합리한 면을 발견하고, 그 시정의 방안을 모색하였다. 그들이 모색한 방안은 대체로 수정자본주의 내지 사회민주주의의 테두리를 벗어나지 않는 것으로 생각되나, 그들의 주장의 구체적 내용에는 논자에 따라서 스스로 완급(緩急)의 차이가 있다. 다만 그들의 사회 이론에 있어서 대체로 공통된 두 가지 견해를 찾아볼 수 있으니, 그 첫째는 독점자본주의 경제 제도를 터전으로 삼고 일어난 부정과 부패를 제거하여 대중의 권익이 옹호되는 명랑한 사회를 건설하자는 주장이며, 그 둘째는 현존하는 사회적 모순을 제거하는 개혁의 방법으로서는 평화적 설득을 통하여 합의의 방법, 즉 민주주의의 방법을 써야 한다는 주장이다.

자유방임의 경제 이론에 입각한 19세기적 사회에 고쳐야 할 결함이 많다는 것은 양심적 지성인이라면 아무도 부인하지 않는 사실이다. 오늘날 한국이 근대화를 서두르는 것도 좀 더 올바른 사회의 실현을 원하기 때문일 것이며, 현대 우리 사회를 어지럽히고 있는 여러 가지 부정하고 불합리한 요인들을 제거하고자 하는 의욕이 그 가운데 있는 것으로 믿는다. 따라서 프래그머티스트들의 사회 이론의 첫째 공통점에 관해서는 크게 별다른 이론(異論)이 없을 것으로 보인다.

그러나 둘째의 공통점, 즉 평화적 설득에 의한 합의의 방법을 통하여 사회를 개혁해야 한다는 주장에 대하여는 이것이 한갓 이상론(理想論)에 불과하다고 반박하는 의견이 있을 것으로 짐작된다. 현대의 사회사상에 있어서의 심각한 대립은, 도달해야 할 이상적 사회가 어떠한 것이냐는 문제에 관해서보다도, 올바른 사회에 도달하는 타당한 방법이 무엇이냐는 문제에 관해서 일어나고 있는 것으로 보아야 할 것이다. 더 올바르고 더 나은 사회를 위한 개혁이 필요하다는 견해에 대하여 반대하는 사상가는 적다. 그러나 그러한 개혁의 목적을 달성하기 위하여 폭력적 투쟁의 방법에 호소할 것이냐, 또는 평화적 설득의 방법에 호소할 것이냐에 관해서는 실로 타협할 줄 모르는 대립이 있다. 그리고 이러한 세계사적 대립의 여파는 우리 한국에도 밀려들고 있는 것으로 보인다.

한국이 희구하는 근대화가 서구화와 대동소이한 것이라면, 평화적 설득의 방법을 제창한 프래그머티즘의 견해에 대하여 아무런 이론의 여지도 없을 것이다. 그러나 만약 한국이 희구하는 근대화가 '개혁된 사회로의 발전'의 뜻을 포함하는 것이라면, 평화적 설득의 방법을 둘러싸고 활발한 논쟁의 대립이 있지 않을까 생각된다.

프래그머티즘의 본고장인 미국과 비교할 때, 한국은 평화적 설득의 방법이 확실한 효과를 거두기에 불리한 점이 많다. 첫째로, 현재의 한국은 지식층 내지 지성인이 무력하고 중산층이 허약한 까닭에, 영향력 있는 설득으로써 현실을 움직일 만한 중견 세력이 형성되기 어렵다. 둘째로, 한국의 자원과 생산력은 미국의 그것에 비하여 극도로 미약한 까닭에, 합리적 조정으로써 경제생활의 문제를 해결하기가 훨씬 더 어렵다. 셋째로, 한국에는 중도적 자유주의의 전통을 찾아보기는 매우 어려운 반면에, 사람들의 생각이 보수와 급진의 두 극단으로 갈라지기 쉬운 까닭에, 대화에 의한 의견의 통일이 매우 어렵다. 넷째로, 한국인의 성격은 정서의 면이 강한 위에, 한국인은 문제를 이지적(理智的)으로 해결하는 훈련이 부족한 까닭에, 대화를 통하여 의견의 대립을 조정하기가 어렵다. 다섯째로, 한국을 둘러싼 국제 정세는 이 나라를 동서 양대 세력이 마주치는 긴장된 지점으로 만들고 있는 까닭에, 그 외세의 감정적인 대립이 우리 국내의 문제에까지 반영되기 쉽다.

위에서 언급한 바와 같은 여러 가지 사정으로 말미암아, 한국은 지성적 대화를 통한 평화적 개혁의 이상을 실현하기 대단히 어려운 나라의 하나다. 그러나 어렵다는 것은 반드시 불가능하다는 것과 같은 뜻은 아니다. 또 현재 불가능한 것이 먼 장래에 있어서는 가능하게 될 수도 있다. 사회를 개혁하는 문제는 결국 인간이 하기에 달린 까닭에, 이 문제에 관해서 절대 불가능론을 주장할 근거는 없으리라고 본다. 다만 문제는 더 빨리 그리고 더 큰 대가를 치름이 없이 소기의 목적지에 도달할 수 있는 다른 방도가 있느냐에 있다. 만약 그러한 다른 방도가 없다면, 우리는 우리가 시험할 수 있는 길 가운데서 가장 유망한 길에 의존할 수밖에 없을 것이다.

5) 과학의 존중

경험주의 철학의 한 계열로서 프래그머티즘은 과학을 매우 존중한다. 그것은 과학의 성과를 존중할 뿐만 아니라, 과학의 방법과 과학적인 사고방식까지도 매우 소중히 여긴다. 프래그머티스트들이 과학의 성과를 소중히 여기는 것은 과학이 현대사회에 대하여 갖는 막대한 영향력 때문이다. 다시 말하면 과학 또는 그 성과를 본래의 목적으로 존중하는 것이 아니라, 인간의 사회생활을 위한 도구 내지 수단으로서 존중하는 것이다. 과학이 가진 막대한 힘은, 그것이 어떠한 목적을 위하여 쓰이느냐에 따라서, 좋은 것이 될 수도 있고 나쁜 것이 될 수도 있다. 그런데 지금까지는 과학이 반드시 좋은 목적만을 위하여 쓰인 것은 아니다. 도리어 나쁜 목적을 위하여 쓰인 바가 많다는 것은 현대의 전쟁과 과학 기술의 관계 및 경제적 위기와 기계 과학의 관계를 상기하면 알 수가 있다.

프래그머티스트들은 과학의 도구성(道具性)을 강조하고, 그것이 좋은 목적을 위하여 쓰여야 한다는 것을 역설한다. 듀이 같은 사람은, 오늘의 과학 기술이 가진 막대한 생산력을 합리적으로 활용한다면 지구로부터 빈곤을 몰아낼 수 있으며, 인류는 평화와 번영을 누릴 수 있다고 주장한다. 듀이는 지성적 대화를 통한 합의에 의한 사회의 개조를 가장 강력히 주장한 프래그머티스트이거니와, 그가 합의에 의한 개혁이 가능하다고 낙관한 이유는 오늘날 과학이 만인을 풍부하게 살 수 있게 할 만한 생산력을 가졌다고 믿었기 때문이다.

프래그머티스트들은 과학의 성과뿐만이 아니라 그 방법과 사고방식도 매우 소중히 여긴다. 과학의 방법이 자연의 탐구를 위해서뿐만이 아니라 인간의 사회문제를 해결하는 데도 사용되어야 한다고 주장하며, 과학의 바탕을 이루는 합리적 사고방식을 따라서 인생을 살 것을 권장한다. 프래그머티즘의 사회적 배경을 이룬 미국인의 개척자적 진취의 정신은, 항상 새로운 가능성을 향하여 실험적으로 도전하는 과학자의 정신과도 일치하는 것이다.

과학의 방법에 있어서 가장 기본적인 것은 가설적(假說的) 태도(hypothetical attitude)다. 경험적 대상에 관한 한, 어떠한 판단도 절대 불변의 진리로서 단정하지 않고, 추후의 검증 내지 시정(是正)을 기다리는 잠정적 가설로서 세워 보는 겸손한 태도는 과학의 모든 분야에 있어서 공통된 것이다. 이 겸손한 태도를 우리들의 실천 생활에까지 적용하는 것이 개인의 성장과 사회의 발전을 위한 올바른 길이라고 믿는 것이 프래그머티즘의 윤리학적 일면이다. 프래그머티스트의 이러한 신념은 그러나 행위에 있어서의 주저와 회의를 권장하는 것은 물론 아니며, 다만 더 나은 방향으로의 변화를 가져오기 위하여 항상 현재를 비판하고 더욱 노력할 것을 권장함에 그 뜻이 있다.

과학과 근대화의 밀접한 관계는 보통 사람의 상식으로도 대략 짐작이 간다. 우리가 서구 사회를 근대화의 표본으로 생각하게 되는 것은 서구의 문화적 선진성을 믿기 때문이거니와, 서구가 그토록 먼저 발달할 수 있었던 원동력이 과학의 발달에 있었다는 것은 아무도 부인하지 못할 것이다. 한국의 근대화를 우리가 아무리 독자성과 주체성을 강조하는 견지에서 구상한다 하더라도, 과학의 발달을 도외시하고 그것을 실현할 수는 없을 것이다. 따라서 과학의 성과를 존중하고 기술 과학의 생산력을 높이 평가하는 프래그머티스트들의 태도는 한국의 근대화를 위해서도 대단히 필요하다는 것은 의심의 여지가 없다.

과학의 방법과 과학적 사고방식도 후진국의 근대화를 위하여 귀중한 추진력이 된다. 문제를 '과학적으로 처리한다' 함은 '합리적으로 처리한다'는 말과 거의 같은 뜻이며, 그것은 가장 능률적인 처사를 가리키는 표현이기도 하다. 그뿐만 아니라, 사람들이 과학의 방법에 준거하여 문제를 처리하고, 합리적인 사고의 방식으로 사리를 판단하는 것은 그 자체가 근대화된 사회의 중요한 특징이다. 근대화란 봉건성 내지 전근대성을 탈피한 새로운 가치관의 형성을 요청하는 것이며, 합리적 사고방식은 그러한 새로운 가치관의 핵심을 이룬다.

파벌, 정실인사(情實人事), 온정주의(溫情主義) 등의 바탕을 이루는 전근대적 인간관계가 한국에 있어서도 근대화를 저지하는 완강한 요인이라는 것은 주지의 상식이거니와, 이러한 전근대적 인간관계는 합리적인 사고방식의 보급과 더불어 소멸된다는 사실만을 상기하더라도, 우리는 과학적인 정신과 근대화의 관계를 실감할 수가 있을 것이다.

3. 결어

이 글의 처음에 있어서 지적한 바와 같이, 프래그머티즘의 철학 사상이 한국의 사회생활과 문화 일반에 대하여 현저한 영향을 끼칠 정도로 이 나라에 흘러들어 왔다고는 생각되지 않는다. 이 점은, 한국인의 의식 속으로 깊이 스며들어 우리의 실천 생활에 유형무형(有形無形)의 영향을 미치고 있는, 유교 사상, 불교 사상, 그리고 기독교 사상의 경우와는 사정이 크게 다르다. 우리가 외국의 여러 가지 철학 사상 가운데서 특히 프래그머티즘을 들어 우리 한국의 근대화 문제와 관련시켜서 생각할 이유가 있다면, 그것은 프래그머티즘의 모체라고 볼 수 있는 미국이 한국에 대하여 갖는 특수한 관계와, 미국의 철학인 프래그머티즘이 장차 더 본격적인 내용을 싣고 우리나라에 흘러들어 올지도 모른다는 가능성 앞에서 찾아야 할 것이다.

현재 우리 한국에서는, 영화와 방송 그리고 상품 등을 통하여, 미국이라는 나라가 피상적으로 이해되고 있는 경향이 보이거니와, 그 나라에 대한 더 깊은 이해를 위해서는 그 나라의 철학이라고 볼 수 있는 프래그머티즘에 대한 고찰이 요청된다. 그리고 외래의 것은 항상 주체적 비판을 통하여 받아들여져야 한다는 우리의 상식은, 프래그머티즘과 우리의 민족적 과제로서의 근대화를 관련시켜서 생각하지 않을 수 없게 한다.

프래그머티즘은 일진월보(日進月步)로 눈부신 발전을 이룩하던 개척시대의 미국을 사회적 배경으로 삼고 형성된 철학이며, 또 미국의 근대화와 민주화를 촉진함에 이바지한 지도 이념이기도 하다. 따라서 그 가운데는 한국의 근대화를 위해서도 도움이 될 여러 가지 사상이 들어 있다고 보아야 할 것이다. 그러나 한국과 미국은 각각 고유한 전통과 특수한 사정을 가진 나라이며, 한국의 근대화가 단순한 미국의 모방에 가까운 것이 될 수 없다는 것은 더욱 명백한 상식이다. 따라서 프래그머티즘이 미국을 위해서는 아무리 훌륭한 지도 이념이 될 수 있었다 할지라도, 그것이 바로 우리 한국을 위한 지도 이념의 구실을 할 수 없다는 것도 논쟁의 여지가 없다. 우리들 자신의 지도 이념을 위해서는 결국 우리들 자신의 철학이 요구된다는 일반적인 자각으로 귀착하고 만 셈이다.

그러나 '우리들 자신의 철학'이라는 것이 인류의 보편적 교훈과 선진국의 귀중한 경험을 배반하는 편협과 고루의 정신을 토대로 삼고 세워질 수 있는 성질의 것이 아닌 이상, 우리는 남의 나라의 철학 가운데 포함된 인류의 지혜를 충분히 살려 가면서 우리들 스스로의 길을 모색해야 할 것이다. 프래그머티즘을 대하는 우리들의 자세도 이 기본적인 원칙을 떠나서 있을 수 없을 것이다.

(1966년 9월)

3장 오늘의 현실과 휴머니즘의 과제

1. 문제 제기

오늘날 '도덕'이니 '윤리'니 하는 따위의 말들은 적어도 현대적임을 자부하는 일부의 사람들에게 크게 매력을 가진 말은 아니다. 그러한 말들 자체 안에 어떤 낡은 것이 진을 치고 있다는 선입견을 자아낼 정도로 '도덕', '도의(道義)', '윤리', 그리고 '양심' 따위의 개념들은 현대인의 비위에 맞지 않는 것이다. 그러나 도덕 내지 윤리에 대한 현대인의 부정적인 반응이 진실로 의미하는 바는 도덕 내지 윤리 그 자체의 근본적인 부정이 아니라, 낡은 도덕관념에 대한 반발이요, 동시에 새로운 윤리의 창조를 간접적으로 요청함이라고 해석된다. 전통적인 도덕에 대한 비판적인 태도 그 자체가 이미 행위 내지 생활양식 일반에 대한 평가를 포함하는 것이며, 이와 같은 평가의 태도는 넓은 의미의 도덕 현상의 바탕이 되는 것이기 때문이다.

20세기라는 과도기가, 그 가운데서도 특히 새로운 나라를 세워 새로우 질서를 마련해야 할 처지에 있는 우리나라의 사회가, 새로운 모럴을 희구하고 있다는 사실을 부인할 사람은 적을 것이다. 그러나 오늘날 우리가 희구하고 있는 새로운 모럴이 어떠한 방향에 있어서 어떠한 형태를 가지고 세워져야 할 것인지에 관하여 만인의 견해는 반드시 뚜렷하지 아니하며, 간혹 명확한 테두리를 가진 견해가 있을지라도, 갑이 생각하는 새로운 윤리의 구상과, 을이 주장하는 새로운 모럴의 질서는 각각 다른 원리에 입각하여 본질적인 차이로써 대립하기가 일쑤다. 따라서 이제 시대가 요구하는 새로운 모럴이 어떠한 방향을 가져야 하며, 어떠한 원리 위에 서야 하느냐를 구명함은, 우리가 당면한 가장 절실한 근본 문제 중의 하나라 아니 할 수 없다. 그러나 단숨에 이 근본 문제의 핵심으로 뛰어들어, 이를테면 직각적(直覺的)으로 그 해답을 움켜잡는다는 것은 문제의 성질상 어려운 일일 것 같다. 우리는 그 변두리를 에워싸고 있는 몇 가지 예비적인 문제부터 고찰하는 순서를 밟아야 할 것이다. 우리가 미리 다루어야 할 변두리의 문제들은 우선 다음과 같은 것들이다. ① 새로운 모럴을 세운다 함은 글자 그대로 새로운 것의 창조를 의미할 것인가, 또는 '새로운'이란 오직 표현상의 기교에 불과한 것이요, '새로운 모럴'의 수립도 근본에 있어서는 선천적으로 도덕성을 타고난 인간이 그 본연의 자세로 되돌아감을 의미해야 할 것인가? ② 어떠한 역사적 현실이 현대를 도덕적 위기에 빠뜨렸으며, 이른바 '묵은' 도덕 질서에 있어서 물리침을 받아야 할 요소들이란 구체적으로 어떠한 것들인가? 이상의 두 문제가 우선 밝혀진다면, 우리가 지향할 새로운 모럴의 방향도 따라서 드러날 것이다. 첫째 문제부터 다루어 보기로 한다.

2. 윤리에 있어서 변하는 것과 변하지 않는 것

도덕의 법칙은 선천적으로 주어진 것이며, 따라서 시간과 공간의 제약됨이 없이 보편타당하다는 견해를 지키는 사람들은, '새로운 모럴의 창조'라는 말 자체에 어폐가 있다고 주장할 것이다. 그러나 이 글에서 우리는 도덕에 관한 절대론과 상대론의 대립을 다루어 장황한 논쟁을 일삼을 필요는 없다. 다만 여기서는 윤리에 움직이는 일면이 있음을 지적함으로써 설령 윤리학적 절대론자의 주장이 옳다 하더라도 '새로운 모럴의 창조'라는 말이 넉넉히 뜻을 가질 수 있다는 점을 밝히면 족할 것이다.

우리들의 가장 기본적인 도덕관념 가운데는 동서고금을 통하여 거의 변하지 않는다 해도 과언이 아닌 것들이 있다. 예컨대, "친구를 배반해서는 안 된다."든지 "은혜를 원수로 갚아서는 안 된다." 하는 따위의 것이다. 이와 같은 공통된 도덕원리가 밖으로부터 선천적으로 주어진 것인지, 또는 인간성의 공통성과 인간의 생활 조건의 유사성에 기인하는 것인지는 우리가 이 자리에서 반드시 따져야 할 문제는 아니다. 여기서 우리에게 필요한 것은 도덕 현상에 변하지 않는 일면이 있음을 인정한다 하더라도, 한 시대 한 사회에 적합한 모럴이 모든 시대와 모든 사회에 적합할 수는 없다는 사실을 밝히는 일이다.

도덕을 위하여 인생이 있는 것이 아니라 인생을 위하여 도덕이 봉사해야 한다는 현대의 상식이 건전한 것이라면, 윤리의 사명이 사회의 안정과 질서를 보전하고 문화의 향상을 촉진하며, 그 안에 생활하는 개인들의 행복을 증진함에 있음도 논의의 여지가 없는 상식이라고 보아서 좋을 것이다. 따라서 적합한 윤리란, 윤리 그 자체 안에 본래적인 가치도 지녀야 하겠지만, 한편 그 사회의 안녕질서의 보전 및 문화의 향상이라는 목적을 위한 수단으로서도 쓸모가 있는 것이 아니면 아니 될 것이다. 그런데 경제, 정치, 교육, 기타의 제반 사정은 사회마다 똑같지 아니하고 같은 사회에 있어서도 시대를 좇아 변동하는 것이 원칙이며, 시대나 지역이 바뀜에 따라서 사회가 당면하는 실천 문제들의 성질도 달라지는 것이 보통이다. 그러므로 우리가 만약 '모럴'이라는 말로 행위의 구체적인 방안을 의미한다면, 동일한 모럴이 사정을 달리하는 여러 시대와 여러 지역에 있어서 한결같이 쓸모가 있으리라고는 생각되지 않는다. 비록 추상적인 원칙으로서는 동서고금을 통하여 변하지 않는 도덕 윤리일지라도, 그것이 실제 적용되는 구체적인 형태에 있어서는 때와 장소를 따라 서로 다른 행위를 명령해야 할 경우가 있다. 예컨대 "은혜를 잊어서는 안 된다."는 도덕률은 추상적 원칙으로서는 어느 시대 어느 사회에도 타당하다고 보아도 좋을 것이다. 그러나 은혜를 잊지 않는 마음을 어떠한 행동으로써 표현해야 하느냐 하는 문제에 대한 해답은 시대나 사회 조건의 변천을 따라서 달라져야 할 것이다. 어버이라는 은인에 대한 감사를 표시하는 방법으로서, 어버이 무덤 앞에 초막(草幕)을 짓고 3년간 그 속에 칩거하는 것이 적절한 시대도 있었다. 그러나 오늘날처럼 근로가 요구되는 시대에 있어서 그와 같이 세월을 허송하여 가정경제에 파탄을 일으키는 자손이 있다면, 땅에 묻힌 조상의 영혼도 그것을 반드시 마땅하다고 보지는 않을 것이다. 다른 예를 들어 말하자면, "정의를 위해서는 용감히 싸워야 한다."는 가르침은 대개 어느 경우에나 타당한 원칙이라고 볼 수가 있을 것이다. 그러나 정의를 위하여 싸우는 구체적인 방식은 시대를 따라 달라져야 할 것이다. 피해자의 실력 행사 이외에는 보복의 길이 없었던 원시시대의 방식이 오늘날 법치국가에 있어서 적용될 수 없음은 삼척동자도 수긍하는 상식이다.

경제, 정치, 종교, 예술 등이 그렇듯이 도덕 내지 윤리도 그 구체상(具體像)에 있어서는 한갓 사회현상이요, 역사의 흐름을 따라서 변동하는 생성체(生成體)다. 더욱이 도덕이라는 현상이 단독적인 발전 과정을 밟는 것이 아니라, 다른 사회현상들과 유기적인 연관성을 가졌다는 사실을 아울러 생각하면, 경제, 정치, 기타 모든 사회현상이 역사적인 변천을 거듭하고 있는 이 마당에서 도덕만이 홀로 동일한 모습을 지킬 수 없으며, 또 지켜서는 안 된다는 것은 분명할 것이다. 물론 도덕이라는 현상의 바탕은 인간의 선천적인 성질과 연결되어 있으며, 도덕 현상의 어느 측면을 추상(抽象)해서 본다면 그 불변성을 발견할 수 있을 것이다. 그러나 우리의 실천적인 문제는 구체적으로 우리가 어떠한 행동 규범을 가져야 하느냐에 있으며, 시대가 요구하는 구체적 행동 규범은 그 시대의 특수성을 따라 바뀌지 않을 수 없는 것이다. 따라서 우리가 '모럴'이라는 말로 구체적인 무엇을 의미한다면 새로운 시대는 당연히 '새로운' 모럴을 요구한다고 보아야 할 것이며, 그 '새로운 모럴'이란 광산 속에 묻힌 금덩이처럼 이미 생겨 있으면서 오직 발견되기만을 기다리는 것이 아니라, 인간이 그 인생관과 역사적 현실에 대한 지식을 동원하여 생각하고 또 실천해야 할 과제이기 때문에, 그것은 인간의 창조적인 정신의 소관이라고 보아서 무방한 것이다.

3. 현대와 윤리적 위기

우리의 다음 문제는 현대가 당면했다고 말하는 윤리적 위기의 유래와 이른바 '묵은' 도덕 질서에 있어서 물리침을 받아야 할 요소가 무엇인가를 묻는 그것이었다. 이제 우리는 먼저 세계사적인 관점에서 이 문제를 바라보고, 다음에 한국이라는 특수사회로 관찰의 초점을 옮겨 보기로 한다.

오늘날 지구 위를 쓸어 덮다시피 한 윤리적 위기의 유래를 우리는 두 가지 방면에서 고찰할 수 있을 것 같다. 그 첫째는 도덕 사상 자체의 발전이 스스로를 부정하는 방향으로 흘렀다는 사실에 주목함이요, 둘째는 인구의 증가와 기계의 발달이 초래한 경제적, 정치적 혼란이 윤리 사조에 미친 영향을 고찰하는 일이다. 물론 이 두 가지 사항은 내면적으로 밀접히 관련되어 있으나, 서술의 편의를 위하여 하나씩 떼어 생각해 보기로 한다.

르네상스라는 정신 혁명 운동은 그 자체가 종교를 부인하는 운동은 아니었으나, 결과에 있어서 종교의 절대적인 위치를 흔들어 놓은 것은 사실이며, 따라서 신학적인 절대 윤리가 종래의 권위를 유지하기에 불리한 사조를 빚어냈음도 불가피한 사정이었다. 오늘날 "우리는 무엇을 할 것인가?"라는 근본적인 물음에 대하여 "피창조자 인간이 할 바는 경전(經典)에 명시된 초월자의 명령을 그대로 지키는 일밖에 없다."는 답변으로 충분히 만족하고 그 이상 아무런 의혹도 없는 것은 결코 대다수의 심정은 아닐 것이다. 비교적 신앙이 두터운 사람들까지도 양자택일이 요구되는 심각한 정세 아래서는 어느 길이 옳을지 헤아리지 못하며, 마음속으로 헤맨다 함이 오히려 솔직한 고백일지도 모른다.

도덕의 본질이 초월자의 명령에 무조건 복종함에 있다고 보는 타율적(他律的) 윤리설에 만족하지 못한 근세의 철학자들은 절대 보편성을 가진 윤리의 근거를 인간 자신 안에 찾아볼 수 있으리라고 믿었다. 짧게 말하자면, '양심'이니 '이성(理性)'이니 하는 이름으로 불리는 인간의 보편적인 본질 가운데, 도덕의 절대적인 근거가 있다고 믿었다. 그러나 양심 또는 이성이 **선천적**인 기능이며, 인간의 **본질**이라는 견해는 결코 확립된 원리는 아니었다. 근래 새로이 발달한 과학적인 인간 연구는 인간도 발달 과정에 있는 일종의 생물이라는 진화론의 전통을 받아서, 양심 내지 이성까지도 경험적인 생성물로 보려는 경향이 강하다. 과학의 발달을 따라서 이와 같은 견해가 널리 퍼지고 점차 상식화하면 할수록, 이것은 인간성의 선천적인 본질 속에 도덕의 절대 근거를 발견하려는 희망을 가로막는 큰 장애가 아닐 수 없다. 밖으로 신의 명령에도 의혹을 품고 안으로 인간 자신의 양심의 절대성도 믿지 못하는 사람들이 도덕의 권위 그 자체에 관하여 회의(懷疑)를 갖는 것은 매우 자연스러운 귀추이며, 오늘날 이와 같은 윤리적 회의가 결코 소수의 사람들에서만 볼 수 있는 예외적인 현상이 아니라는 사실에 현대가 윤리적인 위기에 봉착했다고 단정하는 사유의 일부가 있다.

윤리학적 회의를 조장하여 현대를 도덕적 무정부 상태로 근접시킴에 결정적인 조건이 된 것은 인구의 증가와 기계의 발달이 초래한 현대의 경제적, 정치적 혼란이라고 생각된다. 무제약적 자유경쟁과 인간을 능가하는 기계의 제조에 온 정력을 기울인 19세기적 체제는 여러 가지 뜻하지 않은 결과를 빚어냈다. 무제한한 자유경쟁은, 결국에 가서 명목상으로는 자유가 보장되었으나 실제에 있어서는 그 자유를 즐길 기회를 갖지 못한 다수의 군중을 배출했으며, 인간이 부리기 위하여 만든 기계가 도리어 인간을 지배하게 되었다는 비난은 비록 진부한 말이라 할지라도 전혀 근거 없는 모함은 아니다. 자본의 독점과 기계의 발달에 따르는 빈부의 차이 및 계급의 대립이 갖가지 심각한 사회문제를 자아냈으며, 급기야 세계를 동서(東西) 두 진영으로 나누어 판가름의 대결로 몰아치고 있는 현 사태가 인심에 악독한 영향을 미쳐 이 시대의 유리를 절망적 상태에 빠뜨렸다는 것은 장황한 설명이 없이도 분명하다.

동서 두 진영의 대립에서 오는 긴장이 현대의 도덕적 사태에 미치는 영향을 과소평가할 수는 없다. 그러나 오늘날 우리가 당면한 도덕의 위기는 결코 좌우로 나누어진 정치적 대립에만 있는 것 같지 않다. 만약 현대의 도덕적 위기가 오로지 좌우의 대립에서만 오는 것이라면, 이 정치의 대립이 해소됨과 동시에 윤리의 위기도 극복되리라고 기대해도 좋은 것이다. 그러나 이 기대는 충분한 근거를 가진 것일까? 가령 동서 두 진영이 '평화 공존론'에 입각하여 서로 전혀 간섭하지 않고 각각 자기들 세계 안에서 자기들의 일에만 몰두하거나, 또는 한쪽이 완전한 승리자가 되어서 패권을 지구상에 휘두른다면, 현대로부터 도덕의 위기는 사라질 것인가? 어느 정도는 사라질 것이다. 그러나 걱정의 뿌리는 빠지지 않을 것이다.

진실로 현대의 도덕적 위기는 동(東)도 서(西)도, 좌(左)도 우(右)도, 현재의 마음씨에 고집하는 한, 극복하기 힘든 깊은 곳에 그 뿌리가 있는 것 같다. 다시 말하면 현대의 도덕적 위기의 가장 깊은 뿌리는 동과 서 또는 좌와 우가 공통으로 가진 시대적인 특색 속에 묻혀 있다. 그리고 그 시대적인 특색을 우리는 간단히 '정신의 몰락'이라는 말로 상징할 수 있을 것이다.

자본주의 사회에 있어서나 공산주의 사회에 있어서나 오늘날 가장 중요시되고 있는 것은 물질과 권력이다. 그리고 이 두 가지 소중한 것이 항상 붙어

다니는 것은 고금(古今)을 통한 일반적 현상이거니와, 현대에 있어서도, 경제권이 앞서고 정권이 뒤를 따르는 경우와 정권이 앞을 서고 경제권이 뒤를 따르는 경우의 차이는 있을지라도, 이 두 가지가 대략 같은 사람들에 의하여 장악됨에는 다를 바가 없다. 다만 경제권과 정권의 쟁탈전이, 비록 어느 정도의 핸디캡은 붙었을지라도, 만인에게 공개되고 있다는 사정 등으로 말미암아 이른바 생활 경쟁의 싸움이 어느 시대보다도 치열하고 냉혹하다는 점에 현대의 특색이 있다. 오늘날 속속들이 도덕적인 사람이 정계의 승리자가 되기 힘들다는 것은 거의 상식에 가깝다. 그리고 제조업자나 장사꾼에게 '양심'을 요구하는 것은, 소용없는 줄 알면서 질러 보는 아우성에 불과하다. 오늘날 우리들의 시간의 대부분은 경제활동 내지 정치 활동 또는 그러한 활동의 준비를 위해서 사용된다. 이러한 활동은 그 내용에 있어서 '생활 경쟁'이라는 이름의 싸움이며, '싸움'이기에 승리를 위한 수단을 가릴 여유가 없는 수라장이다. 돈을 벌고 권력을 잡기에 여념이 없는 사람들도 물론 도덕을 역설한다. 그러나 그들의 도덕은 결국 위선 이외에 아무것도 아니다.

한마디로 말하자면, 현대는 물질과 육체가 관심을 독점하는 반면에 정신이 푸대접을 받는 시대라 하겠다. 물질과 권력이 지성의 명령을 따라 분배되는 것이 아니라, 물질과 권력을 잡은 자가 지성이 높은 자를 하인으로 부린다. 현대 문화의 특색을 단적으로 말하자면, 그것은 결국 개성의 말살이요, 인간의 균일화(均一化) 내지 개인의 무성격화(無性格化)라 하여도 사실에서 멀지 않을 것이다. 따라서 지성이나 덕성에 있어서 탁월한 사람, 또는 개성이 뚜렷하여 제정신을 따라 살려는 사람들은 사회에서 낙오자가 되기 마련이다. 이와 같은 현상이 지배적인 것은 어느 사회에 가도 마찬가지다. 지혜롭고 슬기로운 정신이 지구상의 어느 나라에 가도 학대를 받고 있다는 사실은 현대가 윤리적 위기에 봉착했다고 주장하는 이유 중에도 가장 근본적인 것이다.

오늘날 윤리의 혼란은 전 세계적인 현상이라 하겠으나, 특히 우리 한국에 있어서 그것이 더욱 심한 듯한 느낌이 있다. 어떤 사람들은, 한국의 민족성이 좋지 못해서 이 나라의 도덕 수준이 아주 얕다고 불평을 한다. 그러나 민족성보다도 우리나라의 과거와 현재의 역사적 사정이 우리의 도덕을 혼란으로 이끈 더욱 결정적인 요인이 아닐까 생각된다.

이 나라의 역사적 사정 가운데서, 우리들의 윤리가 한심한 지경에 빠지고 말았다는 현실과 관련이 깊은 사항들은 많을 것이다. 그러나 지면의 제약을 받는 이곳에서 우리는 다음 세 가지 점만을 고찰하기로 한다. ① 가족제도 중심의 봉건사회를 지반으로 삼는 유교 도덕이 우리 현대 윤리 사조에 미친 영향, ② 약소민족의 피지배적 지위가 우리 인간성에 미친 영향, ③ 8·15 이후의 불행한 사태가 우리 도덕관념에 미친 영향.

유교적 윤리 사상의 모든 점이 나쁘다고 생각하지 아니하며, 유교 윤리에 있어서 장점과 단점을 가리는 것도 이 자리의 과제가 아니다. 우리는 다만 유교 사상이 남긴 영향 가운데서 좋지 못한 것들만을 지적할 생각이다. 유교의 영향 아래 발달한 우리 도덕관념의 특색의 하나는 그것이 **주는** 도덕이 아니라 **받는** 도덕이라는 점에 있다. 군주(君主)에 대한 충성과 부모에 대한 효도를 근본으로 삼는 유교 도덕을 지어낸 것이 충성이나 효도를 받을 처지에 있는 군주와 부모 및 그들의 대변인인가, 또는 충성과 효도를 바쳐야 할 아랫사람들인가 하는 문제에 대하여, 오직 상식으로 추측할 수 있을 뿐이요, 역사적인 증거를 대어 대답하지 못함은 유감이다. 그러나 오늘날 아직도 유교의 색채가 농후한 우리나라의 도덕이 주로 받을 권리를 주장하는 그것이요, 줄 의무를 자청하는 그것이 아닌 것만은 확실하다. 예컨대 "아버지에게 그런 버릇이 어디 있느냐?" "그것은 스승에 대한 제자의 도리가 아니다." 따위의 주장을 하는 것은 대체로 아버지나 스승 또는 그들에게 동정하는 사람들이요, 아들이나 제자 또는 그들의 입장에서 시비를 판단하는 사람들인 경우는 적다. 가족제도의 미풍으로 가난한 친척을 돕는 것은 좋은 일이다. 그러나 오늘날 집안간의 상호부조란, 주로 받는 쪽에서 음양으로 요구하고 주는 쪽에서는 속으로는 배를 앓는 것이 보통이다. 이와 같이 받는 쪽에서 요구하는 도덕도 받을 사람과 줄 사람의 상하관계가 확립된 봉건사회에서는 여하튼 제 구실을 하였다. 그러나 민주주의의 덕택으로 아들, 제자, 고용인, 아내, 기타 모든 눌렸던 사람들까지 모두 권리를 주장할 수 있는 오늘날에 있어서는, 그러한 도덕은 오로지 요구하고 불평하는 사람들만이 들끓는 사회를 초래하는 까닭에, 공동생활의 질서를 위하여 기여하는 바가 적다.

우리나라의 도덕을 천박한 상태에 빠뜨린 또 하나의 원인은 약소민족으로서의 우리가 남에게 압제를 받는 지위를 오랫동안 감수해 왔다는 사실인 것 같다. 어느 동물 심리학자의 관찰에 의하면, 같은 우리 안에서 자라는 병아리들 중에서 가장 강한 놈은 약한 놈을 쪼아 못살게 구는 경향이 비교적 적다. 그러나 약한 자들은, 강한 자 앞에서 비굴한 대신 저보다 약한 자들에게는 잔인하기 짝이 없다. 더욱 재미있는 것은 제일 강한 병아리를 없애면, 둘째로 강하던 놈이 최강자가 되는 대신에 갑자기 관대하고 의젓해진다는 현상이다. 아마 이 동물 심리학적 현상이 인간에도 있는 것인지 모르겠다. 하여튼 우리나라 사람들은 다 같이 불쌍한 처지에 있는 동족에 대해서 일반적으로 심술궂고 잔인한 경향이 있다. 강자에게 눌려 사는 분풀이를 만만한 자리에 하는 것일까? 우리나라처럼 시기심에 가득하고 경쟁이 치열한 곳도 드물 것이다. 경쟁 자체가 나쁘다는 것이 아니라, 경쟁의 상대를 멀리 해외에 구하지 못하고 좁은 집안에서 서로 헐뜯는 데 병이 깃든 것 같다. 정치계의 당파 싸움은 물론이고 체육회, 학회까지도 포함한 모든 종류의 회합이 거의 예외 없이 파벌 싸움에 여념이 없는 것도, 약소한 후진국에 태어난 우리의 처지가, 감히 바다 밖으로의 웅비는 생각조차 못하고 우물 안에서 왕좌를 다투어야 할 개구리들의 그것과 비슷하다는 사정과 관련이 있을지도 모른다.

유교의 좋지 못한 영향과 약소민족으로서의 부끄러운 역사로 말미암아 비뚤어지고 엉클어진 우리의 국민도덕을 더욱 한심한 지경으로 빠뜨린 것은, 국토의 양분과 폭정 12년을 포함한 8·15 이후의 민족적 불행이었다. 국토의 분단은 경제의 핍박과 정치적 긴장을 불가피하게 하였다. 그러나 이 땅의 경제인과 정객들은, 이 불행한 조건이 허락하는 범위 안에서나마 민생을 안정시키고 문화를 향상시키려고 최선을 다하는 대신, 개인과 당파의 이익을 위한 싸움에 오로지 몰두하였다. 얼마 안 되는 이권과 자리를 뭇사람이 탐내는 싸움터에서 교활하고 파렴치한 사람들이 승리자가 되곤 하는 것을 늘 목격한 사람들은, 도덕이 '잘사는 길'이 아님을 체득했으며, '정직하다', '양심적이다' 따위의 말들로써 약간 경멸하는 뜻을 표시하기에까지 이르렀다. 이런 세태에 있어서 어찌 도의심이 제대로 앙양되기를 기대하랴.

4. 새로운 모럴의 방향과 휴머니즘

이상에서 우리는 현대의 도덕적 위기의 유래와 현대의 윤리적 실정에 있어서 좋지 못한 측면을 반성하였다. 이 고찰은 매우 조잡한 것이기는 하나, 우리가 지향할 새로운 모럴의 방향을 어렴풋이나마 시사해 주는 것 같다.

첫째로, 우리는 현대인의 기질이 신학 내지 형이상학에 의거하는 선천적 절대 도덕설에 대하여 회의적이라는 사실을 지적하였다. 지성 혹은 과학의 발달과 밀접하게 관련되는 이 사실이 시사하는 바는 시대가 요구하는 새로운 도덕이 '하늘에서 내려온' 무엇일 수 없다는 원칙이다. 윤리란 인간이 그 삶을 보람 있게 하기 위하여 스스로 지어내는 법칙이요 약속이다. 그것은 인간이 인간을 위하여 만드는 인간의 규범이다. 새로운 모럴은 현대인을 이 지상에 있어서 행복하게 만들어 줄 방안이라야 하며, 현대인의 지성과 과학을 건설적인 사회생활에 적용하는 처방이 아니면 아니 된다.

둘째로, 우리는 현대의 도덕적 혼란이 동서 두 진영의 대립과 항쟁을 초래한 이 시대의 경제적, 정치적 불안 상태에 의하여 더욱 조장되고 있음을 지적하였다. 이것은 정치, 경제, 법률 등 사회문제를 떠나서 초연히 구상된 도학자(道學者)의 이상이 실천성을 가질 수 없다는 사실을 드러내는 것이며, 오늘날 요구되는 모럴이 개인의 처신, 예의범절 등을 따지는 저 신사 숙녀의 에티켓보다도 정치, 경제 등 대규모의 사회문제에 관심의 초점을 두어야 한다는 원칙을 시사한다. 개인 중심의 윤리에서 사회 중심의 윤리로 발전해야 한다 함은 결코 새로운 주장이 아니며, 윤리학과 국가론 내지 정치철학을 같은 울타리 안에서 다룬 플라톤, 아리스토텔레스의 옛 지혜로의 복귀를 주장함에 불과하다. 이것은 도덕 내지 윤리가 그 본질에 있어서 **사회적**이라는 오래된 상식을 돌이켜 보자는 호소에 지나지 않는다.

셋째로, 우리는 현대 윤리를 파괴하는 가장 깊은 근원이 '정신의 몰락'이라고 부를 수 있는 현대의 특색 가운데 묻혔다는 것을 지적하였다. 이것은 새로운 모럴이 정신의 가치를 도로 찾는 방향으로 모색되어야 한다는 원칙을 시사한다. 그러나 새로운 모럴이 육체와 물질의 값을 부인하는 중세기적 세계관 위에 세워져야 한다는 뜻은 물론 아니다. 다만 '건강한 신체에 건강한 정신'이 깃들기를 소망한 저 그리스인의 이상(理想)이 바로 우리들의 이상이기도 하다는 뜻이다. 물질을 배척함으로써 정신을 높일 수 있다고 본 금욕주의자들의 착각을 되풀이할 것이 아니라, 물질생활이 안정되어야 인격의 품위를 지킬 수 있다고 믿었던 옛 중국 사상가의 식견을 좇아야 할 것이다. 만약 현대 과학의 힘을 평화산업에 총동원한다면, 지구 위의 인간들이 쓰고 남을 물건을 만들어 내기에 8시간 이상의 노동이 필요하지 않을 날이 머지않아 오리라고 과학자들은 말한다. 만약 우리의 생산력을 좋은 목적에만 쓰고 생산된 물건을 지성의 지시를 따라 공정히 분배한다면, 우리는 시간의 여유와 물질의 여유를 즐길 수 있을 것이며, 이것이 나아가서는 '마음의 여유'로 인도

하리라고 희망하여도 좋을 것이다.

넷째로, 우리는 특히 '한국'이라는 특수 지역에 관심을 국한할 때, 유교 사상의 영향이 '주는' 도덕이 아니라 '요구하는' 도덕을 조장했다는 사실을 보았다. 이것은 앞으로의 모럴이 압력과 요구에 마지못해 끌려다니는 타율적이요 소극적인 그것이 아니라, 자유인으로서의 행위자가 자발적인 신념을 따라서 자진하여 좋은 일을 하는 자율적이요 적극적인 모럴로 탈피해야 한다는 것을 암시한다. 현대인의 지성은 결국 자기가 원하지 않는 일을 억지로 해야 할 이유를 납득하는 데 곤란을 느끼기 때문이다. '하지 말라'고 하니까 하지 않는 도덕이 아니라, '하고 싶어서' 스스로 하는 도덕이 문화의 창조자로서의 인간에게 격에 맞는 모럴이라 하겠다.

마지막으로, 우리는 한국의 약소민족으로서의 역사와 특히 8·15 이후의 불행한 사태가 이 나라의 윤리적 상황을 더욱 천박하고 한심한 지경에 빠뜨렸음을 지적하였다. 이것은 우리나라의 모럴이 제대로 가다듬어져야 한다는 뜻을 암시한다. 다시 말하면, 경제와 정치 같은 사회문제를 떠나서 윤리 문제만이 따로 풀릴 수 없다는 주장이 다시 강조되는 동시에, 공동의 목표로 집중하는 국민들의 애국 애족적인 협력이 없이는 한 나라의 도의가 제대로 앙양될 수 없음을 의미하는 것이다. 특히 우리나라처럼 할 일이 태산 같은 사회에서는 국민 각자의 적극적인 사회참여가 요구되는 것이며, 방관적이요 무관심한 태도는 그 자체가 이미 부도덕한 행위임을 면치 못한다. 그러나 고루한 민족주의나 편벽된 애국심은 도리어 국가의 운명을 그르치는 장본이라는 것은 역사의 기록 위에 분명하다. 현대가 요구하는 '애국심'은 한갓 추상적 명칭에 불과한 '나라' 또는 '민족'에게 바치는 광신적인 감정이 아니라, 같은 운명 아래 사는 개인들이 서로의 인격과 권익을 존중하는 인간적인 이해와 사랑을 기조(基調)로 삼는 것이 아니면 아니 된다. 이와 같은 이해와 사랑이 가까운 사람들에게 먼저 미치고, 차차 먼 곳으로 번져 가는 것은 인정의 자연이며, 또 그것이 사회생활을 원활히 영위하는 효과적인 순서이기도 하다. 그러나 이 이해와 사랑이 국경선에서 멈춰야 할 논리적인 이유가 없다면, 우리의 모럴은 당연히 국제적인 우호관계와 세계의 평화 및 인류 전체의 행복까지도 그 이념 속에 포함해야 할 것이다.

이상에서 우리는 새로운 모럴의 방향을 더듬어 볼 뜻으로 현대가 요구하는 몇 가지 원칙을 추론해 보았다. 그러나 만약 이들 몇 가지 원칙이 하나의 방향을 암시해야 할 것이라면, 그것들이 내면적인 연결 없이 서로 떨어져 있을 수 없을 것이며, 어떤 하나의 세계관 또는 철학에 의하여 묶여야 할 것이다. 그러면 현대의 사상 중에서 이 시대의 가장 절실한 요구들을 만족시키고 새로운 모럴의 철학적인 바탕이 될 수 있는 것은 무엇일까? 우리는 넓은 의미로서의 휴머니즘이 바로 그것이라고 단정하여도 좋음직하다. 왜냐하면, ① 현세를 긍정하고 현세에 있어서의 복된 인생이 인간의 지성과 양식의 노력으로써 성취될 수 있다고 믿으며, ② 좋은 의미의 민주주의에 입각한 공정하고 평화로운 사회의 건설만이 각 개인에게 참된 행복을 약속하는 길임을 확신하여, 개인 도덕보다도 사회윤리를 강조하며, ③ 물질과 육체의 값을 무시하지 않는 한편, 정신의 특유한 가치가 문화의 창조에 있어서 가진 높은 위치를 인정하며, ④ 도덕적인 행위란 그 본질에 있어서 자유로운 인간의 자율적이요 적극적인 사회참여임을 주장하며, ⑤ 인간의 존엄성을 믿고 지성과 과학의 힘을, 평화를 위한 목적에 기울임으로써 인간이 서로 이해하고 서로 위하는 나라와 세계를 건설함을 이상으로 삼는 동시에, ⑥ 윤리의 법칙이 역사적 시대성과 문화적 특수성에 상대적임을 시인하는 것은, 거의 모든 휴머니스트들의 경향이기 때문이다. 현대에 있어서 새로운 모럴을 창조하는 중대한 과업은 바로 이 시대의 모든 휴머니스트들에게 주어진 공동의 과제이기도 하다.

(1960년 가을)

4장 동양의 윤리와 서양의 윤리

1.

동양과 서양의 윤리관을 짧은 글 가운데서 비교하고자 하는 시도에는 여러 가지 어려움이 따르고 있으며, 또 경솔한 비교론은 독자들에게 그릇된 인식을 주는 결과가 될 염려가 있다는 사실을 우선 지적해 두고자 한다. 우리는 편의상 '동양의 윤리'니 '서양의 윤리'니 하는 말을 쓰고 있지만, 사실은 동양에 하나로 통일된 윤리관이 있는 것이 아니며, 서양에도 역시 하나로 통일된 윤리관은 없는 것으로 안다. 동양 안에도 여러 가지 윤리관의 대립이 있으며, 서양 안에도 여러 가지 윤리관의 대립이 있다. 예컨대 한국과 일본과 인도는 다 같이 동양의 나라이지만, 그들이 가진 국민도덕에는 상당한 차이가 있다. 또 영국과 독일과 스페인은 모두 서양의 국가이지만 그들이 가진 국민도덕에도 역시 상당한 차이가 있다. 같은 한국 안에서도 지방에 따라서 다소간 도덕관념의 차이가 있다는 사실을 생각한다면, 우리는 위에 말한 바의 뜻을 충분히 이해할 수 있을 것이다. 그리고 서로 다른 여러 가지 전통을 아울러 갖고 있는 동양이나 서양을 한데 묶어 버리고 '동양의 윤리'니 '서양의 윤리'니 하는 개념을 함부로 휘두를 때, 거기 어떤 거짓이 따르기 쉽다는 것도 따라서 이해할 수 있을 것이다. 우리가 동양과 서양을 비교할 수 있다면, 그것은 오직 동양과 서양의 어떤 우세한 측면과 열세한 측면을 선택적으로 비교할 수 있다는 뜻이거나, 그렇지 않으면 양자에 있어서의 최대공약수적인 특징을 비교할 수 있다는 뜻에 지나지 않는다는 점을 우선 양해해야 할 것이다.

비교론에 따르기 쉬운 위험성의 또 하나는, 비교하는 사람이 내리고자 원하는 어떤 결론을 뒷받침하기 위하여, 혹은 양자의 같은 점만을 추려서 보고, 혹은 양자의 서로 다른 점만을 골라서 강조하는 경향과 직접 연관되고 있다. 어떤 부분적인 특징만이 지나치게 강조될 때, 우리는 자칫하면 편견에 사로잡혀 전체의 모습을 놓치기 쉽기 때문이다.

비교가 완전하기 위해서는 모든 공통점과 모든 차이점이 남김 없이 다루어져야 할 것이다. 그러나 그것은 사실상 어려운 일이며, 또 많은 경우에 있어서 그것이 필요하지도 않다. 앞으로 이 글에서 우리는 동양의 윤리 사상과 서양의 그것 사이의 차이점을 주로 살필 것이다. 그러나 그것은 둘 사이에 공통점이 없다고 보기 때문이 아니라, 대부분의 공통점이 지적할 필요조차 없을 정도로 상식적이기 때문이며, 여기서 지적하는 차이점도 특히 중요한 일부에 지나지 않는다는 사실이 양해되어야 할 것이다. 그리고 앞으로 여기서 '동양의 윤리관'이라고 부르는 것은 우리 한국의 전통 속에 가장 많은 영향을 끼쳤으며 현재도 우리 전통 속에 살아 있는 그러한 윤리관을 의미함에 지나지 않으며, '서양의 윤리관'이라고 부르는 것은 오늘날 한국 사상에 대하여 많은 영향력을 가졌다고 생각되는 영국, 미국, 독일, 프랑스 등의 윤리 사상에 있어서 공통된 기본 특색을 가리킴에 그친다는 사실도 아울러 밝혀 두고자 한다.

2.

누구나 알고 있듯이 윤리는 일종의 사회규범이다. 사회규범인 까닭에 모든 윤리에는 그 윤리가 옹호하는 — 또는 과거에 옹호했던 — 사회가 있다. 다시 말하면, 모든 윤리에는 그 윤리가 수호 내지 실현할 것을 목적으로 삼는 사회가 있다. 그리고 주어진 윤리가 수호 내지 실현하고자 하는 그 사회가 어떠한 성질의 것이냐에 따라서 그 윤리의 방향과 특색이 크게 결정된다.

동양 윤리 또는 서양 윤리의 본질 내지 특색을 이해함에 있어서 가장 중요한 것은, 그 동양 윤리 또는 서양 윤리를 형성시킨 사회가 어떠한 성질의 사회이며 또 그 동양 윤리 또는 서양 윤리가 실현할 것을 이상(理想)으로 삼는 사회가 어떠한 성질의 것이냐를 이해하는 일이다. 어떤 윤리 사상의 형성을 위한 배경을 이룬 현실의 사회와 그 윤리 사상이 실현하기를 원하는 이상의 사회 사이에는 물론 상당한 거리가 있는 것이 보통이다. 그러나 우리가 품는 이상이란 우리의 현실의 제약을 받고 그려지는 것이며, 또 주어진 사회의 윤리 사상을 결정함에 있어서 가장 큰 영향력을 갖는 것이 그 사회의 지배적 세력이라는 사실로 말미암아, 주어진 윤리 사상의 배경을 이룬 현실의 사회와 그 윤리 사상이 실현하기를 원하는 이상의 사회는 일반적으로 같은 카테고리에 속한다. 따라서 앞으로 서술의 번잡을 덜기 위하여, 동양 윤리와 서양 윤리에 있어서 각각 그 배경이 된 현실과 또 그 목표가 된 이상의 차이를 따지지 않고, 동양 윤리 및 서양 윤리의 바탕이 된 사회의 성질을 음미함으로써 동서 두 윤리 사상의 특색을 비교하고자 한다.

우리가 말하는 '동양의 윤리관'은 본래 가족 중심의 봉건사회를 지반으로 삼고 형성되었다. 그 봉건사회가 무너진 지 이미 오래며, 그것을 토대로 삼고 형성되었던 윤리 사상도 따라서 어느 정도 변화하였다. 그러나 윤리 사상이 갖는 본래의 보수성으로 말미암아, 동양의 사회가 변한 것과 같은 정도로 그 **윤리관**도 변한 것은 아니며, 여기 '새 시대를 위한 새 윤리'의 요구도 일어나게 된 것이다.

가족 중심의 사회에 있어서는 **가족**이 사회의 가장 기본적인 단위를 이룬다. 뒤집어서 말하면, 개인도 국가도 여기서는 이차적인 지위를 차지할 뿐이요, 인간적 노력의 가장 직접적인 목표는 '가족' 또는 '훌륭한 가족'에 있다. 따라서 가족주의적 사회를 배경으로 삼고 형성된 윤리관의 특색의 하나는 근대적인 개인주의의 결핍이요, 또 하나는 근대적인 국가 의식의 부족이다. 근대적 개인주의와 근대적 국가 의식, 이것은 바로 르네상스 이후의 서구의 윤리관을 방향지은 요인의 일부이니, 여기에 벌써 동양의 윤리관과 서양의 그것과의 대조적인 일면을 보는 것이다.

르네상스를 계기로 서구의 사상계에는 개인주의가 크게 머리를 들었다. 개인의 자유와 평등이 당당한 권리로서 주장되었으며, 지상에서의 개인의 행복이 궁극의 목표로서 추구되었다. 그러나 각 개인이 그 무제한한 욕심을 앞세우고 자기의 자유와 행복을 다투어 추구했을 때, 거기 도리어 자유와 행복이 위협을 받는다는 평범한 사실은, 자유와 행복에 대한 개인의 주장이 역설적 결과에 이르지 않게 하기 위한 어떤 통제의 기구를 요구하였다. 그리고 그러한 통제의 기구로서 국가가 환영을 받게 되었다. 개중에는 국가 또는 그 상징으로서의 국왕에게 개인에 대한 우위를 인정하려는 사상가도 있으며, 또 실제에 있어서 근대의 국가들이 과연 개인의 자유와 평등을 위하여 수호신의 구실을 제대로 했는지는 의문이라 하겠으나, 하나의 이론으로서는 개인을 위해서 국가가 있다는 생각이 지배적인 세력을 잡았다.

그러나 동양의 전통 사회에 있어서는 가족주의적 윤리 사상이 은연한 세력을 유지했으며, 개인의 자아의식이 서양의 경우와 같이 투철하기 힘들었다. 그리고 가족주의적 도덕관념과 개인의 투철한 자아의식의 결핍은 다른 여러 가지 특색을 동양의 윤리관에 부여하였다.

그와 같이 부여된 특색의 하나로서 우리는 동양의 윤리가 인간 사회에 있어서의 상하의 관계를 강조한다는 사실을 지적할 수 있을 것이다. 앞서도 말했거니와, 동양의 전통적 윤리관은 가족주의적 봉건사회를 지반으로 삼고 형성된 것이었다. 동양적인 가족 사회를 비롯한 모든 봉건사회에 있어서 인륜(人倫)이 주로 상하의 질서로서 이해되었다는 것은 만인이 아는 사실이며, 이 사실은 동양에 있어서의 전통적 윤리관의 방향을 크게 결정지었다.

인간의 관계를 상하의 질서로서 이해한다 함은 인간을 주로 명령하는 권리를 가진 자와 주로 복종하는 의무를 가진 자로 나누어 본다는 뜻이며, 같은 사람이 권리와 의무를 동시에 갖는다고 보는 근대 이후의 서구적인 사고와 크게 대조를 이루는 생각이다.

명령할 권리를 가진 사람과 복종할 의무를 가진 사람이 나누어지는 봉건사회에 있어서는 명령할 권리를 가진 사람들의 의사가 그 사회의 윤리를 주로 결정한다. 따라서 그러한 사회의 윤리는 대체로 '요구하는 도덕'으로서의 성격을 강하게 띤다. 다시 말하면 스스로 자진하여 주는 도덕이기보다도 상대편으로부터 내가 받기를 요구하는 도덕으로서의 성격을 띤다. 예컨대, 군왕은 신하의 충성을 요구하고, 부모는 자식의 효도를 요구하며, 남편은 아내의 정숙(貞淑)을 요구한다. 물론 도학자(道學者)들은 윗사람의 요구가 있기 전에 아랫사람의 도리를 다해야 한다고 가르칠 것이다. 그러나 권세를 쥔 사람으로서 남이 해줄 때까지 가만히 앉아서 기다리는 것은 힘든 일인 까닭에, 자연히 성급한 요구를 '도덕'의 이름으로 표명하기 마련이다.

주기에 앞서서 받기를 요구하는 도덕이 타율적 윤리로서의 특색을 갖는 것은 불가피한 일이다. 물론 밖으로부터의 요구에 순응한 행위도, 거듭하는 동안에 습관화하면, 자발적 행위로 바뀌게 될 것이다. 그러나 권세의 압력으로 길든 도덕감은 개인의 자아가 눈을 뜨는 날 스스로 회의에 빠지기 마련이며, 그 속에 깃든 타율적 요인이 조만간 드러나고 만다. 그리고 권세의 압력에 근원을 둔 타율의 윤리가 그 권세의 체계의 붕괴와 더불어 파탄을 일으킨다는 것은 거의 상식적인 일이다. 여하튼 동양의 윤리에 타율적 요소가 강하다는 점은 부인하기 어려울 것이며, 여기 이성의 자율을 도덕의 근원으로 삼는 현대 서구의 윤리와의 또 하나의 대조를 본다 하겠다.

3.

가족 중심적 봉건사회에 근원을 둔 동양의 전통적 윤리관에는 근대적인 의미의 국가 또는 그보다 더 큰 공동사회에 대한 의식이 희박하다. 가족, 씨족 또는 그 밖의 어떤 소규모의 단체에 대한 충성심이 강하면 강할수록 그 소규모의 단체의 울타리를 넘어서서 더 크게 대동단결하기가 심리적으로 어렵기 때문이다. 몇 가지 특수한 사정의 힘을 입어 비교적 빨리 근대적 국민국가의 의식에 도달한 일본을 제외한다면, 대체로 동양의 여러 나라들은 가족, 씨족, 당파, 종파 등에 대한 사람들의 충성심이 국가 또는 그보다 더 큰 전체에 대한 생각을 크게 손상하는 경향을 벗어나지 못하였다. 서양에 있어서도 옛날에는 종교적 당파에 대한 충성심이 국가 전체의 이익을 망각하게 하는 경향을 보이지 않은 바 아니나, 그러한 경향은 근대화의 물결을 타고 거의 씻겨 내려간 것으로 생각된다.

가족, 붕당(朋黨), 종파(宗派) 등에 대한 충성이 압도적인 사람들의 사고방식은 냉철하게 합리적이기보다도 감정적 요인이 지배할 경우가 많다. 그것은 동양적인 의미의 '애국심'에 있어서도 마찬가지다. 가족, 붕당, 종파 등에 대한 충성심이 단순히 그 정열의 대상을 국가로 옮김으로써 생기는 애국심은 역시 그 근본을 닮아 감정적이다. 서양 사람들의 국가 의식도 물론 애국심의 이름으로 불린다. 그러나 많은 경우에 있어서 그들의 애국심은 개인주의의 토대 위에 형성된 것이다. 다시 말하면 국가를 신성한 실체로 믿는 까닭에 생긴 애국심이 아니라, 그것이 개인의 행복을 위하여 없어서는 안 될 조직이라고 인식하는 까닭에 생긴 애국심이다. 그 배후에는 무의식적이기는 할지라도 냉철한 이해타산이 있는 것이며, 그 기원에 있어서 합리적 요소를 크게 지니고 있다.

사고방식에 감정적 요소가 우세한 사람들일수록 그들의 윤리관 내지 가치관도 감정적이다. 우리는 동양적 윤리관이 갖는 또 하나의 특색으로서 이지(理智)보다도 강한 감정의 지배를 지적할 수 있을 것이다. 그리고 서양에 있어서의 근대 이래의 발전이 주로 합리주의적 사고와 합리주의적 가치관에 힘입고 있음을 상기한다면, 우리는 여기서도 동양과 서양 사이에 발견되는 또 하나의 대조를 볼 것이다.

가족주의가 우세한 전통을 가진 사회에 있어서 윤리관이 감정의 지배를 벗어나지 못하는 것은 매우 자연스러운 일이다. 본래 가족의 질서는 냉철한 이지에 의해서보다도 뜨거운 애정의 덕분으로 유지되는 경향을 가졌다. 가족 내부에 어떤 불화가 생겼을 때, 우리는 차가운 법리(法理)에 의거하여 시비를 따지기보다는 뜨거운 정리(情理)에 호소하여 문제를 해결한다. 옛날부터 가장은 이지의 원리로서의 법으로써 집안을 다스린 것이 아니라, 정서의 원리로서의 덕으로써 그것을 다스렸다. 이와 같이 정서의 원리가 지배하는 가족의 도덕을 사회규범의 핵심으로 삼는 사회에 있어서 사람들의 윤리관이 감정의 지배를 벗어나기 어려운 것은 당연한 일이다.

윤리관에 있어서 뜨거운 정서가 무거운 비중을 차지한다 함은, 넓은 의미의 사랑과 미움의 감정이 도덕적인 판단과 실천에 있어서 많은 영향력을 발휘한다는 뜻이다. 예컨대, 장사가 물건을 팔 때, 일가친척이나 학교 동창생에게는 원가로 제공하는 것이 마땅하며, 전혀 연분이 닿지 않는 사람에게는 좀 바가지를 씌워도 무방하다고 생각한다. 공부 잘하는 남의 자식을 밀어제치고 성적이 나쁜 내 자식을 좋은 학교에 넣으려는 부모의 노력이나, 실력보다도 개인적 인간관계를 더욱 소중히 생각하는 정실인사(情實人事) 따위도 모두 개인적인 사랑의 감정이 도덕적 판단에 영향을 끼친 예라 하겠다. 과거에 정치적 과오를 범하고 외국으로 망명했던 노정객(老政客)이 죽어서 돌아온 유해(遺骸)에 대하여 뜨거운 환영과 슬픔을 표명하는 낭만적인 감상도 같은 안목으로 이해할 수 있을 것이다.

도덕적 행위에 있어서 뜨거운 정서가 크게 작용하는 경향은 반드시 어떤 폐단만을 초래하는 것은 아니다. 거기에는 뜨거운 인간미가 있으며, 인생을 고독으로부터 건지는 융합의 계기가 있다. 다만 도덕감 안에서의 정서가 편견의 원인이 될 때, 그 도덕감이 보편적인 타당성을 멀리 떠나게 되는 것이다.

끝으로 동양적인 윤리관 속에 발견되는 또 하나의 특색으로서, 형식의 존중과 예절의 숭상을 지적해 두고자 한다. 형식을 존중하고 예절을 숭상하는 것은 물론 동양만의 사실이 아니며, 같은 경향을 우리는 서양의 도덕관념 속에서도 발견한다. 그러나 그 정도에 있어서 동양이 한 걸음 앞서고 있다는 인상을 금치 못한다. 형식 또는 예절의 숭상은 인간관계를 상하의 질서로 보는 봉건사회의 계층적 질서를 확립함에 매우 효과적인 길이기 때문이다.

우리나라 사람들이나 중국인들에게 강하다고 알려진 '체면'의 관념도 형식 또는 예절의 숭상과 깊은 관련을 가졌다. 체면이란 결국 겉으로 나타나는 바에 의존하기 때문이다. 체면의 존중에도 여러 가지 좋은 면이 있을 수 있겠으나, 그것은 사람을 위선으로 이끌 염려가 있고, 때로는 우리에게 낭비를 강요한다는 폐단이 있다.

4.

이제까지 우리는 동양의 윤리관의 특색을 주로 살펴보았다. 그리고 서양의 윤리관에 대해서는 매우 간단히 언급했을 뿐이다. 만약 이것이 완벽을 요구하는 동서 비교론이라면, 우리는 마땅히 서양의 윤리관에 대해서도 적어도 같은 정도의 지면을 사용했어야 할 것이다. 그러나 이것은 형식적인 완벽성을 요구하는 논문이 아니며, 동양의 윤리관의 특색을 논하는 가운데 서양의 것은 일일이 말하지 않아도 전자와의 대조를 통하여 대략 짐작할 수 있음직한 까닭에, 여기서는 구태여 장황하게 논하지 않을 생각이다. 다만 지금까지 적은 것을 정리하는 뜻으로, 다음에 서양에 관하여 몇 마디만 보태 두기로 하자.

널리 주장되고 있듯이, 르네상스 이후의 서양의 사상계에 있어서 가장 큰 비중을 차지해 온 것은 자유와 평등을 이념으로 삼는 개인주의 및 과학의 발달과 공업화한 생산 기구 아래서의 경제생활을 배경으로 삼고 일어난 합리주의의 사고일 것이다. 이 개인주의와 합리주의는 밀접한 상호 관계를 갖고 서양의 근대 사조를 방향지어 왔던 것이며, 그것들은 동시에 근대 이래의 서양 윤리 사조의 주류를 결정지어 왔던 것이다. 여기에 이미 가족주의에 토대를 두고 정서적 사고의 전통 속에 자란 동양의 윤리와의 근본적인 대조를 보는 것이며, 그 밖에 여러 가지 대조도 저 근본적인 대조로부터의 파생으로서 이해할 수 있을 것이다.

자유와 평등을 이념으로 삼는 개인주의에 입각한 까닭에, 서양의 윤리는 인간의 관계를 상하의 질서로 보기보다는 평등의 질서로 보는 경향이 강하다. 따라서 권리를 갖는 사람과 의무를 갖는 사람이 따로따로 나누어지는 봉건 도덕의 경우와는 달리, 같은 사람이 권리와 의무를 동시에 갖는다는 관념이 비교적 현저하다. 일방적인 요구의 압력 아래서 이루어진 타율적 윤리의 특색도 찾아보기 힘들며, 자율을 도덕의 본질이라고 보는 견해가 압도적이다.

개인이 각각 고립해서 살 수 없다는 자각에 도달할 때, 개인주의는 국가와 같은 공동체의 중요성에 대한 강한 의식을 동반하게 된다. 서양의 개인주의 국가에서는 열광적인 애국심을 찾아보기가 비교적 어려운 동시에, 세련된 이기주의와 결합된 공동체 의식은 의외로 왕성함을 발견한다.

합리주의적 사고의 경향도 또한 여러 가지 파생적인 특색을 서양의 윤리관 안에 불어넣었다. 개인적 정실 관계를 넘어서는 보편성의 추구라든지, 형식보다도 실질을 중요시하는 실리주의의 경향은 합리주의에 뿌리를 둔 파생적인 특색의 예라 할 것이다.

5.

이제까지 우리는 동양의 윤리관에 있어서는 주로 그 단점을 들추고 서양의 윤리관에 있어서는 주로 그 장점을 찾아내는 데 힘을 기울인 듯한 뉘우침을 갖는다. 그러나 이것은 동양의 윤리관에는 볼 만한 것이 없고 서양의 그것은 모두 훌륭하다는 생각에 입각한 것은 아니다. 다만 우리는 동양인으로서 동양의 윤리관이 더 높은 경지로 발전하기를 갈망하는 처지에 있는 까닭에, 우리들 자신의 것을 비판함에 비교적 엄격했던 것이요, 우리가 타산지석(他山之石)으로 삼을 서양의 것을 살피는 마당에서는 주로 그 배울 만한 점을 골라보았을 뿐이다. 만약 우리가 동양적인 것 가운데서는 장점을 찾고 서양적인 것 가운데서는 단점을 들추어 내는 견지를 취한다면, 우리는 스스로 더 근본적인 문제에 접촉하게 될 것이다. 즉, 우리는 동양의 정서가 간직하는 아름다움과 서양의 이지(理智)에서 오는 폐단을 언급해야 할 것이다. 그러나 우리에게는 이 점을 깊이 다룰 겨를이 없다. 여기서는 다만 인간적인 가치의 가장 고귀한 것이 세련되고 풍부한 정서에 근원을 둔다는 사실과, 이지에 의존하는 개인주의가 한갓 이기주의로 전락할 때 인생이 얼마나 살벌하게 될 것인가를 상상해 보기를 권고하는 것으로 그치고자 한다.

동양의 윤리관과 서양의 그것을 비교하는 우리의 관심은 단순한 지적 호기심에 그치는 것이 아니다. 우리가 그러한 비교에 각별한 뜻이 있다고 생각하는 이유는 우리의 전통적인 윤리관에 어떤 개혁이 요구되고 있으며, 그 개혁을 위하여 서양의 윤리관이 타산지석의 구실을 하리라고 믿기 때문이다. 전통적 윤리관에 개혁이 요구된다고 생각하는 이유는 시대의 변동을 부인하지 못함에 있으며, 서양의 윤리관이 타산지석의 구실을 하리라고 믿는 이유는, 우리가 당면한 시대의 변동과 비슷한 변동을 이미 겪어 냄으로 말미암아, 오늘날 서양의 윤리관이 현재 우리가 아는 바와 같은 모습을 띠게 된 것이리라고 믿기 때문이다. 여기서 우리는 '근대화'의 개념에 부딪치고 있음을 깨닫는다.

현재 우리는 우리의 전통적 윤리관이 배경으로 삼았던 사회와는 크게 양상을 달리하는 사회 안에 살고 있다. 도덕이란 본래 사회생활을 위한 실천의 처방인 까닭에 사회의 양상이 바뀌는 새로운 시대는 그 시대에 적합한 새로운 윤리관의 확립을 요구한다. 시대에 적합하다 함은 시대가 실현해야 할 목표를 달성함에 적합하다는 뜻이거니와, 사람들은 우리가 당면한 공동의 과제를 '근대화'의 이름으로 흔히 부르는 것이다. 그리고 근대화의 전형적인 모델을 우리는 서구의 역사 속에서 발견하는 까닭에, 서구의 윤리 사상에 대한 깊은 관심을 금치 못하는 것이다.

식자들은 우리의 근대화가 단순한 서구화를 의미해서는 안 된다고 주장한다. 만약 그러한 주장이 당연한 것이라면, 서양의 윤리관의 분별 없는 모방이 현대의 동양의 후진국을 위한 새로운 윤리관이 될 수 없음도 명백한 일이다. 그러나 동양의 근대화가 단순한 서구화와 동일한 것일 수 없다 함은 이미 전자가 후자를 본받아야 할 점이 많다는 것을 자인하는 것이며, 따라서 동양의 윤리관이 그 혁신을 위하여 서양의 윤리관으로부터 배워야 할 점이 적지 아니함을 암암리에 인정하는 것이다. 그러면 서양의 윤리관으로부터 우리가 무엇을 배울 것인가? 역시 서양의 개인주의와 합리주의의 장점으로부터 배워야 할 바가 많음을 부인하지 못한다. 그러나 개인주의는 이기주의로 전락할 계기를 숨겼으며, 합리주의는 인간적 가치의 가장 고귀한 면을 손상할 위험을 내포하였다. 이에 우리는 개인을 초월하는 동양적인 공동 의식과, 냉담한 이지보다도 더욱 심오한 마음의 측면으로서의 동양적인 정서에 영원한 가치를 발견하는 것이다.

(1965년 9월)

5장 한국 교육의 병리(病理)

1.

1945년 이후에 있어서 한국의 발전한 모습을 크게 선전해야 할 위치에 놓인 사람들을 위하여, 학교교육에 관한 숫자적 통계는 매우 고마운 자료가 될 것이다. 우리나라의 학교와 학생 그리고 교육자의 수효를 해방 전과 비교할 때, 우리는 거의 천문학적인 차이를 발견한다. 그러나 나라의 사정을 충심으로 걱정하는 사람의 안목으로 본다면, 우리나라의 교육은 진실로 위험한 상태에서 몸부림치고 있다. 양적으로 기록한 눈부신 발전과는 반대로, 질적인 저하 가운데 안으로 깊이 병이 든 것이 이 나라 교육, 특히 학교교육의 실정인 것이다.

우리나라 교육의 병든 모습을 여기에서 노골적으로 묘사하는 것은 하나의 악취미 내지 자학에 지나지 않을 것이다. 그러나 서술에 있어서 논리의 간격이 생기지 않게 하기 위하여, 우리는 여기 그 빙산의 일각을 건드려 보기로 하자.

2.

한 어린이가 국민학교에 입학한 다음, 중고등학교를 거쳐서 대학을 나오는 과정을 조용히 머릿속에 그려 본다. 진실로 허무하고 죄 많은 과정이 아닐 수 없다. 도대체 무엇을 위하여 무엇을 그동안에 배우는 것일까? 국민학교에서 고등학교에 이르기까지는, 상급 학교의 입학시험을 위하여 자질구레한 지식의 부스러기를 암기하는 것을 배운다. 대학에 들어가면, 일부 학생들은 수박의 겉을 핥는 방법을 배우고, 일부 학생들은 취직 시험을 위하여 외국 말과 라디오의 퀴즈 열차를 타기에 알맞은 백과사전식 상식을 공부한다. 결국은 모두가 장래를 위한 준비의 과정이요, 16년 내지 18년의 기나긴 시간의 자기 목적성은 거의 인정되지 않고 있다. 그러나 그 '장래'에는 무엇이 기다리고 있는가? 생각하면 암담하기 짝이 없는 현실이 아닐 수 없다.

우리나라 교육법에 의하면, "교육은 홍익인간(弘益人間)의 이념 아래, 모든 국민으로 하여금 인격을 완성하고, 자주적 생활 능력과 공민으로서의 자질을 구유(具有)하게 하여, 민주국가 발전에 봉사하며, 인류공영(人類共榮)의 이상 실현에 기여하게 함을 목적으로" 삼는다. 그리고 이 목적을 달성하기 위하여 세워진 교육 방침으로서, 다음과 같은 조항들이 열거되고 있다.

(1) 신체의 건전한 발육과 유지에 필요한 지식과 습성을 기르며, 아울러 견인불발(堅忍不拔)의 기백을 가지게 한다.

(2) 애국 애족의 정신을 길러 국가의 자주독립을 유지 발전하게 하고 나아가 인류 평화 건설에 기여하게 한다.

(3) 민족의 고유문화를 계승 앙양하며, 세계 문화의 창조 발전에 공헌하게 한다.

(4) 진리 탐구의 정신과 과학적 사고력을 배양하여, 창의적 활동과 합리적 생활을 하게 한다.

(5) 자유를 사랑하고 책임을 존중하며, 신의와 협동과 애호의 정신으로 조화 있는 사회생활을 하게 한다.

(6) 심미적 정서를 함양하여 숭고한 예술을 감상 창작하고, 자연의 미(美)를 즐기며 여유의 시간을 유효히 사용하여, 화해명랑(和諧明朗)한 생활을 하게 한다.

(7) 근검노작(勤儉勞作)하고 무실역행(務實力行)하며, 유능한 생산자요 현명한 소비자가 되어 건전한 경제생활을 하게 한다.

여기 소개된 '교육의 목적'과 '교육 방침'에 관한 법조문을 전문가로 하여금 비판하게 한다면, 아마 하고 싶은 말이 많을 것이다. 그러나 지금 우리의 관심은 그 법조문이 잘되었나 잘못되었나를 가리는 데 있지 않다. 우리의 시선은 법조문으로 쏠리는 것이 아니라, 교육의 현실로 쏠리고 있다. 여기 그 법조문을 소개한 동기는 우리나라에도 이러한 법의 조문이 있다는 사실을 상기하는 동시에, 이 법조문에 담긴 교육의 이상과 우리가 실천하고 있는 교육의 현실 사이에 얼마나 엄청난 거리가 있는가를 반성하는 계기로 삼고자 함에 있었던 것이다.

3.

교육의 목적에 관한 우리나라의 기본법을 읽고, 우선 발견하는 가장 큰 특색은 거기 인간 교육이 누누이 강조되고 있다는 사실이다. 그리고 우리나라 교육의 현실을 직시하고 가장 뼈저리게 느끼는 인상은 거기 인간 교육이 철저하게 무시되고 있다는 그것이다. 법률은 법률대로 법률을 위해서 있고, 현실은 현실대로 냉혹한 법칙을 따라 있다는 인상이다.

법조문 위에 그토록 강조된 '인간 교육'이 실천의 마당에서는 거의 완전에 가깝도록 실패한 원인은 어디에 있을까? 한마디로 대답한다면 교육의 방법이 전혀 틀렸기 때문이다.

영어의 문장구조나 수학의 방정식을 푸는 일이라면 칠판과 분필과 입이 있으면 가르칠 수 있을 것이다. 그러나 인간 교육이라는 것은 결코 말이나 글로 가르칠 수 있는 것이 아니다. 우리는 주전자의 물을 병에 쏟아붓듯이 '덕(德)'을 남의 가슴속에 들어부을 수는 없다. 소크라테스는 덕을 '가르칠 수 있는 것'이라고 단정했으나, 소크라테스의 이 말은 '가르칠 수 있다'를 아주 넓은 뜻으로 이해할 경우에 있어서만 참이다. 덕은 직접적으로 가르칠 수 있는 지식이 아니라, 오직 간접적으로만 기를 수 있는 습성이다.

덕을 간접적으로 기른다 함은, 덕이란 어떤 환경을 통해서 점차적으로 길러지는 것이며, 교육자가 할 수 있는 일은 덕 그 자체를 넣어 주는 것이 아니라 덕이 길러질 수 있는 환경을 피교육자의 주위에 만들어 주는 일이라는 사실을 지적하는 말이다.

덕은 환경을 통하여 간접적으로 가르쳐진다고 말할 때, 그 '환경'이, '환경미화'라고 말할 때와 같이, 어떤 물리적 조건을 주로 가리키는 것처럼 오해하는 사람이 없기를 바란다. 인간 교육을 위한 원동력으로서의 환경에 있어서 가장 결정적인 요소를 이루는 것은 **인간**이다. 다시 말하면, 젊은 세대를 둘러싼 기성세대가 무엇을 생각하고 어떻게 행동하느냐에 따라서, 젊은이들의 사람됨이 결정적인 영향을 받는다. 특히 학교교육에 있어서 그 교육적 환경을 형성하는 가장 중요한 요인은 바로 교육자 자신들이며, 교육자들의 생각과 거동 하나하나가 피교육자들의 인격 위에 크게 반영된다.

상인들과 결탁하여 어린이들로 하여금 '수련장' 또는 그 밖의 물건을 억지로 사게 만드는 그러한 선생들 밑에서 좋은 인간 교육의 성과를 거두기는 거의 불가능한 일이다. 학부형에게 돈을 받고 부당한 청을 들어 주었다는 소문이 떠도는 교육자가 도덕 교과서를 펴 놓고 아무리 훌륭한 이야기를 한다 해도, 젊은이들 가슴에 깊은 감명을 주기는 힘들 것이다. 만약 교사들이 모여

앉아서 하는 이야기가 언제나 돈과 술과 여자에 관한 것뿐이라면, 그러한 이야기는 비록 학생들 귀에 들어가지 않는다 하더라도, 그들에게 적지 않은 영향을 미칠 것이다. 가난에 쪼들리는 어지러운 환경 속에서 연구 하나 제대로 못하는 대학교수가 학생들에게 열심히 공부하라고 충고한대도 별로 효과는 없을 것이다. 요컨대 도덕적 교육에 관한 한, 말은 소용이 없는 것이며, 오직 교육자 스스로의 실천만이 결정적인 의미를 갖는다.

그러나 학생들을 위한 교육적 환경을 구성하는 사람들은 학교의 선생들만이 아니다. 학교는 오늘날 결코 상아(象牙)의 탑이 아니며, 학교 밖에서 일이 나는 모든 사회현상은 곧장 젊은 세대의 마음속에 어떤 그림자를 남긴다. 국가의 대표를 뽑는 선거의 마당에 있어서 부정과 부패가 돌아다니면, 대학생들은 이를 규탄하고 고발한다. 그러나 그 규탄과 고발을 소리 높이 외친 학생들도 자기네끼리 학생회의 대표를 뽑는 마당에서는 역시 저 부정과 부패의 수법을 그대로 본받는다. 정치에 관심이 깊은 대학생들 가운데는 기성 정치인의 부패상에 환멸을 느끼고, 스스로 정치계에 발을 들여놓는 사람이 있다. 그러나 이른바 기성 정치인의 폭로에 의하면, 그러한 학생 정치가 후보생을 돈으로 매수하기는 매우 수월하다는 이야기다. 물론 반대의 경우도 있을 것이다. 기성의 부정과 부패를 철저히 미워하며, 결코 같은 물이 들지 않는 젊은이도 있다. 그러나 그러한 젊은이의 수효는 비교적 적을 뿐 아니라, 그들은 기성세대와 완전히 결별을 고한 사람들이며, 신구 두 세대의 간격을 좁히는 것이 교육이라는 견지에서 볼 때, 교육의 실패의 산물이 아닐 수 없다.

4.

마음의 자세의 잘못은 교육을 받는 젊은이 또는 그의 부모 쪽에도 있다. 본인으로 말하면 향학열, 그리고 부모로 말하면 교육열이 높다는 점에 있어서,

우리 한국은 세계에서 가장 앞선 나라의 하나일 것이다. 그러나 그들이 배우고자 하는 동기와 자녀를 가르치고자 하는 동기를 분석해 볼 때, 우리는 우리나라의 향학열 또는 교육열을 그리 높이 평가할 생각이 나지 않는다. 그리고 교육을 받는 동기가 무엇이냐에 따라서 그 교육의 내용이 크게 달라지는 까닭에, 피교육자 측의 교육의 동기가 높은 평가를 받지 못한다는 사실은 우리에게 심각한 문제가 아닐 수 없다.

우리나라에 있어서 학교교육에 열을 올리는 동기의 대부분은 치열한 생존경쟁에 있다. 생존경쟁에 있어서 낙오자가 되지 않기 위해서는 우선 배워야 한다는 것이다. 여기까지는 아무런 잘못이 없는 것으로 보인다. 생존경쟁에 있어서 낙오자가 되지 않겠다는 생각은 오직 당연할 뿐이며, 거기에 아무런 잘못도 없을 것이다. 그러나 생존경쟁에 있어서 낙오하지 않는 길이 무엇이냐는 문제를 생각하는 지점에서부터 우리의 판단은 빗나가기 시작했던 것이다.

우리나라에 있어서 "여하튼 학교교육은 받아야 한다."는 것은 하나의 통념이다. 그래서 경제적 무리를 무릅쓰고 자녀의 진학을 서두른다. 이토록 학교교육에 열중하는 이유는, 나라와 겨레를 위하여 초석이 될 일꾼을 길러 내기 위한 것이기보다는, 취직을 하고, 나아가서는 출세를 할 수 있는 자격을 따기 위해서다. (경우에 따라서는 취직보다도 '간판'을 위하여 진학에 힘쓰는 사람들도 있으나, '간판'이라는 허영도 결국은 일신(一身)과 일가(一家)의 영예라고 믿어지고 있는 점에 있어서 출세욕으로 연결된다.)

취직은 물론 중요한 일이고, 출세 또한 축하할 일이요 그 자체에 어떤 잘못이 있다고는 생각되지 않는다. 잘못은 취직 문제를 생각하는 그 태도에 있으며, 무엇을 '출세'라고 믿느냐에 관한 그 인생관에 있다.

우리나라에 있어서 취직 또는 실업(失業)의 문제가 심각한 이유는, 일자리의 절대수가 부족하다는 사실에 있다. 국가적인 견지에서 본다면, 그 부족한 일자리를 누가 차지하느냐가 문제가 아니라, 어떻게 하면 일자리를 많이 늘릴 수 있느냐가 문제다. 따라서 취직의 문제에 관하여 근본적으로 생각해야 할 것은 "어떻게 하면 실업자가 없는 나라를 만들 수 있을까?" 라는 문제이며, 교육의 당면한 목표도 '실업자가 없는 나라를 세우기에 필요한 일꾼'을 양성함에 있어야 할 것이다. 그리고 그러한 일꾼이 되는 것이 곧 좋은 의미의 '출세'로서 이해되어야 할 것이다. 그럼에도 불구하고, 우리는 지금 모자라는 취직 자리를 서로 차지하기에 혈안이 되고 있는 것이며, 남을 밀어제치고 경쟁의 자리를 차지하는 것을 '출세'라고 생각하고 있는 것이다. 그와 같이 하여 개인적으로 직장을 얻은 사람이 생기고, 또 그와 같은 의미로 '출세'한 사람이 아무리 생긴다 하더라도, 나라 전체의 문제는 조금도 해결되지 않는 것이며, 나라 전체의 문제가 해결되지 않는 까닭에, 개인적으로 취직이 되고 '출세'의 영광을 차지한 사람도 새로운 불안 속에 떨어야 하는 것이다.

문제를 국가적인 규모에서 해결해 보려는 넓은 시야를 잃고, 다만 자기 한 사람 또는 한 가정의 문제만을 해결하면 만사가 끝난다고 생각하는 좁은 소견, 바로 여기에 잘못이 있다. 이 좁은 소견은 우리로 하여금 인간관계를 대립과 경쟁의 관계로만 이해하게 하고, 그 협동과 단결의 측면을 망각하게 한다. 따라서 그러한 좁은 소견에 입각한 교육열과 교육의 실천을 통하여 길러지는 인간상은 오직 대립과 경쟁에 있어서 강할 뿐, 협동과 단결에 있어서는 전혀 소양이 없는 그것이다.

'대립과 경쟁에 있어서 강한 인간상'이라고 하였다. 그러나 그것도 나쁜 의미에 있어서이다. 대립과 경쟁의 상대를 널리 해외로 구하는 것이 아니라, 같은 나라 안에서 같은 겨레끼리 싸우는 데만 교활하고 잔인한 그러한 인간상이다. 이러한 군상(群像)은 외국인, 특히 '선진국'의 사람을 대할 때는 형편없이 비굴한 것이 보통이다. 제 나라, 제 겨레가 망하는 한이 있더라도, 저만 잘되면 그만이라는 생각에서, 무릎을 꿇고 코를 땅에 대는 것이다. 우리나라에 지금 이러한 군상이 적지 않다는 증거는, 말끝마다 '주체성'과 '자주성'이 튀어나오는 우리의 여론 바로 그 속에서도 발견된다.

우리의 현실은 옛날 소크라테스 시대의 그리스를 연상케 한다. 기원전 5세기, 그리스가 페르시아의 침공을 물리치고 승리를 거두었을 때, 수부(水夫)들 같은 하층계급의 공로가 컸으며, 이것을 계기로 그리스에 민주정치의 문이 열리기 시작하였다. 민주정치의 이름 아래, 누구나 본인만 똑똑하면 출세의 기회가 주어지게 되었으며, 사람들은 출세할 수 있는 능력을 기르기 위하여 배우기를 원했다. 그러나 그들이 배우기를 원한 동기는 개인적인 영달과 출세에 있었던 까닭에, 그들이 습득한 교육의 내용도 웅변술이나 수사학(修辭學) 따위의 지엽적 잔재주였다. 이때 직업적인 교사로서 등장한 것이 소피스트들이었으며, 소피스트들이 가르친 주요 목적은 제자로부터 사례금을 받는 데 있었다고 전해지고 있다.

우리나라에 있어서 8·15가 민주주의의 이름을 선물로 보냈으며, 이것을 계기로 속된 의미의 '출세'의 길이 우리 한국인에게 열렸다는 점에 있어서, 그리고 그 후에 높아진 교육열과 그 교육의 내용 등을 음미할 때, 우리는 역사 위에는 비슷한 현상이 종종 되풀이된다는 사실을 다시금 느끼는 것이다.

대부분의 학교가 학생들이 내는 납부금만으로 운영되고 있다는 사실도, 돈벌이를 위해서 가르친 옛날의 소피스트를 연상케 한다. 육영사업(育英事業)이란 본래 돈을 들여 가면서 하는 것이 원칙임에도 불구하고, 우리나라의 사립학교 재단들은 학생들의 납부금의 덕택으로 점점 재산을 증가시키는 경향을 보이고 있다. 명목상으로는 재단법인을 구성하고 있다고 하지만, 사실상은 사유재산이나 다름없는 성질을 가진 여러 사학(私學)에서는, 훌륭한 인재를 길러 내는 일보다도 돈을 거두어들이는 일에 훨씬 많은 노력을 기울이고 있다.

운영의 불합리를 사학에 관해서만 지적하는 것은 공정한 처사가 아닐 것이다. 국공립학교의 경우에 있어서도 근본은 다를 것이 없을 뿐 아니라, 어떤 면으로 보면 사립학교보다도 더욱 불합리한 운영을 하고 있다고 말하는 것이 옳을지도 모른다. 그렇게 생각하는 이유를 장황하게 설명하는 대신, 오직 한 가지 사실만을 지적해 두기로 하자. — 한국에서 가장 우수한 대학이라고 인정되고 있는 서울대학교가 만여 명의 학생을 가지게 된 오늘날, 아직도 일제 식민지 교육 시에 4백 명의 학생을 위하여 마련한 도서관으로 만족하고 있다는 사실만을 지적해 두기로 하자.

5.

지난 일을 반성해 보는 것은, 그것을 앞날의 개선을 위한 도움으로 삼을 경우에만 의의가 있다. 우리가 우리 스스로의 치부를 들추어 본 것도, 더 나은 내일을 염원하는 심정에서 유래한 것이었다. 과거의 어디가 잘못되었나를 밝혀 보는 가운데에 바로, 장차 어떻게 해야 할 것이냐에 관한 암시가 포함되어 있다고 믿는 까닭에, 우리는 이제까지 우리 교육의 병리(病理)를 거칠게나마 훑어보았던 것이다. 그러면 끝으로, 이제까지 우리가 훑어본 것 가운데 포함된 미래를 위한 암시를 대략 정리해 보기로 하자.

첫째로, 우리는 교육의 목적에 관한 분명한 이념을 가지고 있어야 할 것이다. 그 이념은 교육을 받는 사람의 개인적인 성장과, 국가와 사회의 전체적인 번영을 아울러 성취시킬 수 있는 방향으로 세워져야 할 것이다. 그리고 그렇게 세워진 이념은 단순히 법령집 안에서 잠을 자도록 모셔만 둘 것이 아니라, 교육에 관계하는 모든 사람들이 항상 머릿속에 갖도록 상식화해야 할 것이다.

둘째로, 인간 교육은 환경을 통하여 간접적으로 이루어진다는 사실을 명심하고, 젊은 세대에게 밝고 바른 환경을 만들어 주도록 노력해야 할 것이다. 좀 더 구체적으로 말하면, 정부는 사회 특히 공무원의 부정과 부패를 도려내기에 한층 더 과감해야 할 것이며, 모든 교육자는 스승으로서의 존경을 받을 수 있는 실천 생활을 가져야 할 것이다. 교육자가 스승으로서의 올바른 자세를 가질 수 있기 위해서는, 첫째로 생활이 안정되어 있어야 하며, 둘째로 항상 공부할 수 있는 시간을 가져야 한다. 따라서 정부 당국과 사학 재단은 교육자를 우대함으로써 그가 아무런 잡념도 가질 필요가 없도록 해야 할 것이다. 그러나 우리나라 경제의 전반적인 실정이 너무나 불리한 까닭에, 모든 교육자에게 만족스러운 대우를 베푼다는 것은 사실상 어려울 것이다. 이 점은 교육자 측에서 깊이 고려해야 할 문제이며, 교육자인 까닭에 참고 견디어야 할 고충에 대한 각오도 이에 새로워야 할 것이다. 하지만 모든 교육자에게 성현(聖賢)이나 군자(君子)가 되기를 요구하는 것도 역시 비현실적이다. 교육자가 참고 견디는 데도 한도가 있을 것이다. 군인이나 국영기업체의 직원에 비하여 현저하게 박한 대접을 하고서, "교육자인 까닭에 참아야 한다."고 주장하는 따위의 논법은 현대에 있어서 어떠한 바보에게도 통하지 않을 것이다.

셋째로, 교육을 받는 자, 또는 그의 부모의 향학열 내지 교육열이 올바른 방향을 잡아야 할 것이다. 즉 교육을 받고자 하는 동기가 이기적인 출세욕의 단계를 벗어나야 할 것이다. 균형이 잡힌 인격으로 성장시킴으로써, 국가와 사회의 번영을 위한 훌륭한 일꾼을 만들고자 하는 국가적인 교육 목적에, 학부형과 학생들 자신이 깊은 이해를 가지고 동조해야 할 것이다. 그러나 이것은 결코 전체를 위하여 개인을 희생시켜야 한다는 정신이 학부형과 학생들에게 보급되어야 한다는 뜻이 아니다. 우리는 전체의 번영 속에서 개인의 행복을 찾으려는 원대한 안목이 필요하다는 사실을 강조하고 있을 뿐이다. 자기 한 개인, 한 가정의 문제만을 조급하게 해결하고자 하는 좁은 경쟁심을 지양하고, 나라 전체의 문제를 해결함으로써 자기의 문제도 그 안에서 해결되도록 꾀하는 넓은 시야가 요구되고 있다는 사실을 지적하고 있을 뿐이다.

그러나 세상 사람들이 모두 자기만의 이익을 추구하고 있는 살벌한 마당에서, 어떤 개인이 홀로 전체의 걱정에 골몰한다 하여도 별로 소용이 없을 것이며, 도리어 그 뜻있는 개인 한 사람이 희생하는 결과를 가져올 것이다. 따라서 나라 전체를 근심하는 성실한 정신이 고립하지 않도록, 어떤 분위기가 조성되는 일이 극히 중요하다. 이것을 위해서는 정부와 식자층의 강하고 슬기로운 지도력이 발휘되어야 할 것이다. 악화(惡貨)가 양화(良貨)를 제거하는 악순환이 일어나지 않도록 훌륭한 지도력이 발휘되지 않는 한, 사람들은 우선 자기 한 사람만을 생각하는 옹졸한 습성을 버릴 수 없을 것이다.

넷째로, 집권 당국이 교육 문제에 관하여 특별히 깊은 이해와 성의를 표시해야 할 것이며, 사립학교의 경영자들도 '육영사업' 본연의 자세로 돌아가야 할 것이다. 이것은 가장 중요한 일이다. 왜냐하면, 새로운 교육의 풍토는 여기서부터 시작되어야 할 것이기 때문이다. 썩은 정신의 소유자들이 교육의 중요한 자리로부터 물러나지 않는 한, 교육의 전면적인 혁신은 기대할 수 없을 것이다.

(1966년 2월)

6장 교육 개혁의 기본 문제

학교교육이 대표하는 유의적(有意的) 교육은 그 목표와 방법에 관한 확고한 신념의 토대 위에서 실시되어야 한다. 목표와 방법에 관한 확고한 신념이 있느냐 없느냐를 묻는 것은, 교육에 관한 법령집에 '교육의 목적'이나 '교육 시행의 방침'을 논한 조항이 있느냐 없느냐를 묻는 것이 아니라, 교육에 종사하는 교사들과 교육을 감독하는 문교 당국자 및 교육의 뒤를 미는 학부형들에게 교육의 이념과 방법에 관한 신념이 있느냐 없느냐를 묻는 것이다. 그리고 여기서 '신념'이라 함은 단순히 '책에서 배운 지식'을 가리키는 것이 아니라, 그것을 실천에 옮길 의지와 정열을 포함하는 생명 있는 지혜를 일컫는다.

8·15 이후 20년 동안의 한국 교육의 가장 큰 맹점은 교육의 목표와 방법에 관한 뚜렷한 원칙이 실천적으로 작용하지 못했다는 사실에 있다. 교육에 관한 법령집 속에 추상적인 문구가 나열되어 있기는 하나 학교교육의 실제를 움직이는 지도력을 발휘하지는 못했다.

중요한 교육의 과정이 대체로 막연한 관념과 낡은 타성, 그리고 본능적인 모방에 의해서 결정되었다. 학교에는 보내야 한다는 막연한 고정관념을 따라서 시험을 보고 입학을 한다. 그러나 학교에 가서 어떠한 사람으로 성장해야 할 것이냐에 대해서는 깊은 생각이 없다. 그저 '상급 학교에 입학할 수 있는 사람' 또는 '취직 시험에 합격할 수 있는 사람' 정도의 이기적이요 막연한 생각은 있을지 모르나, 시대의 방향을 고려한 인간의 사명을 염두에 두고 교육 문제를 결정하는 사람은 거의 없다. 또 설령 부모나 학생들 가운데 그러한 심려에 의하여 자녀나 본인이 교육 문제를 결정하고자 원하는 사람이 있다 하더라도 소용이 없다. 왜냐하면, 시대의 요청이나 인간의 사명을 깊이 고려하고 참된 인간 교육을 실시해 주는 학교는 국내 어느 곳에도 없기 때문이다.

교사들도 교육의 근본에 대한 확고한 신념이 없기는 마찬가지다. 처음부터 교육이라는 것에 대한 깊은 이해가 있어서 교육자가 된 것이 본래 아니다. 대개는 개인적 생계를 위하여 취직의 길을 모색하는 가운데 우연히 그러한 직업을 갖게 된 것뿐이다. "이것저것 다 안 되면 선생 노릇이나 해먹지 뭐." 이러한 정도의 생각을 가진 사람들이 학교 선생의 자리를 차지하는 실정이니 교육이 제대로 될 리가 없다. 그저 일제시대의 낡은 수법을 따라서, 또는 미국 사람들이 그렇게 한다는 소문을 따라서, 혹은 상급 학교의 입학 문제의 경향에 맞추어서, 우리는 현실 생활과는 별로 관계도 없는 지식의 부스러기를 주입식으로 전달하는 것이 일반적인 풍조다. 설령 뜻있는 교사가 있어서 정말 교육다운 교육을 해보려고 애쓴다 하더라도 큰 성과를 올리지는 못할 것이다. 학교 운영에 대한 결정권을 가진 권력자들의 용단이 없는 한, 그리고 입시 준비에 혈안이 되는 따위의 사회 풍조에 큰 변화가 없는 한, 한두 사람의 교사의 힘으로 교육의 근본을 바로잡을 수는 없을 것이기 때문이다.

결국 우리의 비판은 교육 문제에 대한 결정권을 가진 위정자와 문교 당국 그리고 사립 재단의 이사회 및 그 밖의 교육정책의 담당자들에게로 돌아간다. 역대 정권 가운데 교육의 중대성에 대한 깊은 이해를 실천으로써 증명해 준 예는 거의 없다. 혹은 경찰을 통한 치안에 중점을 두기도 하고, 혹은 군부

(軍部)에 치중하여 국방 문제에 심혈을 기울이기도 하고, 또는 생산과 수출 등 경제 문제에 열을 올린 정부는 있었으나, 문교정책에 응분의 힘을 기울인 정부는 아직 없었다. 현재의 의무교육의 비정상적인 실정과 국립대학교의 부실한 교육 내용은 이 점을 여실히 증명해 준다. 그리고 여기서 우리는 문교정책에 있어서 조령모개(朝令暮改)가 끊일 사이 없었다는 사실을 한 가지 더 지적하여도 좋을 것이다.

사정은 사립학원의 경우에도 크게 다를 바가 없다. 도대체 교육의 근본을 모르는 사람들이 학교의 설립자가 되고 재단의 이사가 되었다. 간혹 교육에 대한 열의를 가진 사람이 학교를 설립한 경우가 있다 하더라도, 그는 교육의 이념에 대해서는 주먹구구식의 상식 이상의 것을 아는 바 없었다. 설립자나 재단 이사는 본래 교육의 전문가는 아닌 것이 보통이다. 그렇다면, 교육의 실천 방침은 전문적 교육자에게 맡겼어야 옳았을 것이다. 그러나 아무도 '실권'을 남에게 넘겨 주려고는 하지 않았다. 학원을 영리 기관으로 잘못 알고, 또는 명예욕 충족 기관으로 착각하는 '명사'들이 많았던 것이다.

한국 교육 20년의 실패의 책임을 일부 위정자와 교육자에게 돌리고 흥분된 감정으로 그들을 비난하기에 앞서서 조용히 생각해야 할 일이 있다. 그것은 현대의 우리들의 사회 현실이 너무나 비교육적이라는 사실이다. 우리들이 맞이한 역사적 단계가 올바른 교육을 허락하기에는 너무나 불리한 조건들에 의하여 지배되어 왔다는 사실을 직시해야 한다. 사회생활 전반에 걸친 근본적 개혁을 동반함이 없이 교육만을 올바른 궤도에 올린다는 것은, 실제에 있어서 불가능에 가깝다는 사실을 깊이 고려해야 한다.

배우고 가르치는 교육의 활동도 황금만능의 생존경쟁에서의 승리를 위한 준비 과정이 된다. 금전상으로 유리한 취직이 보장되는 '좋은' 대학의 '좋은' 학과에 입학하는 것이 고등학교까지의 교육의 궁극목적이요, 대학 교육의 목표는 취직 시험에서 합격함에 있다. 결국 모든 교육의 과정이 물질의 획득을 위한 수단으로 전락한다. 이러한 풍조 속에서 어찌 참된 교육이 이루어지기를 바랄 수 있으랴.

교육이란 본래 무엇을 위한 수단이 아니라, 그 자체가 인생의 중요한 부분이었다. 교육이란 본래 물질적이기보다는 정신적인 성질의 것이었다. 교육은 인간적 성장을 위한 과정이었다. 그리고 '인간적 성장'보다 더욱 귀중한 것이 인생에서 있을 수 없다는 것은 동서고금의 상식이다. 그러나 우리의 교육은 이 본질적인 상식을 멀리 배반한 것이다.

물질의 획득을 위한 수단이라는 점에 있어서는 교사의 가르치는 활동도 마찬가지다. 보통 사람에게 있어서는 생존을 계속하는 일이 '신성한 사도(師道)'보다도 절실한 문제다. 국가에서 생활을 보장해 주지 못하면, 자기 스스로의 힘으로 그것을 보장해야 한다. '과외 지도'는 잡수입을 올리는 방법 가운데서 비교적 떳떳한 편에 속한다. 그 길도 열리지 않는 교사는 부교재를 팔아 주고 구전이라도 받아야 한다. 경우에 따라서는 보결생의 편입을 알선해 주고 '사례'를 받을 필요가 있을지도 모른다.

위정자들도 사실은 그동안 교육 문제에 큰 힘을 기울일 처지가 못 되었다. 위정자가 사는 길은 정권을 계속 장악하는 것을 필수의 조건으로 삼고 열린다. 따라서 우선 정권을 고수하는 방법에 전력을 기울여야 한다. 그런데 정권을 유지하는 정책들 가운데 학교교육에 관한 것은 그리 중요한 비중을 차지하고 들어갈 수가 없다. 정권의 연장과 가장 관계가 깊은 총선거는 4년에 한 번씩 실시하기 마련인 데 비하여, 학교교육에 성의를 기울임으로써 눈에 보이는 성과를 거두기에는 너무나 오랜 세월이 걸리기 때문이다. 단적으로 말해서, 학교교육에 힘을 기울임으로써 다음 선거에 대비한다는 것은 계산에 밝은 정객으로서는 생각하기 어려운 일이다. 결국 문교 정책은 일시적인 인기를 끌기에 적합한 것을 제외하고는 언제나 뒤로 — 영원한 미래로 — 미루어지기 마련이다.

학교교육이 매우 중요하다는 것을 모르는 사람은 없다. 또 현재의 우리나라 학교교육을 이 모양대로 내버려 두어도 좋다고 믿는 사람도 적을 것이다. 그럼에도 불구하고 근본적인 대책을 세우지 못하고 있는 것은, 첫째로는 우리가 지금 금전만능의 세태 속에서 가혹한 생존경쟁을 강요당하고 있기 때문이다.

"그러면 앞으로 어떻게 해야 옳은가?"라는 물음에 대답하는 것은 지금까지의 잘못이 어디에 있는가를 지적하기보다 훨씬 어렵다. 우리나라의 교육의 장래를 위하여 쓸 만한 처방을 낸다는 것은 아무도 감히 즉흥적으로 시도할 수 있는 일이 아니다. 그러나 이 글의 성질로 보아서 그 문제에 대하여 전혀 언급하지 않는 것도 적절한 처사가 아닌 까닭에, 끝으로 몇 가지 상식적인 제안을 꾀해 보기로 한다.

앞에서 말한 바와 같이, 오늘날 한국 교육의 실패의 가장 깊은 원인이 금전만능과 생존경쟁을 특색으로 하는 우리 세태 자체에 있다는 것이 사실이라면, 우리의 교육을 근본적으로 시정하는 길은 우리의 세태를 근본적으로 고치는 그것밖에 없다는 결론이 나올 것이다. 이러한 고찰은 우리를 일종의 순환론으로 몰아넣는다. 교육을 바로잡기 위해서는 세태를 바로잡아야 하고, 세태를 바로잡기 위해서는 우선 교육부터 제대로 되어야 할 것 같기 때문이다. 그러나 학교교육의 시정을 통하여 사회 전체를 근본적으로 개조한다는 것은 사실상 하나의 공론(空論)에 가깝다. 역사에 대한 냉철한 관찰은 사회의 전반적인 개조의 일환으로서 학교교육의 개선이 시도되어야 한다는 것을 일러 준다. 다만, 사회 전체의 개혁을 위정자나 그 밖의 일부의 인사들에게만 기대할 수 없는 일이며, 또 그것이 우연히 이루어지기를 바랄 수는 더욱 없는 일이다. 교사와 부모와 그리고 학생들까지도 모두 힘을 합하여 새로운 사회질서를 확립하도록 최선을 다해야 한다. 이 일은 우선 자기의 마음가짐을 새로이 함으로부터 시작해야 할 것이니 일종의 자기교육이기도 하다.

사회 전체의 개혁 없이 교육의 개혁이 충분히 이루어질 수는 없다. 그러나 교육계 자체로서도 우선 부분적으로나마 고칠 수 있는 점을 고치기 위하여 어떤 구체적인 움직임이 있어야 할 것이다. 다음은, 교육계 자체로서 당장 시작해야 하며 또 시작할 수 있는 몇 가지 방안을 간단히 생각해 보기로 하자.

첫째로, 우리는 교육의 목표와 방법에 관한 분명한 이념을 모색해야 할 것이다. 그 이념은 개인의 성장과 사회 전체의 번영을 아울러 성취시킬 수 있는 방향으로 세워져야 한다고 믿는다. 그리고 그렇게 세워진 이념은 단순히 법령집 안에서 낮잠을 자도록 모셔 둘 것이 아니라 교육에 관계하는 모든 사람들이 항상 머릿속에 갖도록 상식화해야 할 것이다.

둘째로, 자연과학 편중의 문교정책이 시정되어야 할 것이다. 오늘날 자연과학을 존중하는 첫째 이유는, 그것이 공업 기술과 생산력의 향상을 약속하기 때문이다. 그리고 공업 기술과 생산력의 중대성에 대하여는 아무런 설명도 필요하지 않다. 그러나 그 기술과 생산력을 어떠한 목적에 사용할 것이냐는 물음에 올바로 대답할 수 있는 지혜는, 저 기술과 생산력보다도 더욱 귀중하다.

셋째로, 인간 교육은 환경을 통하여 간접적으로 이루어진다는 사실을 명심하고, 젊은 세대에게 밝고 바른 환경을 만들어 주도록 노력해야 할 것이다. 무엇보다도 정부는 사회 특히 공무원의 부정과 부패를 도려내기에 한층 더 과감해야 할 것이며 모든 교육자는 스승으로서의 존경을 받을 수 있는 실천 생활을 가져야 할 것이다.

넷째로, 교육자가 스승으로서의 올바른 자세를 가질 수 있기 위해서는, 우선 생활이 안정되어야 하며, 다음에 공부할 수 있는 시간을 가져야 한다는 점을 고려하여, 교사에 대한 처우 개선이 조속히 실현되어야 할 것이다. 동시에 교사의 질을 향상시키기 위한 각별한 시책이 강구되어야 할 것이다.

다섯째로, 교육을 받는 자 또는 그의 부모의 향학열 내지 교육열이 올바른 방향을 잡아야 할 것이다. 다시 말하면 교육을 받고자 하는 동기가 이기적인 경쟁에서의 승리를 목적으로 삼는 단계를 넘어서야 한다. 개인의 성장과 사회의 번영을 함께 실현하기에 적합한 균형이 잡힌 인격이 된다는 좀 더 차원 높은 목표에 충실해야 할 것이다.

여섯째로, 집권 당국이 교육 문제에 관하여 각별히 깊은 이해와 성의를 표시해야 할 것이며, 사립학교의 경영자들도 '육영사업' 본연의 자세로 돌아가야 할 것이냐. 이것은 매우 중요한 일이다. 왜냐하면 새로운 교육의 풍토는 여기서부터 시작되어야 할 것이기 때문이다. 낡고 어두운 정신의 소유자들이 교육의 중요한 자리로부터 물러나지 않는 한, 교육의 전면적인 혁신은 기대할 수 없을 것이기 때문이다.

(1966년 8월)

3부
새 윤리의 이론적 기초

1장 현대 윤리학의 동향
2장 윤리와 가치 의식
3장 가치의 본질관(本質觀)과 그 실천적 함의
4장 자유의 윤리

1장 현대 윤리학의 동향

1. 머리말

이 글은 '전후(戰後) 20년의 학문과 예술'이라는 커다란 주제의 한 부분을 담당하고 쓰인 것이다. 그러나 필자는 여기서 '전후 20년'에만 관심을 국한하지 않고, 좀 더 이른 현대에까지 시선을 거슬러 올라갈 생각이다. 그럴 만한 이유가 있기 때문이다.

현대는 윤리학에도 커다란 전환을 가져왔다. 그러나 그 전환의 시점은 제2차 세계대전의 종말의 시기와 일치하기보다는 더 앞선 20세기의 초엽에 자리잡은 것으로 보인다. 학문과 예술의 모든 분야가 사회상(社會相)의 역사적 변동을 반영한다는 상식을 무시할 생각은 없으며, 제2차 세계대전 같은 거창한 사건을 계기로 윤리학에도 어떤 변화가 생겼으리라는 추측이 어긋났다고 주장하려는 것은 아니다. 다만 필자는 제2차 세계대전보다도 더욱 대규모의 선풍(旋風)이 현대를 휘몰아치고 있다는 사실에 주의를 환기시키고자 할 따름이다. 두 차례의 세계대전도 사실은 더 크고 더 무시무시한 선풍의 부분적인 매듭에 지나지 않았다. 따라서 우리는 윤리학같이 인생의 전면에 관계하는 학문의 동향(動向)을, 한갓 부분적 현상에 불과한 전쟁과 일시적 평화의 굴곡을 따라 더듬을 것이 아니라, 그 전쟁과 협상의 바닥을 흐르는 더 근본적인 물결의 움직임을 따라 더듬어야 할 것으로 믿는 까닭에, 구태여 '전후 20년'에 구애하지 않고 좀 더 넓은 관점을 추구하겠다는 것이다.

일반이 생각하고 있듯이 윤리학은 철학의 한 부분이다. 그리고 철학의 사조는 비교적 완만한 변천의 과정을 밟는 경향을 가졌다. 본래 비판적 정신의 산물인 윤리학 내지 철학 일반은 낡은 것에 대해서만 비판적일 뿐 아니라 새로운 것에 대하여도 비판적이다. 따라서 그것은 역사적인 사건의 기복이 있을 때마다 앞을 다투어 변모하기보다는 오직 커다란 흐름을 따라서 서서히 그 길을 더듬는다. 전후 20년. 우리는 윤리학에 있어서도 이 기간에 변천이 있었음을 찾아볼 수 있을 것이다. 그러나 그것은 그보다 앞서 이미 시작되었던 근본적인 변천의 연장으로서 이해되어야 할 것이다.

또 한 가지 필자가 고려에 넣고 있는 것은 '윤리학'이라는 학문이 우리나라에 있어서 별로 널리 알려지지 않은 분야라는 사실이다. 우리나라에서는 제2차 세계대전 이전의 윤리학도 아직 일부 전문가에게밖에 소개되지 못하고 있다. 이러한 실정하에서는 좀 더 문맥을 길게 잡는 것이 좋으리라는 판단에 독자들도 동의해 줄 것으로 믿는다.

앞으로 필자는, 20세기 초 이래의 윤리학의 동향을 거시적으로 살펴봄으로써, 현대 윤리학의 과제가 무엇인가를 암시하고자 한다. 그러는 동안에도 필자는 항상 우리 한국을 염두에 둘 것이다. 윤리학 내지 철학 일반에 대한 관심은 결국 우리 자신으로부터 출발하여 다시 우리에게로 돌아오기 마련이기 때문이다.

물론 동서(東西) 모든 나라들의 윤리 사상을 빼놓지 않고 다 논할 계획은 아니며, 현대 윤리학의 모든 문제를 골고루 언급할 생각도 아니다. 첫째로, 그만한 능력이 필자에게는 준비되어 있지 않다. 필자는 다만 자신의 능력과 자신의 관심의 경중(輕重)을 따라서 이야기의 내용을 선택할 것이다.

특히 필자가 애로를 느끼는 것은 동유럽 나라들의 윤리 사상에 관해서이다. 그 방면의 서적을 얻어 볼 길이 없기 때문이다. 그러나 전혀 도외시할 수 없는 이 방면을 필자는 상식적인 범위 안에서 간단히 다루어 넘기고자 한다.

2. 현대가 윤리학에 제기한 새로운 문제들

20세기에 들어서면서 윤리학은 매우 어려운 문제들이 도전을 받았다. 이 새로운 문제들은 옛날부터의 선학(先學)들이 풀지 못한 채 일종의 유산으로서 현대의 윤리학에 물려준 숙제들보다도 더욱 근본적이고 더욱 심각한 것들을 포함하고 있었다. 그 문제들의 어떤 것은 순전히 논리적인 이론에 관계하는 것이었고, 다른 어떤 것은 직접 실천과 연결되는 현실의 문제였다. 그 이론적인 문제들과 실천적인 문제들 사이에는 횡적(橫的)인 연결이 있었으니, 그것은 그 이론의 문제들과 이 실천의 문제들이 공통된 역사의 배경을 가지고 제기되었기 때문일 것이다.

현대 윤리학에 도전해 온 이론적인 문제들 가운데서 가장 기본적이요 가장 심각한 것은 '윤리학'이라는 학문의 존폐에 관한 문제다. 일찍이 아리스토텔레스(Aristoteles)는 윤리학이라는 학문의 특수성에 주목하고, 윤리학이 수학이나 물리학같이 엄밀한 논증을 꾀할 수는 없다고 지적한 바 있었다. 그러나 윤리학이라는 학문의 성립을 의심하지는 않았으며, 그 뒤의 학자들도 대개는 윤리학이 엄연한 학으로서 성립할 수 있음을 자명한 사실로서 인정해왔다. 스피노자(B. Spinoza) 같은 철학자는 윤리학을 기상학적 방법으로 체계를 세울 수 있다고 믿었으며, 로크(J. Locke) 같은 사상가는 윤리학은 자연과학보다도 훨씬 더 정확성을 기할 수 있는 학문이라고 믿었다. 18세기 이후에 이르러 윤리학의 엄밀성에 대하여 부분적인 의심을 표명한 학자가 전혀 없었던 것은 아니나, 그러나 그들은 곧 자기들의 회의를 스스로 부정하는 '온건한' 사상가들이었다.

그러나 20세기에 들어서면서 윤리학은 그 성립의 근거를 묻는 집요한 도전에 정면에서 대답해야 할 막다른 사태에 부딪친다. "윤리학이 과연 학(science)으로서 성립할 수 있는가?"라는 물음이 부정적인 대답을 기대하면서 줄기차게 제기되었기 때문이다. 이 물음이 왜 그토록 심각하게 제기되었는지에 관하여는 뒤에 언급할 생각이거니와, 이 물음 및 이 물음에서 파생된 다른 순전히 이론적인 문제에 몰두하느라고 윤리학의 본령(本領)이던 실천적인 문제에는 한 걸음도 내딛지 못한 학자들이 수없이 나타나게 되었다는 사실만으로도, 이 물음의 성질의 일단(一端)을 짐작하기에 족할 것이다.

현대 윤리학에 도전해 온 실천적인 문제들 가운데서 가장 기본적이요 가장 심각한 것은, 필자가 보기에는, 아마 사회제도에 관한 그것인 것 같다. "어떠한 경제 제도, 어떠한 정치제도가 가장 올바른 것인가?"

옛날 그리스의 철학자들은 윤리학과 정치학이 불가분의 관계에 있음을 보았다. 플라톤(Platon)은 그리스에 있어서 가장 중요한 덕목이었던 공정(公正)의 문제를 그의 『국가론』 속에서 다루었고, 아리스토텔레스는 윤리학을 정치학의 한 분과라고 하였음은 주지의 사실이다. 유교의 경우에 있어서도 공자(孔子)나 맹자(孟子) 같은 고대의 사상가들은 정치에 관한 도덕을 자주 논의하였다. 그러던 것이 근대에 들어서면서 동서의 윤리학은 오로지 개인의 수신(修身)을 연구하는 학문으로 바뀌었고, 이러한 전통이 상당히 오래 계속된 관계로, 지금도 항간에서는 윤리학이라면 개인적 처신(處身)의 학으로만 이해하는 사람들이 적지 않다. 아마 근세 이래의 개인주의의 발달과 자유방임주의의 경제 제도가 윤리학 위에 그대로 반영된 결과일 것이다.

그런데 현대에 이르러 윤리학은 또다시 사회문제 속으로 끌려들어 가지 않으면 안 되게 되었다. 윤리학이란 본래 인간의 당위(當爲)를 묻는 학문이거니와, 현대의 윤리학은 개인으로서의 인간이 가져야 할 모습을 묻기에 앞서서, 인간의 구체적 존재 양식으로서의 사회가 가져야 할 모습을 물어야 하게 되었다. 그리고 윤리학이 오늘날 또다시 사회적 존재로서의 인간의 본연의 모습을 묻지 않을 수 없게 된 것은, 물론 근세적인 개인주의에 입각한 사회제도가 새로운 시대의 요청 앞에 스스로 반성해야 할 처지에 몰렸기 때문일 것이다.

"윤리학이 정말 학(學)으로서 성립할 수 있는가?"라는 이론적인 물음과 "어떠한 경제 제도 및 어떠한 정치제도가 가장 올바른 사회를 만드는가?"라는 실천적인 물음은 현대의 윤리학을 종래의 그것과는 상당히 다른 모습으로 이끌어 가기에 충분한 성질의 것이다. 따라서 필자는 이 두 물음을 중심으로 삼고 앞으로 현대 윤리학의 동향을 살피고자 하거니와, 이는 물론 위의 두 물음만이 현대 윤리학의 문제의 전부라는 뜻은 아니다. 그러면 저 이론적인 문제를 둘러싼 현대 윤리학의 동향으로부터 시작하기로 하자.

3. 절대 도덕의 흔들림과 메타 윤리학의 성립

"윤리학이 진정한 의미의 학이 될 수 있는가?"라는 물음, 즉 윤리학의 회의론이 현대에 이르러 심각하게 제기된 사유는 무엇일까?

윤리학에 대한 회의가 옛날에도 전혀 없었던 것은 아니다. 그 싹을 우리는 이미 고대 그리스의 소피스트들의 사상 속에서 찾아볼 수 있으며, 근세에 와서도 홉스(T. Hobbes), 흄(D. Hume), 다윈(C. Darwin), 콩트(A. Comte) 같은 사람들의 학설 가운데는 윤리학적 회의론으로 발전할 수 있는 요소가 적잖이 포함되어 있다. 그러나 윤리학적 회의론이 현대에 있어서와 같이 심각한 사회상의 배경과 뚜렷한 이론의 뒷받침을 가지고 일어난 적은 과거 어느 시대에도 없었다. 그러면 과거 어느 때보다도 뚜렷한 모습으로 나타난 현대의 윤리학적 회의론의 사회적 배경과 이론적 기초란 어떠한 것일까?

필자는 다른 곳에서 현대의 윤리학적 회의론과 인간을 대상으로 삼는 여러 과학, 특히 심리학 및 사회학과의 밀접한 관계에 대해 언급한 바 있다. 현대 심리학의 두 가지 큰 조류인 행동주의 심리학과 정신분석학이 모두 도덕의 절대성을 위하여 불리한 학설을 내세웠으며, 현대에 이르러 눈부시게 발달한 사회학의 업적도 확고부동한 윤리학의 수립을 위하여 유리한 조건이 아니었음을 지적하였다. 그리고 또 논리적 실증주의 및 일상언어학파의 철학 같은 새로운 경향의 분석철학도 윤리학적 회의론을 조장했음을 설명한 바 있다.[1] 이에 중복을 피하기 위하여 여기서는 현실 사회의 변천과 불안정이 윤리학적 회의론에 미친 영향만을 살펴보기로 한다.

도덕률이라는 것은 사회생활을 위한 처방이다. 도덕률이 인정받는 타당성은 그 도덕률이 실천되었을 때 사회생활 속에서 빚어지는 결과와 밀접한 관계를 가졌다. 다시 말하면, 실생활을 위한 적합한 처방임이 실천을 통하여 증명된 도덕률은 대체로 '타당한' 도덕률로서의 인정을 받게 된다. 그리고 주어진 사회의 권위 있는 도덕률은 그 사회의 시대적인 요구를 따라서 형성된 것이다. 그러므로 어떤 도덕률이 형성되던 당시의 사회적인 요구가 지속되는 동안은, 즉 시대의 흐름을 따르는 역사의 변동이 그리 대단치 않은 동안은, 그 도덕률의 사회적 적합성 내지 유용성에도 별 변동이 없는 것이 원칙이다. 오랜 세월을 두고 적합성과 유용성이 증명된 도덕률은 그만큼 그 권위가 늘어 가는 동시에, 오랜 전통과 절대적인 권위를 지닌 도덕률의 체계를 가진 국가에서는 도덕이라는 것 자체의 절대성이 하나의 신앙처럼 굳어지기 마련이다. 요컨대 사회제도에 큰 변동이 없이 일정한 질서가 오래 계속되는 나라

---

1 졸저, 『윤리학』, 박영사, 1964, 6장 및 9장 참조.

에 있어서는, 도덕률에 권위가 붙는 동시에 도덕의 절대성이 직각적(直覺的)인 자명(自明)의 사실로서 확립되는 것이 일반적인 현상이다. 비록 역사의 흐름에 따르는 사회제도의 변동이 있다 하더라도, 그 변동이 매우 완만하게 오거나 또는 묵은 제도에 적합하던 도덕률의 대부분이 새로운 제도에도 여전히 쓸모가 있을 경우에는, 도덕률의 권위 내지 도덕의 절대성은 크게 흔들리지 않는다.

동서양을 막론하고 현대 이전의 세계의 역사는 도덕의 절대성을 위하여 매우 적절한 풍토를 마련해 주었다. 물론 그동안에 여러 혁명이 있었다. 그러나 많은 경우에 있어서 그 '혁명'은 정권의 교체에 그쳤고 사회제도의 교체는 아니었다. 그리고 사회제도의 교체가 일어났을 경우에는, 그것이 매우 오랜 세월을 두고 실현되었을 뿐 아니라, 묵은 제도 아래서 통용되던 도덕률의 큰 틀이 약간의 수정을 받고 그대로 새로운 제도 아래서도 통용될 수가 있었다. (예컨대, 근세에 이르러 실현된 봉건사회로부터 시민사회로의 전환은 비교적 오랜 세월이 걸린 교체였으며, 봉건사회를 다스리던 기독교의 윤리 사상은 약간의 수정을 받고 다시 시민사회의 규범으로서도 통용될 수 있었다.) 이러한 사정 아래서 기성의 도덕은 한결같이 숭상되었고 정치나 종교를 장악한 역대의 정부는 그 도덕을 '절대(絕對)'의 이름으로 화석화(化石化)하기에 압력을 동원하였다. 여하튼 윤리학적 회의론이 결정적인 힘을 내포하고 대두할 사유는 근세에 이르러서도 좀연히 구비되지 않았다.

그러나 20세기에 들어서면서 사태는 근본적으로 달라졌다. 첫째로, 사회상의 변천이 매우 빠른 속도로 닥쳐온 까닭에 한 개인의 생애 안에서도 묵은 도덕률이 새 날의 사정에 맞지 아니함을 체험할 수 있게 되었다. 둘째로, 전쟁과 혼란이 되풀이되는 가운데 '도덕적'인 것으로 인정된 행위가 도리어 그 행위자를 곤경으로 몰아넣는 예가 허다했으나, 옛날처럼 내세(來世)에 대한 신앙이 두텁지 못한 까닭에, "도덕적임이 필경은 행복과 일치할 것이다."라는 기대로써 도덕에 대한 불신의 싹을 무마할 수도 없었다. 셋째로, 민주주의의 발달과 더불어 피지배계급이 자신들의 생존권을 주장하기에 이르렀으며, 종래의 도덕이 다분히 지배계급의 이익을 위한 도구로서의 성질을 가졌다는 사실에 눈뜨게 됨을 계기로, 도덕의 신성(神聖)은 고사하고 도리어 그것을 미워하고 배척하는 기운이 일어났다. 이 셋째의 사정은 특히 윤리적 회의론을 크게 자극했으니, 그것은 피지배층의 반발이 종래의 도덕에만 국한되지 않고 도덕 일반에 대한 반발과 불신으로 확대되었기 때문이다. 넷째로, 근세 시민사회의 바닥을 흐른 개인주의가 그 이기주의의 요소를 드러내면서 사람과 사람 사이의 유대가 약화되었으며, 사회적 유대의 원리로서의 도덕의 위치가 저하되었다.

새로운 시대의 양상이 도덕에 대한 회의와 불신을 조장했음과 때를 같이하여, 경험과학의 유물론적(唯物論的) 사고가 결정적인 영향을 끼쳤다. 인간에 관한 이해가 사변적(思辨的) 방법을 포기하고 경험적 방법에 호소함에 이르러 도덕의 본질에 관한 파악도 크게 달라졌던 것이다. 여기에 또 가세한 것이 논리적 실증주의 및 분석철학 일반의 윤리학의 배제였다. 새로 일어난 '검증 가능성의 이론'이 형이상학과 더불어 윤리학을 학문의 세계에서 제명 처분하려고 든 것은 널리 알려진 사실이다.

실천과 이론의 두 방면으로부터의 심각한 도전을 받은 현대의 윤리학은, 인간이 마땅히 가져야 할 자세가 무엇인가를 묻기에 앞서서, 그러한 당위의 물음이 학문적으로 다루어질 수 있느냐는 물음에 먼저 대답할 필요가 있었다. 다시 말하면, 규범적(規範的)인 윤리학에 손을 대기에 앞서서 규범 윤리학의 가능성 여부를 따져야 했다. 규범 윤리학에 앞서서 규범 윤리학의 가능성을 따지는 분석을 학자들은 '메타 윤리학(meta-ethics)'의 이름으로 부르게 되었으며, 이 메타 윤리학의 발달은 현대 윤리학의 가장 큰 수확의 하나다.

4. 평가적 언어의 논리적 분석

규범 윤리학이 학으로서 성립할 수 있느냐는 물음에 대한 대답은 윤리적 판단의 진위(眞僞)를 판가름할 방법이 있느냐 없느냐에 달려 있다. 그리고 주어진 발언의 진위를 가릴 수 있느냐 없느냐는 문제는 그 발언이 가진 의미의 성질에 달려 있다. 그래서 현대의 '메타 윤리학'이 우선 착수한 것은 도덕 판단의 의미를 논리적으로 분석하는 일이었고, 그 다음에 시도한 것은, 분석을 통해서 밝혀진 의미에 입각하여, 도덕 판단의 진위를 따지는 방법을 발견하는 일이었다.

우리는 어떤 행위는 옳다고 칭찬하며 어떤 제도는 나쁘다고 비난한다. 만약 그러한 칭찬 또는 비난이 타당한지 아닌지를 결정할 방법만 있다면, 윤리학이 학문으로서 성립할 수 있는 길이 열릴 것이다. 윤리학이란 본래 행위가 의존할 규범을 발견함을 목적으로 삼는 것이며, 주어진 칭찬 또는 비난의 타당성을 규명할 방법을 탐구하는 일과, 행위가 의존할 규범의 기본 척도를 발견하는 일은, 결국 같은 일이기 때문이다.

자연과학 또는 사회과학이 학으로서의 자격을 인정받게 된 것은 그것들이 대상으로 삼는 사실판단의 진위를 밝힐 수 있다고 믿기 때문이다. 한편 윤리학에 대하여 학으로서의 자격을 인정하지 않는 사람들은 가치판단에 관해서는 그 진위를 밝힐 길이 막혔다고 믿기 때문이다. 그리고 가치판단의 경우에 있어서 그 진위를 밝힐 도리가 없다고 주장하는 이유는, 가치판단의 논리와 사실판단의 논리가 근본적으로 다르다고 믿는 데 있으며, 그것이 근본적으로 다르다고 믿는 것은 가치판단을 표현하는 평가적 언어의 의미가 독특한 성질을 가졌다고 보기 때문이다. 그러므로 윤리학이 학으로서 성립할 수 있느냐 없느냐는 문제에 대한 탐구의 실질적인 출발점이 되는 것은, **평가적 언어의 의미의 분석**이 아닐 수 없다. 이에 '좋다', '나쁘다', '옳다', '그르다' 따위의 평가적 언어의 분석이 시끄럽게 논의되었으며, 평가적 언어의 분석이 메타 윤리학의 중심을 차지하는 것 같은 인상을 주기까지에 이르렀다.

평가적 언어를 분석한 끝에 얻은 결론은 그러나 학자를 따라 구구하게 달랐다. 따라서 메타 윤리학에도 여러 가지 학설이 대립하는 사태를 면할 길이 없었다. 그 대립된 여러 가지 학설들의 내용을 대략이라도 소개하자면 상당히 많은 지면이 요구되므로, 여기서는 생략할 수밖에 없다. 다만 이 자리에서 지적하고자 하는 것은, 윤리학의 학으로서의 가능성 여부에 관한 현대의 여러 가지 견해를 우리는 크게 네 부류로 나눌 수 있다는 사실이다. 그 네 부류의 이름은 '자연주의(自然主義) 윤리설', '직각주의(直覺主義) 윤리설', '정의주의(情意主義) 윤리설', 그리고 '일상언어철학(日常言語哲學)의 윤리설'이다. 이 가운데서 앞의 둘은 규범 윤리학의 학으로서의 가능성을 긍정하는 반면에, 뒤의 둘은 그것을 부정한다.

듀이(J. Dewey), 페리(R. B. Perry), 산타야나(G. Santayana) 등이 대표하는 현대의 자연주의(naturalism) 윤리학자들은 규범 윤리학이 학으로서 성립할 수 있음을 주장한다. 그들이 그렇게 주장하는 근거는 가치판단도 어떤 객관적인 사실을 주장하는 것이며, 그 논리적인 성질이 일반적인 자연과학의 명제의 그것과 다를 바가 없다고 보는 데 있다. 자연주의 윤리학자의 대부분은 가치판단이 대상으로 삼는 객관적 사실을 심리학적 사실로 보고 있으나, 어떠한 심리학적 사실을 말하느냐에 관해서는 학자들의 견해에 차이가 있다.[2]

무어(G. E. Moore), 로스(W. D. Ross), 유잉(A. C. Ewing) 등이 대표하는

2 현대의 자연주의 윤리설의 좀 더 상세한 설명을 위해서는 졸저, 『윤리학』, 8장 참조. 그리고 고전적 자연주의에 관해서는 같은 책, 4장 참조.

현대의 직각론자들도 윤리학이 학으로서 성립할 수 있다고 주장하나, 그렇게 주장하는 이유는 자연론자들과 다르다. 즉 그들은 가치를 직각적으로 파악되는 고유한 성질로 보는 동시에, 가치판단은 그 고유한 성질에 관한 서술이라고 주장하는 것이다. 물론 직각론자들 사이에도 여러 갈래로 견해의 차이는 있다.[3]

에이어(A. J. Ayer), 카르납(R. Carnap), 라이헨바흐(H. Reichenbach) 등이 대표하는 정의주의(emotivism) 윤리학자들은 윤리학이라는 학문이 성립할 수 없음을 주장한다. 그렇게 주장하는 이유는, 논리적 실증주의의 검증 가능성의 이론에 비추어 볼 때, 이른바 '도덕 판단'은 엄밀한 의미의 판단이 못 되므로 그 진위를 밝힐 도리가 없다는 데 있다.[4]

헤어(R. M. Hare), 툴민(S. Toulmin), 햄프셔(S. Hampshire) 등이 대표하는 일상언어학파의 윤리학자들도 정의주의 윤리학자들과 마찬가지로, 가치 언어의 분석에 입각하여 윤리학의 엄밀한 학으로서의 성립을 부인한다. 다만 그들의 언어 분석의 수법에는 논리적 실증주의자들의 그것과 다른 바가 있으며, 윤리학이 비록 엄밀한 과학이 될 수는 없으나 어떤 제한된 의미로는 학이 될 수 있다고 보는 점에 있어서도 후자와 견해를 달리한다.[5]

---

3 직각론적 윤리설의 좀 더 상세한 소개는 힐(T. E. Hill)의 *Contemporary Ethical Theories*, 1957, 18장 및 19장 참조. 우리말로 된 소개로서는 졸저, 『윤리학』, 5장 및 7장 참조.

4 정의주의 윤리설(emotivism)의 좀 더 자세한 설명은 졸저, 『윤리학』, 9장 1절 및 2절에도 나타나 있다.

5 스티븐슨(C. L. Stevenson) 같은 학자는 정의론자에 속하기는 하나, 윤리학의 성립을 전적으로 부인하지는 않는 점에 있어서 이 일상언어학파의 주장과 더 가깝다. 일상언어학파에 대한 좀 더 자세한 설명을 위해서는 졸저, 『윤리학』, 9장 3절 참조.

5. 심각한 사회문제

현대 윤리학의 순전히 이론적인 문제에 관한 서술은 아쉬운 대로 이상으로 멈추기로 하고, 다음에는 현대 윤리학의 가장 심각한 실천 문제로 화제를 돌리기로 하자.

앞서도 말한 바와 같이, 현대 윤리학의 가장 심각한 실천 문제는 "어떠한 제도의 사회가 가장 올바른 사회인가?"라는 물음이다. 과거에는 주어진 사회제도를 주어진 그대로 받아들이는 것이 보통이었다. 과거의 노예제도나 봉건제도 안에는 많은 불합리와 불공정이 숨어 있었지만, 그것을 하나의 운명처럼 받아들이는 동안 그 불합리와 불공정이 현실적인 문제로서 윤리학의 관심을 강요하지는 않았다. 그러나 현대의 사회제도 속에 내포된 불합리와 불공정의 경우는 사정이 매우 다르다. 그 불합리와 불공정을 들고 나서서 정면으로부터의 투쟁을 선언하는 사람들이 굉장한 세력에 도달했으며, 이제까지는 윤리학의 잠재적인 문제로서 잠자고 있던 사회제도의 불합리와 불공정의 문제가 윤리학이 회피할 수 없는 현실의 문제로서 표면화한 것이다.

모든 개인이 자유와 평등의 권한을 가진 시민이라는 것은 근세의 역사가 확립한 상식이었다. "사람 위에 사람 없고, 사람 아래 사람 없다."는 것은 아무도 부인 못할 진리로서 인정되었다. 그리고 이 자유와 평등의 원리는 봉건귀족의 압제로부터 상공인이 대표하는 시민층을 해방하는 데 현실적인 힘이 되었다. 그러나 그 자유와 평등의 원리는 머지않아 한갓 관념상의 원칙으로만 남고, 현실의 사회는 도리어 부자유와 불평등에 가득 차는 모순으로 역사는 다시 일그러졌다.

현대가 고민하는 부자유와 불평등은 실은 저 근세를 해방시킨 자유의 원리의 실천적인 산물이었다. 제한 없이 주장된 개인의 자유가 자유방임의 경제제도로서 구현되었을 때, 그것은 새로운 부자유와 불평등의 근원으로 화했던 것이다. 여기 '자유'의 원리의 자기모순이 있으며, 역사적 현실의 변증법적 일면이 보인다.

기계의 발달이 제공한 대량생산의 방편과 자본가들의 끊임 없는 이윤 추구의 동기가 결합하여 수많은 실업자와 현격한 빈부의 차를 빚어냈을 때, 그리고 중세 이전의 천민과는 달라서 개인의 자유와 평등의 권리에 눈이 뜨인 빈민들이 자기들의 실존권을 주장하고 나섰을 때, 여기 정치적인 동시에 윤리적인 사회문제가 현실적인 해결을 요구하고 표면화하였다.

그리면 이와 같이 현실적인 압력을 품고 육박해 오는 사회문제에 당면하여 윤리학은 무엇이라고 대답하였는가? 모든 어려운 문제들의 경우가 그러했듯이, 여기에 있어서도 학자들의 태도 내지 견해는 구구하게 갈라졌다. 그리고 이 점에 관련하여 가장 뚜렷한 대립을 보여준 것은 '순수한' 상아탑적 윤리학자와 사회주의 계열의 사상가들의 타협 없는 논쟁에 있어서이다.

강단의 윤리학자들은 대체로 말해서 오늘의 여러 사회문제에 대하여 소극적 태도를 취하고 있는 것으로 보인다. 여기서 강단의 윤리학자들이 사회문제에 대하여 소극적이라 함은, 일시적이요 국소적인 성질을 가진 개개의 사회문제에 대하여 그들의 침묵을 지켰다는 뜻이 아니다. 예컨대 매춘부나 전쟁 고아의 문제 따위를 위하여 일일이 어떤 대책의 처방을 제시하는 것은 윤리학자의 사명이 아니다. 따라서 그러한 구체적 사회문제에 대하여 윤리학자가 침묵을 지켰다 하더라도, 우리는 그것을 사회문제에 대한 윤리학의 소극적 태도라고 지적할 수는 없을 것이다. 강단의 윤리학자들이 사회문제에 대하여 대체로 소극적이라고 말한 것은, 구체적 현상으로 나타난 개별적 사회문제에 직접 대들지 않았다는 사실을 가리키는 것이 아니라, 현대의 사회제도가 품고 있는 일반적이요 필연적인 기본 문제까지도 외면한다는 사실을 가리키는 것이다.

현대의 각박한 사회문제를 윤리학의 문제로서 제창하고 나선 것은 본래 전문적인 윤리학자들 자신의 분발은 아니었다. 그것은 오히려 윤리학 밖에서 윤리학자 내지 일반 철학자들에게 촉구해 온 문제였다. 윤리학 밖에서 그 해결을 윤리학자들에 기대했고, 또는 기대에 어긋남이 있음을 나무랐던 것이다. 그러나 윤리학자들 자신으로 말하면, 적어도 강단 윤리학의 경우에 있어서 이러한 기대와 호소에 대하여 대체로 냉정했다는 뜻에서, 그들의 사회문제에 대한 태도는 소극적이었다는 것이다.

현대의 윤리학자들 가운데서 독일을 근원지로 삼는 관념철학의 전통을 지키는 사람들이 사회의 현실 문제에 대하여 소극적인 태도를 취하는 것은 이상하지 않은 일이다. 독일적 관념론의 견지에서 볼 때, 진실로 중요한 것은 겉으로 나타난 상식적인 세계가 아니라 현상의 세계 배후에서 현상의 세계의 근원이 되고 있는 형이상학의 세계이며, 우리가 말하는 사회문제란 정치와 경제의 현상을 중심으로 나타난 가장 상식적이고 유형적인 세계의 것이기 때문이다.

관념론 내지 합리론의 체계에 반기를 들고 나선 실천철학의 계열에 있어서도 사회문제를 정면에서 직접적으로 다룬 적극적인 태도는 그리 흔한 일 같지 않다. 과연 실천철학자들은, 현실 사회의 부조리를 날카롭게 지적하는 동시에, 이 부조리한 현실과 안이하게 타협하기를 거절하였다.

그러나 그들은 그렇다고 해서 이 현실 속으로 뛰어들어 적극적인 참여와 투쟁을 통하여 현실 세계를 일반적으로 뜯어고치라고 가르치지는 않는다. 오히려 그들은 밖으로 현실 세계에 도전하기 전에 안으로 각자의 내면적 세계로 깊이 잠길 것을 권고한다. 나 자신의 실존(實存) 속으로 성실하게 파고듦으로써 움직이지 않는 참된 존재의 핵심을 잡으라는 것이다. 이 산문적(散文的)인 현실보다도 훨씬 더 본질적이고 값진 세계가 안으로 있다는 것이다. 그 '본질적이고 값진 것'이 뚜렷이 무엇을 가리키는 것이며 무엇을 기준 삼고 본질적인 것이며 값지다는 것인지 반드시 분명하지 않으나, 그들의 사상이 현실로부터의 도피를 위한 좋은 구실이 될 수 있음에는 의심의 여지가 없는 것으로 보인다.

물론 실존철학자들의 모두가 예외 없이 현실로부터의 도피를 주장하고 또 실천한 것은 아니다. 가령 사르트르(J.-P. Sartre) 같은 사람은 "실존주의는 휴머니즘"이라고 전제하면서, 윤리적 존재인 개별적 주체자에게 강요되는 선택은 자기를 선택함인 동시에 세계를 선택하는 것이며, 따라서 세계 전체에 대하여 책임을 지는 것이라고 주장함으로써 현실적 사회로의 '앙가주망'의 길을 연다. 그리고 희곡(戱曲) 또는 정치적 발언 속에서 상당히 과격한 주장으로 현실을 비판하기도 하였다. 그러나 사르트르의 윤리적 발언은, 과문한 필자가 알기에는, 아직 단편적이며, 체계적인 윤리학을 통하여 현대의 문제에 종합적으로 대답하는 단계에는 이르지 않은 것으로 보인다. 그리고 사르트르가 예시한 바와 같은 적극적인 사회참여가 실존철학 일반의 가장 기본적인 전제와 논리적으로 잘 조화되는 것인지도 의문이다.

경험론의 전통을 발판으로 삼고 현실과 비교적 거리가 가까운 윤리학설을 수세기에 걸쳐 많이 배출한 영국, 그리고 영국의 전통을 이어 프래그머티즘의 철학을 이룩한 미국에 있어서도, 현대 윤리학은 대체로 사회의 현실 문제에 대하여 소극적인 태도로 임하였다. 가장 현실적인 민족성을 가진 것으로 알려진 앵글로 색슨 계통의 윤리학에 있어서까지도 그러한 경향이 지배적인 것은 매우 주목할 만한 사실이다. 그것은 현대의 서구 사회에 있어서 문호의 방향을 결정하는 것이 이른바 지성인이 아니라 금력(金力)과 기계라는 것을 암시하는 사실이라고도 해석이 된다. 경제와 정치 세력 또는 군사력에 의하여 지성의 힘이 압도당한 것은 결코 현대만의 특색이 아니며, 그것은 오히려 인류의 역사를 통한 일반적 현상이었다. 그러나 과거의 지성인들은 혹은 종교나 정치의 권위와 결탁하여 비록 종속적인 위치에서이기는 하나 사회의 현실에 긍정적으로 참여하기도 하고, 혹은 종교나 정치의 권위를 비판하고 견제하는 입장에서 부정적으로 사회의 현실에 참여하여, 옳든 그르든 간에 상당한 영향력을 발휘하는 예가 많았다. 이에 비하여 현대의 지성은 여야(與野) 어느 쪽으로도 현실에 깊이 얽혀들기를 꺼리고 '순수'의 이름을 걸고 상아탑 속으로 은신하는 경향이 현저하게 강한 것으로 보인다. 물론 현대에도 권력에 아부하는 어용학자가 있고, 권력과 정면으로 맞서는 언론도 있다. 그러나 대체로 보아 무관심주의가 다수를 차지하는 것이 현대적 지성의 한 특색이 아닌가 생각된다.

앞서 언급한 현대에 있어서의 '메타 윤리학'의 발달과 이제 말한 지성이 현실로부터 외면하는 경향 사이에는 어떤 관련성이 있음직한 일이다. 윤리학자들이 현실 문제를 도피하다 보니까 자연히 언어의 분석 따위로 소일할 수밖에 없게 되었고, 따라서 순전히 이론적인 문제만을 다루는 메타 윤리학이 발달한 것이라고 주장하는 이가 있다면, 그것은 좀 지나친 속단과 편견을 포함한 주장이라고 보아야 할 것이다. 이미 지적한 바와 같이 현대의 윤리학은 그 학문적인 양심을 따르는 한, 메타 윤리학의 문제를 우선 다루지 않을 수 없는 필연적인 지점에 도달하고 있었다. 현대가 제기한 현실 문제에 편견과 독단, 그리고 논리의 비약 없이 대처하기 위해서도 메타 윤리학의 과정은 필요했다고 믿는다. 그러나 문제는 메타 윤리학만으로 윤리학 본래의 사명이 완수될 수는 없다는 점에서부터 시작된다. 윤리학이란 본래 실천의 관심에 유래한 것이다. 실천 생활을 위한 기본 원칙이 설 때까지 윤리학의 사명은 완수되지 않는다. 그리고 메타 윤리학은 그것만으로 실천의 지침이 될 수는 없는 것이며, 따라서 규범 윤리학으로 연결되어야 할 과제를 품고 있다. 만약 현대의 윤리학자들이 우선 메타 윤리학에 종사하고 다음에는 그것에 기초하여 규범 윤리학으로 전진했다면, 우리는 그들의 메타 윤리학을 오직 찬양할 뿐이다. 그러나 현대의 메타 윤리학자들은 대부분의 경우 메타 윤리학에 그저 멈추고 말았으며, 메타 윤리학에서 다시 규범 윤리학으로 돌아 나온 예는 드물다. 물론 메타 윤리학 자체만에도 일평생이 부족할 만큼 어려운 문제가 많다는 데서 메타 윤리학 밖으로 돌아 나오기 힘든 이유가 있을 것이며, 메타 윤리학과 규범 윤리학을 연결하는 적절한 논리가 아직 확립되지 못했다는 데도 그 이유가 있을 것이다. 그러나 현대의 지성의 퇴영적(退嬰的)인 자세도 학자들로 하여금 일단 들어간 메타 윤리학 속에 안주하도록 작용한 인자의 하나가 아닌가 생각된다. 시끄러운 현실 문제와 대결하는 것에 위압과 불안을 느끼는 학자를 위하여 메타 윤리학은 좋은 피신처가 되기에 알맞은 곳이기도 하다. 그리고 오늘날 메타 윤리학을 가장 많이 발달시킨 곳이 과거에 있어서 비교적 현실적인 윤리설을 가장 많이 배출한 영국과 미국이라는 것을 생각할 때, 여기에 무엇인가 암시적인 사정이 있는 것같이 느껴진다.

한편 사회주의 계통의 사상가들은 위에 말한 바와 같은 강단 윤리학의 비현실적 경향에 대하여 가차없는 비난을 퍼붓는다. 윤리학도 하나의 과학으로서 역사적, 현실적 의의를 가지려면 단순히 이론적 관심을 위한 학문에 그쳐서는 안 된다고 그들은 주장한다. 윤리학을 연구하는 것은 단지 취미나 도락 또는 지식욕 따위를 위해서가 아니어야 한다는 것이다. 현실 사회의 실천적 문제를 위한 해결의 방안이 되지 못하는 윤리설은 백해무익하다는 것이다.

사회주의적 견해에 의하면, 현대에는 오직 두 가지 종류의 윤리학만이 있다. 즉 '부르주아'의 윤리학이 아니면 '프롤레타리아'의 윤리학이며, 그 어느 쪽에도 속하지 않는 중간적 윤리는 있을 수 없다는 것이다. 사회문제에 대하여 침묵을 지키는 순전히 이론적인 윤리학은 일견 중립인 것 같기도 하나, 사실은 그것도 현재의 지배관계를 그대로 지속하도록 간접적으로 작용하는바 '부르주아'의 윤리학이라고 그들은 비난한다. 계급을 초월한 '인학(人學)의 학'으로서의 윤리학 따위도 겉으로는 지극히 공평한 듯하나, 실은 부르주아 편에 서 있다고 보는 것이 그들의 주장이다. 그러면 프롤레타리아의 윤리학이란 어떠한 내용의 것일까?

마르크스주의 윤리설의 기초가 되는 것은 역시 변증법적 유물론이다. 변증법적 유물론에 의하면, 세계의 역사는 물질의 운동 과정이다. 그리고 이 운동을 결정하는 것은 자연계와 인간의 행동의 상호작용이다. 이 상호작용은 모순 대립과 종합적 해결의 연속이라는 뜻에서 변증법적이다.

변증법적으로 전개되는 세계사의 과정에 있어서 가장 중심적인 역할을 하는 것은 생산양식이다. 생존에 필요한 물품을 생산하는 양식 여하를 따라서 우리 생활의 외적 측면뿐 아니라 내적 측면까지도 결정된다. 우리들의 도덕관념도 또한 예외가 될 수 없으니, 그것도 생산양식의 변천을 따라서 변천하는 함수(函數)에 불과하다.

변증법적으로 전개되는 역사의 과정 속에서 도덕관념이 담당하는 역할은 사회에 있어서 지배적 위치를 노리고 또는 그것에 집착하는 여러 계급의 이익을 대변하는 일이다. 바꾸어 말하면, 도덕관념은 계급투쟁을 위한 도구다. 각 계급은 자기의 계급의 이익과 부합하는 도덕을 주장하는 것이다.

생산의 양식은 이미 여러 단계를 거쳐 변천하였다. 생산의 양식을 따라서 결정되기 마련인 도덕관념도 생산의 양식의 변천을 따라서 변천해야 하며 또 실제로 변천해 왔다. 어떠한 도덕도 절대적일 수 없다는 결론이 여기에 뒤따른다.

시대를 따라서 변천하고 계급을 따라서 대립하는 도덕의 체계들 가운데서 그러면 어느 것이 타당성을 갖는 것일까? 마르크스주의자의 대답에 의하면, 그 시대의 역사의 지평을 점령한 생산양식에 적합한 도덕이 그 시대에 있어서 타당성을 갖는다. 여기에서, 옛날에 옳던 도덕이 새 시대에 있어서는 타당성을 잃게 된다는 결론이 생긴다.

그러면 현대에 있어서 타당한 도덕은 어떠한 도덕일까? (이렇게 물을 때 마르크스주의자들은 개인의 행위의 규범으로서의 도덕보다도 사회제도의 시비를 가리는 기준으로서의 도덕을 더욱 뚜렷이 염두에 둔다.) 이 물음에 대한 마르크스주의자의 대답은 간단하다. 자본주의 경제 제도를 타도하고 공산주의 제도를 확립함에 이바지하는 도덕이 타당한 도덕이라는 것이다. 그 이유는 자본주의 제도는 현대가 도달한 생산의 양식과 맞지 않는다는 것이다. 자본주의를 타도하기 위해서는 무자비한 투쟁을 감행해야 하며, 어떠한 타협이나 절충도 받아들일 수 없다고 마르크스주의는 주장한다. '프롤레타리아의 독재'가 실현되어야 하며, 이 독재를 위해서는 반대 계급을 완전히 정복해야 한다는 것이다.

이상과 같은 마르크스주의자의 주장에 대하여 서구의 학자들은 무엇이라고 대답하는가? 물론 여러 가지의 대답이 있을 것이다. 그러나 가장 흔한 평가는 마르크스주의자의 주장에는 옳은 부분과 그른 부분이 섞여 있다는 견해일 것이다.

옳은 부분과 그른 부분이 섞여 있다고 믿는 사상가들은 그 옳은 부분을 살리고 그른 부분을 도려내야 한다고 생각한다. 따라서 그들의 결론은 대체로 타협적이다. 그들의 타협적인 이론을 여기 상세히 소개할 지면의 여유가 없는 것은 유감된 일이다. 상세한 소개를 못하는 대신 듀이와 러셀(B. Russell)의 견해에 관하여 두어 마디만 적어 보기로 하겠다. 듀이와 러셀은 사회의 현실 문제에 대하여 상당히 적극적인 발언을 아끼지 않은 소수의 서방 철학자들 가운데의 두 사람인 것이다.

듀이도 도덕관념이 시대를 따라서 변천함을 인정하며 그 변천 과정과 생산양식의 변천 사이에 밀접한 연관성이 있다는 것도 부인하지 않는다. 그러나 생산양식만이 도덕관념을 결정하는 유일한 요인이라는 주장에는 반대한다.

듀이도 자유방임의 경제 제도가 시대의 요구에 맞지 않는다고 인정하며, 기업가들의 무제한적인 치부욕(致富慾)이 현대를 위기로 몰아넣은 가장 큰 원인이라고 주장한다. 그리고 법률과 제도를 개조함으로써 근로 대중을 옹호하고 빈부의 차이를 좁혀야 한다고 역설한다. 그러나 무자비한 투쟁과 프롤레타리아의 독재가 그 사회개조를 실현하기 위한 최선의 방법이라고는 믿지 않는다. 이제까지 계급의 대립을 이루고 분열한 모든 부류의 사람들이 다 같이 잘살 수 있는 길을 평화적으로 모색하는 시도가 먼저 앞서야 한다는 것이다. 그리고 만인이 고루 번영할 수 있는 가능성은 근래 눈부시게 발달한 과학과 기계의 힘이 열어 주고 있다고 본다. 다시 말하면, 19세기와는 비교가 되지 않을 정도로 늘어난 과학적 생산력이 두 계급의 공존을 가능케 할 것이라는 생각이다.

그러나 자본가들의 자각과 도의심(道義心)에만 호소함으로써 공정한 사회를 실현할 수 있으리라고는 듀이도 믿지 않는다. 자본가들로 하여금 인류를 배반하지 않도록 제약하는 힘의 간섭이 필요하다. 이 힘을 모으기 위하여 양식(良識)을 가진 지성인들의 참여와 단결이 필요하며, 이렇게 결속된 힘은 새로운 제도와 정책에 반영되어야 한다고 듀이는 생각한다.

러셀도 평화적 해결의 길을 모색해야 한다고 보는 점에서 듀이와 생각이 같다. 평화를 주장하는 러셀의 소극적인 근거는 현대의 국제 정세에 있다. 무기의 파괴력이 포화 상태에 도달한 오늘날 동서 어느 진영도 완전한 승리를 거둘 수는 없으며, 전쟁의 결과는 인류 전체의 멸망을 초래하리라는 것이다.

평화를 주장하는 러셀의 적극적인 이유는, 인류가 보유하는 과학적 생산력을 평화적 건설에 동원한다면, 우리는 다 같이 잘살 수 있다는 계산에 있다. 오늘날 과학의 발명이 부당한 목적을 위한 수단으로서 악용되고 있음을 지적하고, 인류는 지성으로써 감정을 조절해야 한다고 보는 점에 있어서도 러셀은 듀이와 견해를 같이한다.

6. 앞으로의 과제

이제까지 우리는 현대 윤리학의 동향을 두 개의 기본 문제를 중심으로 개관하였다. 그 중심 문제의 첫째는 '윤리학의 학으로서의 가능성'에 관한 이론적인 문제였고, 그 둘째 문제는 '정당한 사회'에 관한 실천적인 문제였다. 이 두 가지 문제는 어느 것도 완전한 해결에는 도달하지 못하였다. 그러나 이론에 관한 첫째 문제에 있어서보다도 실천에 관한 둘째 문제에 있어서 미해결의 부분이 더욱 많은 것으로 보인다.

평가적 언어의 의미 내지 평가적 발언의 논리에 관한 분석도 완전한 결론에는 도달하지 못하였다 하겠으나, 대체로 어느 정도 큰 윤곽은 드러난 것으로 보인다. 그 드러난 윤곽이란, ① 가치판단에는 서술적 의미(descriptive meaning)와 정의적 의미(emotive meaning)가 있으며, ② 그 정의적 의미의 특수성으로 말미암아 가치판단은 그 진부(眞否)를 완전히 논증할 수는 없으나, 가치판단에 있어서도 그것을 정당화할 방법이 전혀 없는 것은 아니며, ③ 따라서 윤리학도, 제한된 의미로이기는 하나, 학으로서 성립할 수 있다는 것 등이다.

그러나 저 이론적인 첫째 문제에 관련해서 한 가지 커다란 숙제가 남아 있다. 그것은 사실판단을 전제로 삼고 가치판단의 결론을 이끌어 낼 경우에 생기는 논리적인 틈을 메울 수 있는 대전제를 확립하는 일이다. 이 대전제의 확립이 특히 중요한 이유는, 그것이 없이는 메타 윤리학의 담을 넘어서 규범 윤리학으로 다시 돌아올 길이 열리기 힘들기 때문이다.

'올바른 사회'에 관한 실천적 문제에 있어서는 더욱 많은 숙제가 남아 있다. 이 문제가 특히 어려운 이유의 첫째는, 이 문제의 정답이 수학의 경우처럼 밝혀질 수 없다는 사실에 있다. 그 둘째는, 이 문제의 대답은 이론적 학설로 끝날 수 없으며, 실천을 통한 해결에 도달하지 않는 한, 완전할 수 없다는 사실에 있다. 그 셋째는, 이 문제의 대답은 하나로써 세계 만방에 타당할 수 없으며, 나라에 따라 그 특수성에 맞는 대답이 모색되어야 한다는 점에 있다.

한국이 지향해야 할 '올바른 사회'의 문제는 한국의 특수성을 따라 대답하여야 할 것이며, 한국의 사상가에 의하여 구체적으로 해결되어야 한다. 여기서 우리의 관심은 스스로 우리 한국의 윤리학계로 돌리지 않을 수 없다.

그러나 솔직히 말해서 우리나라에는 아직 윤리학계라고 부를 만한 조직적인 역량은 없는 것으로 보인다. 윤리학이라면 고등수신(高等修身)이나 도학(道學)쯤으로 생각하는 일반적인 몰이해 가운데서, 윤리학을 전문으로 연구하는 학자의 수효도 매우 적다. 적은 수효의 학자들이 각각 자기의 개성과 신념을 따라 문제의 국한된 측면을 차근차근 다루어 가고 있는 것이 오늘의 실정이 아닌가 생각한다.

이러한 실정 가운데서 윤리학자들에게 지나친 기대는 걸지 않을 것이다. 그러나 우리나라의 심각한 현실 문제는 결코 윤리학자에게만 맡겨질 문제가 아니다. 그것은 넓은 의미의 철학과 사상, 그리고 여러 사회과학에 종사하는 학자들은 물론이거니와, 그 밖의 모든 지성인이 다 같이 책임져야 할 공동의 문제다. 지성인 전체가 힘을 모아서 이 공동의 문제를 진지하게 다룰 때, 그러한 협동의 광장 안에서 윤리학자도 각각 분수를 따라 제구실을 할 수 있을 것이다.

(1964년 2월)

2장 윤리와 가치 의식

— 현대적 회의(懷疑)와 관련하여

1. 규범 윤리학의 기본 신조

윤리학이란 본래 실천적인 관심에서 시작된 것이었다. 그것은 우주의 수수께끼를 풀고자 원하는 저 단순한 호기심의 산물이 아니라, 인생을 더 값지고 빛나는 것으로 만들고 싶어 하는 정열에 찬 포부의 소산이다. 이 사실을 가장 여실히 전하는 것으로서, 국가와 시민의 생활을 올바른 길로 돌리려 한 소크라테스의 실천적인 정열을 계기로 제법 '윤리학적'이라고 부를 수 있는 사실이 서양 철학사 위에 비로소 나타났다는 사실을 들 수 있을 것이다.

실천적인 관심에서 우러난 것인 만큼, 종래 윤리학이 그 사명으로 삼아 온 바도 인생의 실천적인 여러 근본 문제에 대한 해답을 얻는 일이었다. "인생의 궁극목적은 무엇인가?" "우리의 행위가 지켜야 할 법칙은 무엇인가?" 따위의 물음에 대답함을 그 기본 과제로 삼은 점에 있어서 고전적인 여러 윤리설은 공통된 방향을 가졌다. 다시 말하면, 종래의 여러 윤리설들은 다 같이 인간 행위의 규범(norm)을 발견함으로써 궁극의 목표로 삼은 점에 있어서 일치하였다. 그것들이 모두 실천 생활을 위한 규범의 발견을 시도했다는 사실을 주시하여, 대부분의 고전 윤리학설들은 '규범 윤리학(normative-ethics)'이라는 공통된 이름으로 불릴 수 있다는 견해에 우리는 동의해도 좋을 것이다.

고전적인 윤리설이 '규범의 발견'이라는 공통된 목표를 지향할 수 있었던 것은 그것들이 공통된 신조를 받들었기 때문이다. 그 공통의 신조란, 우리가 발견해야 하며 또 발견할 수 있는 행위의 규범이 미리 마련되어 있다는 신념이다. 이 신념에 의하면 그 규범은 인간이 주관적인 이상을 따라 스스로 지어낼 수 있는 것이 아니라, 벌써 밖으로부터 **주어져** 있는 무엇이다. 다시 말하면, 인간은 그 규범의 입법자가 아니라 오직 그 발견자에 불과하다. 물론 고전적 윤리학자들 가운데도, 직접 주어진 것은 행위가 따를 **법칙**이 아니라, 인류가 지향할 **목적**이라고 생각한 사람들이 있다. 그러나 그들에 있어서도 행위의 법칙에 관하여 인간이 할 일은 오직 그것을 발견함이요, 제정함은 아니다. 왜냐하면 그들에 있어서는 저 주어진 목적이 바로 행위의 규범을 결정하는 원리가 되기 때문이다.

그것이 경험에 앞서서 주어졌다는 의미로 선천적이요, 개인이나 단체의 주관을 초월한다는 뜻으로 객관적이요, 시간이나 공간의 제약을 물리치고 언제나 어디서나 타당하다는 의미로 보편적이며, 그것이 사실상 행위를 결정하는 인과의 힘이 아니라 행위가 마땅히 따라야 할 규준이라는 뜻으로 규범적인 행위의 법칙이 (또는 그 법칙을 결정하는 연역의 원리로서의 인생의 목적이) **있다**는 신념은 — 그것이 고전적인 윤리설에 있어서 거의 공통적이기는 하였으나 — 반드시 공통된 철학적 고찰 내지 가정(assumption)에 바탕을 둔 것은 아니다. 어떤 이들은 초월자 신이 도덕의 법칙을 내려 주었다는 신학적 신조를 근거로 삼고 선천적 규범의 존재를 믿었다. 또 어떤 이들은 인간에게 본래 완전무결한 '원형(原型)'이 있으며, 현실의 불완전한 인간은 그 원형으로 복귀 내지 상승할 가능성과 의무를 가졌다는 따위의 형이상학적 신념에 의거하여 보편적인 인생의 목적이 있음을 주장하였다. 다른 어떤 이들은 인간성 자체 안에, 즉 인간의 가장 본질적인 기능으로서의 '이성' 내지 '양심' 안에, 자율의 법칙이 깃들었다는 철학적 인간학의 토대 위에서 절대적인 행위 규범의 존재를 믿었다.

신학이나 형이상학 또는 철학적 인간학이 힘차게 사람의 마음을 움켜쥘 수 있었을 동안, 절대 보편성을 가진 행위의 규범이 주어져 있다는 생각은 별로 의심을 받을 기회도 없이 일반의 승인을 받았다. 그러나 근세의 동이 틈과 함께 일어나기 시작한 과학적 사고는 실천적 규범이 존재한다는 종래의 신념과 무조건 악수하기 힘든 특징을 품고 있었다. 왜냐하면, 과학적 사고란 경험적인 증거를 볼 때까지는 만족할 줄 모르는 것이 그 특색이며, 신학이나 형이상학 또는 철학적 인간학은 본질상 경험을 넘어서는 바탕 위에 세워지기 때문이다. 현대에 이르러 과학의 존중과 경험론적 사고가 철학 안에서 차지하는 세력이 차차 굳세게 됨을 따라서, 종래의 규범 윤리학은 심각한 위기를 겪지 않을 수 없다. 왜냐하면, 종래의 규범 윤리학은 발견을 기다리는 규범이 객관적으로 주어져 있다는 전제 위에 세워졌는데, 증거를 요구하는 현대의 정신이 볼 때, 이 전제는 하나의 독단에 불과하기 때문이다.

이와 같은 윤리학의 난국을 타개하려는 한 가지 시도로서 윤리학적 자연주의(ethical naturalism)가 일어났다고 볼 수 있을 것이다. 윤리학적 자연주의는 인간성을 토대로 삼고 윤리 문제를 풀려고 꾀하는 점까지는 철학적 인간학과 보조를 같이하나, 인간성을 파악하는 방법으로서 과학적인 접근이 가장 믿음직한 수법이라고 보는 점에 있어서 단순한 사변(思辨)만으로 인심(人心)의 심오(深奧)를 통찰할 수 있다고 믿는 철학적 인간학과 노선을 달리한다.

생물학, 심리학, 사회학 등 인간에 관한 여러 과학의 성과를 활용하는 윤리학적 자연주의가 그 성과를 모르거나 또는 무시하는 다른 윤리설보다 약간의 장점을 가졌으리라는 것은 상상하기 어렵지 않다. 그러나 자연주의적인 윤리설도 학(學)의 성패를 좌우한다 해도 과언이 아닐 만큼 매우 중대한 논리적인 난관에 봉착해야 한다는 점에 있어서는 형이상학적인 윤리학과 다를 바가 없다. 그 논리적인 난관이란 무어(G. E. Moore)가 '자연론적 오류(naturalistic fallacy)'라고 지적한 난점과도 직접 관련이 있다.

자연론적 윤리학 또는 윤리학적 자연주의에 속하는 학설에도 여러 가지 종류가 있지만, 그들의 대부분은 하나의 공통된 사고를 출발점으로 삼고 있다. 그 공통된 사고란 "인간이 어떻게 **있는지**가 과학적으로 밝혀질 때, 인간이 어떻게 **해야 할까**도 따라서 밝혀진다."는 생각, 즉 인간에 관한 **사실**의 판명이 인간에 관한 **당위**를 밝히는 충분한 조건이 된다는 생각이다. 예컨대 '욕구설(欲求說)'이라고 불리는 자연주의 윤리설을 받드는 사람들은 "사람은 누구나 건강을 원한다."는 심리학적 사실이 "건강은 선(善)이다." 또는 "우리는 건강을 증진해야 한다."는 따위의 가치판단을 이끌어 내는 이론적인 근거가 된다고 믿는다. 또 하나의 예를 위하여서는 "사람은 누구나 쾌락을 희구한다."는 심리설을 토대로 "최고의 선은 최대 다수의 최대 행복"이라는 윤리학설을 주장한 이른바 공리주의자(utilitarianist)들을 지적할 수 있을 것이다.

그러나 윤리학적 자연주의의 출발점을 이룬 위에 말한 사고에는 논리의 비약이 들어 있는 것 같다는 비판이 쏟아지자, 윤리학은 새로운 난관에 봉착하였다. 실제에 있어서, **있는 것**을 있는 그대로 밝히는 사실판단(fact judgments)과 **있어야 할 것** 또는 **값**을 말하는 가치판단(value judgments) 사이에는 넘을 수 없는 구렁이 가로놓여 있다. 사실의 세계와 가치의 세계는 본질이 다른 두 영역이기 때문이다. 개인과 사회 그리고 자연에 관한 아무리 정확한 사실판단을 수없이 쌓고 보아도, 인간이 어떻게 해야 한다는 가치판단은 그로부터 쏟아져 나오지 않는다. 예컨대 "사람은 누구나 쾌락을 원한다." 또는 "사랑은 주는 이에게도 받는 이에게도 만족을 준다." 따위의 판단을 아무리

쪼개고 갈라 보아도, "그러므로 쾌락은 선이다." 또는 "우리는 이웃 사람을 사랑해야 한다." 따위의 결론이 들어 있지는 않다. 이런 결론을 끌어낼 수 있으려면, "사람이 원하는 것은 선이다." 또는 "우리는 만족을 얻도록 행위해야 한다." 따위의 또 하나의 전제를 세워야 하는 것이며, 여기에 추가를 요하는 또 하나의 전제는 그 자체 사실판단이 아니라, 가치의 나라에 속하는 판단인 것이다. 짧게 말해서, "우리는 무엇을 할 것인가?"라는 규범 윤리학의 물음에 대답을 할 수 있으려면, 먼저 가치판단으로 된 대전제가 서야 하는 것이며, 이 대전제는 어떠한 과학적인 지식, 즉 사실에 관한 지식으로부터도 직접은 이끌려 나오지 않는 것이다.

인간성에 대한 과학적인 파악을 토대로 하여 윤리학을 세워 보려는 시도까지도 만족스러운 성과에 도달하지 못했다는 불행한 사정이 윤리학에 대한 일종의 실망을 초래하고, "윤리학은 참된 의미의 학이 될 수 없다." 또는 "윤리 문제에 관해서는 엄밀히 말하자면 진리도 허위도 있을 수 없다." 따위의 생각으로 하여금 머리를 들게 한다는 것은 매우 자연스러운 일이다. 현대 윤리학의 논쟁은 윤리학적 회의론(ethical scepticism)을 둘러싸고 전개된다 하여도 과언이 아닐 만큼 회의(懷疑)는 현대 윤리학에 있어서 문제와 파문을 던지고 있다.

2. 현대와 윤리학적 회의론

윤리학적 회의론은 결코 현대에 와서 비로소 생긴 사상은 아니다. 그것은 이미 고대 그리스의 소피스트들과 퓌론 일파에 의해서 제법 세차게 주장되었다. 그러나 고대 그리스에서 고개를 든 회의론 내지 상대론은, 중세기를 통하여 서양의 사상계를 지배한 그리스도교의 경건한 분위기에 눌려 여러 세기 동안 거의 망각되다시피 하였다. 하지만 17세기에 이르러 윤리학적 상대론 내지 회의론의 새로운 온상이 또다시 마련되기 시작한다. 근세 영국의 경험론, 콩트(A. Comte)의 실증주의, 다윈(C. Darwin)의 진화론 등은 그것들 자체가 뚜렷한 형태의 윤리학적 회의론을 주장한 것은 아니나, 바탕에 윤리학적 회의론의 싹을 숨기고 있었으며, 그 싹은 조만간 표면에 나타나고야 말 필연성을 감추고 있었다. 이 싹의 표면화로 향하는 커다란 전진으로서 우리는 홉스(T. Hobbes)의 윤리설을 이해할 수가 있을 것이다.

최근에 눈부신 발전을 이룩한 심리학은 윤리학적 회의론의 성장을 위하여 큰 계기가 되었다. 왜냐하면 현대 심리학설의 대부분은 행동주의 심리학(behaviorism)과 정신분석학(psychoanalysis)의 두 가지 중 적어도 한 가지에 의하여 적지 않은 영향을 받아 왔기 때문이다.

심리 연구에 없어서는 안 될 방법으로서 중요시되던 내관법(內觀法, introspection)을 물리쳐 버린 행동주의 심리학자들은 '의식', '의지', '동기', '양심' 따위의 개념들을 애매한 용어라는 이유로 인간 행동을 기술하는 어휘에서 삭제해야 한다고 주장하였다. 그리고 이러한 주장이 윤리학적 절대론을 위협하는 성질의 것임은 스스로 명백하다. 왜냐하면 행동주의 심리학이 그 실재성을 의심하는 이러한 개념들이야말로 여러 절대론적 윤리설이 그 화려한 체계의 토대로 삼아 온 것이기 때문이다.

정신분석학설은 의식의 실재성을 부인하지는 않는다. 그러나 이 학설은 윤리에 관한 모든 이성적 원리가, 실은 근본에 있어서 합리성과는 바탕을 달리하는 생물학적 충동의 대상작용(代償作用, compensation)이나 합리화(rationalization) 또는 기타의 어떤 가면적(假面的)인 심리 작용으로서 설명될 수 있다고 믿는다. 다시 말하면 그 학설은 인간의 행동을 좌우하는 궁극적인 원천이 인간의 합리적 원리로서의 '자아(ego)'가 아니라, 불합리한 충동으로서의 '이드(id)'라고 주장한다. 이와 같이 종래 윤리의 근본이라고 믿어 왔던 이성 내지 양심의 선천성과 절대적인 지위를 부인하는 정신분석학의 사조가 윤리나 도덕의 권위에 대한 회의로 연결되리라는 것은 이해하기 어렵지 않을 것이다.

현대 과학에 있어서 윤리학적 상대론 내지 회의론을 조장한 것은 결코 심리학뿐만이 아니다. 민속학, 사회학, 인류학, 기타 인간에 관한 여러 과학들도 같은 경향에 다소간 부채질을 해왔다.

생물학적 진화론의 개념들이 인간 연구에 적용됐을 때, 그리고 사람도 일종의 동물에 지나지 않는다는 단정이 내려졌을 때, '만물의 영장'으로서의 인간의 지위에는 이미 치명적인 균열이 갔던 것이다.

인성론 내지 인간학을 윤리학의 주춧돌이라고 믿는 견해, 즉 인간에 관한 있는 그대로의 **사실**을 밝힘으로써 인간이 마땅히 해야 할 **당위**도 따라서 밝힐 수 있다는 견해에는 오랜 전통이 있다. 플라톤(Platon), 아리스토텔레스(Aristoteles), 스토아 학파, 토마스 아퀴나스(Thomas Aquinas), 버틀러(J. Butler), 칸트(I. Kant) 등은 인간성에 관한 지식을 토대로 삼고 윤리에 관한 진리를 밝히려고 꾀한 학자들의 일부에 지나지 않는다. 프로타고라스(Protagoras)가 "인간은 만물의 척도"라고 단언했을 때, 그것은 진리에 관한 상대론 내지 회의론을 밑받침하는 언명이었으나, 앞에서 예로 언급한 선철(先哲)들은 인간성에 관한 지식을 토대로 삼더라도 윤리 문제에 관하여 절대론이 세워질 수 있다고 믿었다는 사실은 흥미 깊은 일이다. 짧게 말하자면, 그들은 인간성 자체 안에 절대적 윤리의 기준이 될 만한 보편적 원리가 깃들어 있다고 믿었던 것이다. 육체와 감성의 제약을 받고 있는 개인들은 표면상 구구한 차별상(差別相)을 보여주고 있으나, 더한층 깊은 바닥에 있어서 만인은 동일한 선천적 원리의 제약을 받고 있으며, 따라서 인간의 본질은 한 가지라는 신념이다. 그리고 그 선천적이요 보편된 인간의 본질을 많은 사람들이 '이성'이라고 불러 왔고, 특히 윤리에 관한 보편적 원리로서 '양심'의 이름이 숭상되었다는 것은 널리 알려진 사실이다.

오늘의 과학이라고 해서 반드시 인간의 공통된 특질을 부인하는 것은 아니다. 그러나 그 공통된 인간성의 요소를 어떠한 성질의 것으로 볼 것인가에 관해서는 종래의 철학적인 인간학자와는 견해를 달리하는 학자들이 나타나게 되었다. 예컨대 어떤 사람들은 정말 선천적이요 보편적인 요소는 '본능적'이라고 부를 수 있는 더 원시적인 측면에서 구해야 한다고 믿는다. 그리고 '이성'이나 '지성' 또는 '양심' 따위의 이른바 '높은 기능'들은 '진화(biological evolution)' 또는 '사회적 조건 형성(social conditioning)' 등의 경험적인 개념과 관련시켜서 해석해야 할 것이라고 믿는다.

특히 '양심'의 선천성 내지 보편성에 관하여, 많은 현대의 과학자들은 심각한 의혹을 표명한다. 옛날처럼 관찰의 범위가 같은 문화권 안에만 국한됐을 동안에는, 양심의 제일성(齊一性), 즉 모든 사람의 양심은 같은 사정하에서는 같은 판단을 내린다는 가정은 경험에 의하여 지지되고 있다는 인상이 압도적으로 강했다. 그러나 역사학, 민속학, 인류학 등의 인간 과학의 발달이 같은 문화권뿐만 아니라, 옛 나라와 먼 나라의 도덕 현상까지도 백일하에 드러냄을 가능하게 했을 때, 양심의 선청성 내지 제일성을 의심케 하는 많은 재료가 제시되었다. 모든 사람들 마음 가운데 '양심'이라고 불릴 수 있는 어떤 기능이 존재한다는 것은 거의 확실한 듯이 보인다. 그러나 모든 시대와 모든 지역의 양심들이 언제나 일치하는 명령을 내린 것 같지는 않다는 견해도 또한 평범한 상식으로 가까워 가고 있다. 예컨대 보르네오의 식인종, 뉴기니아의 아라페시(arapesh) 족, 공맹시대(孔孟時代)의 중국인, 그리고 무가시대(武家時代)의 일본인이, 현대의 기독교인들과는 상당히 다른 양심의 명령을 받았다는 것은 이미 의심의 여지가 없다.

인간성 안에 있는 보편적인 본질로 인정되던 이성이나 양심이 완전히 선천적인 소여가 아니라, 적어도 부분적으로는 경험을 따라 형성되는 것이라는 견해가 절대론적 윤리설에 대하여 만만치 않은 위협이라는 것은 분명하다.

만약 이 견해가 옳다면 행위의 주체로서의 인간 내부에 있어서 선악이나 시비의 절대적인 척도를 구해 보려는 시도가 그 발판을 잃는 셈이 되기 때문이다.

어떤 종교적인 신앙을 토대로 삼고 절대적인 윤리를 세우는 길이 전혀 막힌 것은 아니다. 그러나 이와 같은 신앙이 오늘날 만인의 가슴을 차지하고 있는 것 같지는 않으며, 또 종교적 신앙이란 노력으로 빚어낼 수 있는 성질의 것도 아니다. 알고 나서야 믿을 수가 있다는 생각, 또는 무슨 증거를 보여주어야지만 믿을 수 있다는 생각이 점차 굳센 세력을 얻어 가고 있음은 르네상스 이래의 일반적인 사실이라 하겠다. 여하튼 신에 대한 신앙을 토대로 삼는 윤리설이 하나의 학으로서의 인정을 널리 받기 위하여 현대가 매우 적합한 시대라고는 보기 어렵다.

상대론 내지 회의론으로 달리는 현대 윤리 사조의 경향은, 오늘날 큰 세력을 가진 몇몇 철학파까지 이에 가담함에 이르러 더욱 치명적인 지경에 다달았다. 논리적 실증주의(logical positivism)는 아마 그러한 학파의 대표적인 것이라 하겠다.

카르납(R. Carnap), 라이헨바흐(H. Reihenbach), 에이어(A. J. Ayer) 같은 사람들에 의하면, 소위 '윤리학적' 저술이나 주장 가운데 나타나는 '판단'이라는 것은, 심리학적 사실에 관한 판단이거나 그렇지 않으면 단순히 감정의 표현 내지 명령적 발언에 지나지 않는 것들이다. 심리학적 사실에 관한 판단의 진위를 밝히는 일이라면 전문적인 심리학자들에게 일임하는 것이 마땅할 것이다. 그리고 감정의 표현 내지 명령적인 발언이라면, 그것이 사실에 관하여 아무것도 전해 주는 바가 없는 까닭에, 이는 엄밀한 의미로 볼 때 결코 판단이라고 볼 수가 없을 것이다. 그러므로 어차피 이른바 '윤리학'의 고유한 대상이 될 수 있는 판단이라고는 아무 데서도 찾아볼 수 없다고 논리적 실증주의의 대표자들은 주장한다. 이리하여 윤리학에 적용된 논리적 실증주의는, 스티븐슨(C. L. Stevenson)의 경우에 있어서와 같이 절충적인 견지를 취하는 이가 없는 것은 아니나, 대체로는 고전적인 상대론자들보다도 더욱 극단으로 달리기를 즐겨했으며, 마침내 윤리학이라는 학문의 성립을 전적으로 부인함에 이를 때까지 멈출 줄을 몰랐다.

3. 윤리의 근저로서의 가치 의식

만약 신학적인 교리나 형이상학적인 독단을 무조건 경건한 마음으로 받아들이지 못하는 것이 현대에 있어서 우세한 기질이라면, 현대의 주류에서 멀지 않은 어떤 사조가 밖으로 신(神)을 잃고 안으로는 이성의 절대성을 불신하는 방향으로 흐른다 하더라도, 이는 설교나 설득으로써 막을 수 있는 단순한 성질의 것은 아니라고 보아야 할 것이다. 따라서 현대 윤리학의 주요한 사명의 하나는, 신심(信心)을 잃은 현대인들의 지성이 수긍할 수 있는 **근거 있는** 학설을 제시함이라고 생각된다. 그러나 신과 같은 초월자의 권위도 인정하지 않고 또 이성의 선천성 내지 보편성도 믿지 못하겠다면, 이제 무엇을 근거로 삼고 윤리 판단의 옳고 그름을 가릴 수 있을 것인가? 새로운 윤리설의 가능한 근거의 하나로서 우리는 **가치 의식의 필연성** 및 **가치 의식의 객관적 측면**을 생각할 수 있을 것 같다. 그러면 '가치 의식의 필연성'이란 무엇을 의미하며 '가치 의식의 객관적 측면'이란 무엇을 가리키는 말일까? 첫째 물음부터 살펴보기로 하자.

산다는 것은 활동을 포함하는 과정이다. 그리고 이 활동의 원동력이 되는 것은 매우 넓은 의미로 '욕구'라고 부를 수 있는 일종의 자연적 경향이다. 일신(一身)의 내부와 환경 가운데 부단히 생기는 변동은 인간 개체의 생물학적, 심리학적 균형을 깨뜨리며, 깨뜨려진 균형은 언제나 스스로를 회복하려는 운동을 일으킨다. 그것은 마치 기압의 고저(高低)가 '바람'이라는 변동을 일으키는 것과 같은 이치의 현상이다. (물론 내외의 변동을 따라 균형이 상실되고 상실된 균형이 회복을 꾀하는 운동이 생기는 것은 개인에게만 국한된 현상이 아니라, 사회 전체의 규모에 있어서도 비슷한 현상은 일어난다. 그러나 여기서는 서술의 간략을 위하여 개체의 경우만을 고찰하기로 한다.)

경험이 늘어 감에 따라서, 개체 내에 생긴 어떤 균형의 상실을 회복하기 위하여 — 즉 어떤 욕구를 채우기 위하여 — 무엇이 효과적인지를 깨닫게 되었을 때, 우리에게는 행동의 목표가 뚜렷하게 된다. 그런데 일정한 욕구를 채우기에 효과적인 목표는 한 가지뿐이 아니고 여러 가지 있는 것이 보통이다. 예컨대, 추위에 몸을 덥게 하고 싶은 욕구를 위한 행동 목표가 될 수 있는 것으로서 난방 장치, 털옷, 운동, 술 마시기 등이 있다. 다음에, 같은 행동 목표를 달성함에 있어서도 그 방법에는 여러 가지의 길이 있을 수 있다. 예컨대, 난방 장치에도 여러 가지 종류의 것이 있고, 같은 종류의 난방 장치를 한다 하더라도, 기술자 내지 업자의 선택, 비용 조달의 방법 여하에 따라서, 길은 다시 여러 갈래로 나누어진다.

이제 본 바와 같이 일정한 욕구를 만족시킨다는 어떤 목적을 달성함에는 여러 가지 수단이 적용될 수 있다. 그런데 같은 목적을 위해서 두 가지 이상의 수단을 동시에 적용할 수 없음은 명백한 사실이다. 따라서 우리는 허용된 몇 가지 수단 중에서 오직 하나만을 선택해야 한다. 그러나 이 선택은 제비를 뽑을 때 하듯이 맹목적으로 이루어질 수는 없다. 왜냐하면, 선택이 가능한 수단들 가운데 어느 것은 그 목적 달성을 완전히 하나 다른 어느 것은 그렇지 못하며, 또 어느 것은 힘이 많이 들고 다른 것은 힘이 적게 드는 등의 차이가 있는데, 우리는 자연히 더 완전한 수단, 더 수월한 방법 등을 선택하도록 마련되어 있기 때문이다. 쉽게 말하자면, 우리는 어떤 목적 달성을 꾀할 때, 반드시 어느 수단이 더 낫고 어느 수단이 그만 못하다는 차별감을 갖게 된다. 다시 말해서, 우리는 수단에 관한 적부(適否)의 **가치 의식**을 필연적으로 갖게 되는 것이다.

우리가 낫거나 못하다는 차별감, 즉 가치 의식을 갖게 되는 것은 비단 수단에 관해서만이 아니다. 동시에 두 가지 이상의 욕망이 대립하는 경우가 많다는 평범한 사실은, 목적 그 자체에 관해서도 낫고 못한 것을 가리는 가치 의식을 자아낸다. 물론 여기서 우리는 듀이(J. Dewey)와 함께, 목적과 수단을 엄밀히 구별할 수 있느냐, 그 차이는 상대적인 것에 불과하지 않느냐 하는 문제를 제기할 수 있을 것이다. 그러나 비록 수단도 동시에 목적의 성질을 띠며, 목적도 동시에 수단의 성질을 가짐이 사실이라 하더라도, 관념상으로는 목적과 수단이 혼동할 수 없는 두 가지 개념임에 틀림이 없다. 따라서 서술의 편의라는 점만을 생각하더라도, 이 두 개념을 구별함은 결코 무의미하지 않을 것이다.

욕망에 관해서 가장 중대한 사실은 우리가 **모든** 욕망을 거부할 수 없다는 그것이다. 우리가 **일정한** 욕망을 경우에 따라 버릴 수는 있다. 그러나 A라는 욕망을 버린다는 것은 A 대신 B라는 욕망을 택한다는 뜻에 불과하며, 어떤 욕망의 부정은 그 자체가 다른 욕망의 긍정을 의미한다. 의식적인 모든 순간이 어떤 욕구를 포함한다고 말해도 과언이 아닐 만큼 '산다'는 것과 '욕구한다'는 것은 뗄 수 없는 관계에 있다.

성인(成人)에 있어서 의식적인 욕구를 갖는다는 것은 어떤 목적을 의중(意中)에 갖는다는 뜻을 포함한다. 따라서 의식적으로 삶을 영위하는 우리는 반드시 어떤 목적을 의중에 갖기 마련이다. 그리고 두 가지 이상의 욕구가 종종 대립된다는 사실이 목적에 관한 가치 의식을 필연적으로 일으킴은 앞서 말한 바와 같다. 또, 어떤 욕구가 생기고 따라서 목적이 선택된 이상, 그 목적 달성을 위한 어떤 수단이 강구됨도 필연적이며, 이는 한 가지 목적을 위하여 몇 가지 수단이 적용될 수 있다는 사실과 아울러 수단에 관한 가치 의식도 또한 불가피한 것으로 만든다.

우리는 살고 있는 한, 가치 의식을 갖기 마련이다. 가치 의식이 **필연적**이라는 사실은 우리가 **가치**의 **있음**을 부인할 수 없다는 결론을 자아낸다. 가치는 자연물처럼 일정한 시간과 공간의 제약을 받고 '존재'하는 것은 아니다. 그러나 '존재한다(exist)'는 것과는 좀 다른 의미로 가치가 '있다(be)'는 것은 부인하기 어려울 것이다. 심한 회의론자들 가운데는, 가치라는 것이 근거 없음을 주장하여 "시비를 가릴 필요가 없다." 또는 "어떻게 해야 한다는 법은 없다."고 말하는 이가 있을지도 모른다. 그러나 이러한 발언이 자기모순을 포함하고 있음은 명백하다. 왜냐하면 "시비를 가릴 필요가 없다." 또는 "아무렇게나 살아도 좋다."는 주장 자체도 하나의 가치판단임에는 틀림이 없으며, 이러한 주장의 참뜻은, 가치라는 것을 전적으로 부인하는 것이 아니라, 남들이 주장하는 가치를 부인함으로써 자기가 신봉하는 새로운 가치를 긍정함에 불과하기 때문이다. 가치 의식을 가지며, 많은 사물을 **평가**의 눈으로 바라보지 않을 수 없다는 것은 삶에 주어진 본래의 제약인 것 같다.

가치 의식의 필연성은 도덕 현상을 사실대로 밝히는 과학, 이를테면 도덕심리학이나 도덕사회학 따위의 학문을 성립시키기에 충분한 여건이 될 것이다. 그러나 그것만으로는 도덕에 관한 당위의 학까지도 가능하다고 주장할 근거는 못 된다. 가치 의식 내지 가치판단의 존재가 의심 없는 사실이라 할지라도, 그 의식이나 판단이 단순히 주관적인 것이어서 그 시비를 밝힐 객관적인 표준이란 있을 수 없다는 것도 생각할 수 있는 일이기 때문이다.

그러나 만약 서로 다른 가치 의식들 가운데서 타당한 것과 부당한 것을 분별할 어떤 근거만 있다면, 즉 타당성이 큰 가치 의식과 작은 가치 의식을 판별할 어떤 기준이 발견된다면, "우리는 무엇을 할 것인가?"에 대답하는 규범학(規範學)으로서의 윤리학이 성립할 여지가 있을 것이다. 수단에 관한 가치판단의 시비를 실증적으로 밝힐 가능성이 있다는 것은 일반이 인정하는 바다. 일정한 목적을 위해서 어떤 수단이 가장 적절한가를 정확히 알아내는 일이 사실상 매우 어렵다 하더라도, 적어도 이론상으로는 수단에 관한 판단의 시비를 밝힘은 가능한 일에 속한다.

따라서 문제는 **목적 그 자체에 관한** 가치판단의 시비를 가릴 수 있느냐 없느냐에 달리게 된다. 그러나 좁은 지면밖에 허용되지 않은 이 글에서 오늘의 윤리학적 문제 중 가장 크고 어렵다고 생각되는 바로 이 문제를 제대로 다룰 수는 없다. 여기서 필자가 꾀하는 것은, 목적 그 자체에 관한 가치 의식 내지 가치판단의 주관적 요소를 부인할 수 없으며, 따라서 목적에 관한 가치판단의 시비를 엄밀한 논리로써 구명함이 불가능하다는 부정적인 견해를 용인한다 하더라도, 그 시비를 좀 너그러운 의미에서 가릴 수 있는 길은 있으며, 따라서 윤리학이 넓은 의미의 '학'으로서 성립할 수 있으리라는 잠정적인 사견(私見)을 소개하는 정도에서 그칠 수밖에 없다. 그리고 이와 같이 주장하는 근거로서 필자는 가치 의식 가운데 포함된 객관적인 측면을 강조하려는 것이다.

우리들의 가치 의식이 각자의 욕구나 호오(好惡)에 의하여 제약되며, 욕구나 호오가 강한 주관성을 가지고 있다는 것은 의심의 여지가 없다. 그러나 한편, 가치 의식에 있어서 초개인적(超個人的)인 요소가 지배하는 측면도 간과해서는 안 될 것이다.

가치 의식을 결정하는 초개인적 요소의 첫째로서 우리는 인간성에 있어서의 **공통적인 측면**을 들 수가 있다. 인체의 구조가 만인에 있어서 비슷하며, 인간의 본능적인 욕구가 고금을 통하여 유사하다는 사실은, 인류의 가치 의식으로 하여금 어떤 공통된 일면을 갖게 한다. 왜냐하면, 가치 의식은 개체의 생명 유지 내지 욕구의 충족과 뗄 수 없는 연관성을 갖기 때문이다.

가치 의식의 초개인적 요소의 둘째로서 우리는 인간의 사회성과 역사성을 들 수가 있다. 인간이 사회적 존재요, 역사 안에 살고 있다는 평범한 사실은, 같은 지역이나 같은 시대 안에 살고 있는 사람들이 상통하는 가치 의식을 갖게 하는 개관적 조건을 준비한다. 함께 사는 사람들의 공동 목표와 공통된 생활양식은 자연히 같은 것을 좋아하고 같은 것을 싫어하는 경향을 자아내기 때문이다. 만약 같은 지역사회나 같은 시대 안에 사는 사람들의 가치 의식이 원칙적인 문제에 관해서만이라도 완전히 일치할 수 있다면, 그것은 적어도 일정한 지역이나 시대 안에서는 타당성을 갖는 윤리설의 성립을 가능케 할 지반이 될 수 있을 것이다.

사람들의 가치 의식이 세부에 관해서 많은 차이를 찾는 반면에, 바탕에 있어서 일치하는 일면도 가지고 있다는 점에는, 크게 이론(異論)이 없을 것이다. 문제는, 결코 완전하다고 볼 수 없는 그 정도의 가치 의식의 일반성이 어떻게 객관적 타당성을 가진 규범적 윤리학의 지주가 될 수 있느냐에 있을 것이다.

만약 "객관적 타당성을 갖는다."는 말이 "경험적 사실에 의하여 논증될 수 있다."는 것을 의미한다면, 규범적 윤리학에 관한 한, 객관적 타당성이라는 것은 있을 수가 없을 것 같다. 왜냐하면, 어떤 규범적 윤리학이 상술한 의미의 객관적 타당성을 갖자면, 그 윤리설의 최고 원리가 되고 있는 판단이 옳음을 실증적으로 밝힐 수 있어야 하는데, 그것은 본질상 불가능한 일이기 때문이다. 그것이 불가능한 이유는, 규범적 윤리설의 최고 원리가 되는 가치판단은 반드시 궁극목적에 관한 것이거나 무조건적 의무를 부과하는 정언명법(定言命法)이며, 이와 같은 **궁극적 성질**을 가진 판단에는 오직 규범적 의미(prescriptive meaning)만이 있을뿐, 논증의 대상이 될 기술적 의미(descriptive meaning)는 포함되어 있지 않기 때문이다.

그러나 만약 '타당하다'는 말이 '옳은 그것으로서 **통용된다**'는 뜻으로 쓰인다면 규범적 윤리설에도 타당한 것과 그렇지 못한 것을 구별할 수가 있을 것이다. 가령 지금 A와 B 두 사상가가 각각 다른 윤리설을 주장한다고 하자. A의 학설은 현대인의 냉철한 지성이 널리 이에 찬동하는데, B의 것은 공평무

사한 대부분의 인사들에 의하여 '합리(合理)하다'는 평가를 받는다면, 전자는 어떤 의미에 있어서 (독일어 'gelten'의 통속적인 뜻에 가까운 의미에 있어서) 후자보다 더 많은 '타당성'을 갖는다고 볼 수 있을 것이다. 예컨대 "국가의 주권은 국민 전체가 가져야 한다."는 신념이 냉철히 반성하는 모든 현대 지성인의 동의를 얻는다면, 이 신념을 토대로 삼은 윤리설은 적어도 현대의 지성인에 있어서 일종의 '타당성'을 갖는다고 볼 수 있을 것이며, 반대로 "주권은 국가의 수반(首班) 한 사람만이 가져야 한다."는 신조 아래 세워진 윤리설은 그러한 타당성을 갖지 못한다고 볼 수 있을 것이다. 여기서 "지성인만이 현대인의 전부가 아니거늘, 어찌 지성인만을 고려하여 타당성을 운위(云謂)할 수 있느냐?"는 반박은 그다지 적절하지 않다. 학(學)이란 본래 지성의 사업인 까닭에, 어떤 윤리설이 아무런 지성도 이를 부인할 수 없는 내용을 가졌다면, 그것만으로 그 학설은 능히 윤리학으로서의 자격을 갖는다고 봐야 할 것이기 때문이다.

'타당하다'는 말을 상술한 바와 같은 뜻으로 사용함에 대하여, 즉 사실상 일반이 좋다고 보는 것은 일종의 타당성을 갖는다는 견해에 대하여, 찬동할 수 없다는 사람들이 있을 것이다. 이와 같은 반대 의견에 대답하기 위하여 우리는 도덕률과 문법 사이에 발견되는 유사성에 대해 언급하는 것이 좋을 듯하다.

우리는 언어에 타당한 용법과 부당한 용법, 즉 옳은 말투와 그른 말투의 구별이 있음을 믿는다. 예컨대 "사회질서를 교란한 자는 벌을 받아야 한다."는 표현은 옳은 것이나, "사회질서을 각난한 자은 버를 바다야 한다."고 써서는 안 된다고 생각한다. 그러나 여기서 전자가 옳고 후자는 그르다는 근거가 대체 무엇인가? 실제에 있어서 전자는 '옳다'는 인정을 일반적으로 받고 있으며, 후자는 일반이 '그르다'고 인정한다는 사회적 사실보다도 더 궁극적인 근거를 생각할 수는 없을 듯하다. "이러이러한 경우에는 어원을 밝혀야 하며, 발음대로 써서는 안 된다."는 한글 문법의 원칙에는 사실 공인된 약속이라는 것 이상의 근거는 없는 것 같다. 그러나 이 원칙은 엄연한 구속력을 가진 것이며, 이 원칙을 어긴 문장은 확실히 부당한 것이다. 그와 마찬가지로 대중이 숙고한 끝에 '옳다'고 인정하는 행위의 규범은 '타당한' 규범이요, 그렇지 못한 것은 '타당하지 않은' 규범이라 할 수 있을 것이다. 이 **주장**은 각자의 기분에 따르는 견해가 선악과 시비의 표준이 된다는 주장과는 확연히 구별되어야 한다. 일반적으로 옳다는 공인을 받는 어법(語法)이 타당한 어법이라 함이 어법을 마음대로 뜯어고칠 수 있다는 말이 아니듯이, 사회적인 인정이 행위에 관한 시비의 근거가 된다 함은 개인의 주관에 따라 도덕률이 마음대로 좌우될 수 있다는 뜻이 아니다. 이 주장의 요점은 **역사적 현실**이 가치의 규준이 될 수 있다는 것과, 그 역사적 현실이 초개인적인 힘에 의하여 결정되는 객관적 사실임을 강조함에 있다.

인간의 역사가 전체로서 하나의 창조 과정이라면, 역사의 부분으로서의 도덕 현상도 하나의 창조 과정이 아닐 수 없을 것이다. 창조이기 때문에 도덕의 법칙도 한자리에 머무를 수는 없다. 그러나 새로운 윤리가 새 시대의 승인을 받으려면 일련의 객관적 조건을 만족시켜야 한다. 그 가운데서도 가장 중요한 것은 대중의 가치 의식과 조화된다는 조건일 것이다. 가치 의식 자체도 물론 고정불변한 것이 아니라, 역사성과 사회성을 지니고 발전하는 무엇이다. 새 시대의 요구에 적합한 새로운 윤리 사상은 대중의 묵은 가치 의식에 변동을 가져올 것이다. 그러나 새 시대의 요구에 적합하다는 인정을 받기 위해서는 먼저 기존하는 가치 의식에 호소해야 하는 것이다. 대중이 간직하는 기존의 가치 의식과 개혁의 선봉으로서의 새로운 윤리관 사이에는 일종의 상호 제약 관계가 지배한다.

가치 의식을 갖는다는 것은 삶의 주어진 조건의 하나다. 따라서 우리가 살아 있는 한, 일체의 가치판단을 보류할 도리가 없을 뿐 아니라 모든 사물을 그저 냉정한 사실로서만 보는 데서 그치지 않고, 동시에 이를 가치 의식의 안경을 통해서 보지 않을 수 없는 것이다. 그러므로 일단 내려진 가치판단들은 또다시 그것이 가치판단의 대상이 되지 않을 수 없으며, 이에 옳은 가치판단과 그른 가치판단의 구별이 불가피하게 된다. 이 가치판단의 가치판단도 또다시 가치판단의 대상이 됨은 물론이요, 이와 같이 끊임없는 가치판단의 연속이 다름 아닌 규범의 철학으로서의 윤리학이라고 볼 수 있을 것이다. 그리고 학으로서의 윤리설이 타당성을 가지려면 그것은 지성의 일반적 시인을 받아야 하며, 그 시인을 받기 위하여서는 첫째로 현대적 지성의 소산인 과학적 지식에 위반됨이 없는 동시에 논리적 모순을 포함하지 않아야 함은 물론이거니와, 둘째로 판단을 내리는 시대와 사회의 일반적인 가치 의식과 조화되어야 하며, 셋째로 진보의 원리로서 작용할 수 있는 창조적인 일면을 가져야 할 것으로 생각된다.

(1960년 여름)

3장 가치의 본질관(本質觀)과 그 실천적 함의

1. 머리말

여행을 하는 사람에게 우선 필요한 것은 자기가 가야 할 목적지가 어딘지를 분명히 알고 있는 일일 것이다. 인생에 있어서도 사정은 비슷하다. 개인에 있어서나 단체에 있어서나 도달하고자 하는 목표가 분명하지 않고서는 능률과 보람이 있는 행진을 계속하기가 매우 어렵다.

우리들 가운데는 지금 한국이 가야 하며 또 실제로 가고 있는 목표가 무엇인지 잘 알고 있다고 믿는 사람이 많을 것이다. 그러나 우리는 스스로 잘 알고 있다고 믿는 바에 관하여 의외로 모르고 있을 경우가 있다. 예컨대, 유학자(儒學者)는 『논어(論語)』나 『맹자(孟子)』에 관한 한 모를 것이 없다고 자신한다. 그러나 그가 사서(四書)를 우리말로 옮기는 일에 종사할 때, 그는 지금까지의 그 자신이 약간 지나쳤다는 것을 알게 될 것이다. 그와 마찬가지로, 한국이 가야 할 목표에 관하여 우리들이 아는 바가 그다지 명확하지 못하다는 것도, 우리가 그 목표를 분명한 언어로써 표현하고자 꾀했을 때 곧 드러날 것이다. 설령 이론상으로서는 우리의 공동의 목표가 무엇인지 알고 있을지라도 실천상으로는 반드시 그 목표로 지향하지 않고 있을 경우가 있다. 인간의 의지는 언제나 지성의 처방대로만 움직이는 단순한 작용이 아니라는 사정도 있거니와, 근시안적인 이기심으로 볼 때 공동의 목표를 이탈함이 개인에게는 도리어 유리한 듯이 보이는 상황도 많이 있는 까닭에, 우리는 스스로의 지성이 세운 이론을 종종 배반하는 것이다.

세상 사람들의 거의 일치된 견해에 의하면, 현재 우리 한국은 매우 중대한 역사적 시점에 처해 있다. 이 중대한 시점을 무난히 극복하기 위해서는 우리는 우선 우리의 공동 목표를 분명히 인식할 필요가 있을 것이다. 그리고 지성이 제시하는 목표를 우리의 철없는 의지가 망각하는 일이 없도록 하기 위하여, 가끔 그 목표를 여론의 광장에서 재확인해야 할 것이다.

개인은 훌륭한 인격이 되는 것을 일생의 목표로 삼는다. 국민들은 훌륭한 나라를 건설하는 일을 공동의 목표로 삼는다. 그리고 개인의 목표로서의 '훌륭한 인격'과 국가의 목표로서의 '훌륭한 나라' 사이에는 밀접한 관계가 있음을 본다. 즉 훌륭한 인격은 훌륭한 나라를 건설하는 원동력인 동시에 훌륭한 나라는 훌륭한 인격들을 배출하는 도장(道場)인 것이다. 여기서 문제가 되는 것은, 그러면 어떠한 것이 훌륭한 인격이며 어떠한 것이 훌륭한 나라냐는 물음 — 인격 내지 국가를 '훌륭한' 것으로 만드는 특성이 무엇이냐는 물음 — 이 아닐 수가 없다.

'훌륭함'이란 일종의 가치를 나타내는 말이다. 따라서 "훌륭함이란 무엇을 말하는가?"라는 물음은 가치의 본질을 묻는 물음에까지 우리를 이끌어 간다. 요컨대, 우리 국민이 무엇을 사실상 국가의 목표로서 지향하느냐는 문제는 우리 국가의 가치관 여하를 따라서 크게 좌우된다. 그리고 우리 국민의 가치관을 좀 더 이성적인 지반 위에 세우기 위하여, 우리는 가치의 본질에 관하여 물음을 제기하지 않을 수 없는 것이다.

2. 가치에 있어서의 실재론과 상대론

"가치란 무엇인가?"라는 물음을 둘러싸고 철학자들의 견해는 우선 크게 두 진영으로 나누어진다. 그 하나는 가치 실재론(實在論)의 진영이요, 또 하나는 가치 상대론(相對論)의 진영이다. 실재론에 의하면, 가치라는 것은 본래 독자적인 실재성을 갖는 것이며, 그것이 생기기 위해서 어떤 욕망이나 감정이 관여할 필요는 전혀 없다. 다시 말하면, 어떤 대상이 가치를 짊어지고 있느냐 아니냐는 문제는 오로지 그 대상 자체의 본질적 특성을 따라서 내납될 문제이며, 이 대상을 누가 원하는가 원치 않는가, 또는 그 대상이 누구에게 쾌감을 주는가 괴로움을 주는가 등의 심리학적 사실은 그 대상의 가치의 유무 또는 가치의 대소에는 전혀 영향을 미치지 않는다. 가치 실재론은 가치가 성립하기 위하여 가치 이외의 어떤 것도 관계할 필요가 없다고 주장하는 것이며, 따라서 이를 가치 절대론(絕對論)이라고도 부른다.

한편 가치 상대론에 의하면, 가치라는 것은 어떤 대상에 사람의 마음이 관계함으로 말미암아 비로소 생긴다. 다시 말하면, 사물이 본래 그 자체 안에 가치를 지니고 있는 것이 아니라, 누가 그것을 원하거나 또는 그것을 좋아하는 심리 작용이 어떤 사물로 쏠릴 때, 비로소 거기 가치라는 것이 생긴다. 관심의 대상이 되기 이전에는 어떠한 사물도 가치를 소유하지 못한다. 이와 같이 가치 상대론은 심리 작용의 관여를 가치 성립의 필수 조건으로 보는 까닭에, 어떤 학자들은 이를 '심리학적 가치설'이라고도 부른다.

가치 실재론의 고전적인 사상가로는 플라톤(Platon), 스토아 학파, 모어(H. More), 프라이스(R. Price), 데카르트(R. Descartes), 그리고 자연법론자들을 들 수 있다. 현대에 와서 이 실재론을 지지하는 학자로는 무어(G. E. Moore), 로스(W. D. Ross), 브렌타노(F. Brentano), 후설(E. Husserl), 마이농(Meinong) 등이 알려져 있다. 가치 상대론의 고전적인 사상가로는 옛날 그리스의 소피스트들, 에피쿠로스(Epikuros), 홉스(T. Hobbes), 스피노자(B. Spinoza), 흄(D. Hume), 그리고 영국의 공리주의자들을 들 수 있다. 현대에 와서 이 상대론을 지지하는 학자로는 산타야나(G. Santayana), 페리(R. B. Perry), 듀이(J. Dewey) 등을 비롯한 여러 경험론자들이 있다.

그러면, 가치를 독자적 실재로 보는 견해와 그것을 어떤 마음이 관계함으로 생기는 산물이라고 보는 견해 중 어느 편이 타당한 것인가? 이 두 가지 견해가 모두 옳을 수는 없다. 왜냐하면, 이 두 가지 견해는 완전히 서로 모순되는 개념을 포함하기 때문이다. 그리고 우리가 가치라는 것의 존재를 전적으로 부인하지 않는 한, 저 두 가지 견해가 모두 그릇될 수도 없다. 왜냐하면 가치는 마음과의 관계를 통해서 있거나 마음과는 관계없이 있거나, 둘 중의 하나이며 거기 제3의 가능성이 개재할 여지가 없기 때문이다. 우리는 이미 가치의 존재를 인정하고 이 고찰을 시작했다. 그러면 저 두 가지 견해 가운데서 어느 것이 옳은 가치관인가? 가치 실재론과 가치 상대론 중 어느 편이 옳다는 것을 완전한 논리로써 밝힐 수는 없다. 사람 또는 그 밖의 어떤 유정자(有情者)의 심리가 전혀 관계함이 없는 곳에도 가치라는 것이 존재한다는 것을 증명할 길도 없으며, 또 그 반대의 주장을 증명할 도리도 없기 때문이다. 우리의 심리가 전혀 관계하지 않는 세계라는 것은 결코 경험할 수 없는 세계이며 경험할 수 없는 세계에 관한 어떠한 주장도 우리는 그것을 증명하거나 반증할 도리는 없는 것이다.

비록 빈틈없는 증명으로써 어느 학설이 옳고 어느 학설이 그른지를 확정할 수는 없으나, 그러나 만약 우리가 경험적인 뒷받침이 없는 주장은 되도록 물리치는 견지에 서는 한 — 즉 보통 말하는 과학적 입장을 취하는 한 — 가치 상대론을 타당한 것으로 믿을 만한 몇 가지의 이유가 있다. 가치 실재론자의 한 사람인 무어는, 가치가 사람의 욕구나 감정과는 관계없이 그 자체가 독립해서 실재한다는 주장을 떠받들기 위하여, 다음과 같이 말하고 있다. 즉 아무도 보거나 듣지 않는 어느 먼 곳에 우리가 상상할 수 있는 가장 아름다운 세계가 존재하는 것과, 또는 상상할 수 있는 가장 더러운 세계가 존재하는 것 중 어느 편이 나은지 생각해 보라고 제언한다. 비록 그러한 세계의 존재를 보고 즐기거나 또는 괴로워할 사람은 아무도 없다 할지라도, 가장 아름다운 세계가 존재함이 그 반대의 것이 존재함보다 바람직하다는 것은 직각적으로 자명하지 않느냐는 것이다. 즉, 아름다운 세계가 추한 세계보다 값진 것은 그러한 세계를 누가 보고 안 보고와 관계없이 명백하다는 것이며, 이것은 가치가 심리로부터 독립해 있음을 의미한다는 것이다.

그러나 무어의 입론은 별로 신통한 것이 못 된다. 왜냐하면, 무어는 감상하는 주체로서의 어떤 유정자가 없더라도 아름다운 세계와 보기 싫은 세계의 구별은 본래부터 있는 것으로 미리 가정하고 있는데, 이 가정이야말로 바로 우리의 논쟁점이기 때문이다. 다시 말하면, 사람의 눈이나 귀가 미치지 않는 곳에 미(美)와 추(醜)의 세계가 존재한다고 가정하는 것은, 벌써 심리를 떠나서 가치가 실재함을 가정하는 것이며, 이는 논리학에서 말하는 '선결문제 요구의 오류'에 해당하는 것이다.

실재론자들이 그들의 주장을 위한 최후의 근거로 삼는 것은 직각(直覺, intuition)이다. 예컨대 우정, 지식, 건강, 정의 등이 그 자체로서 값지다는 것은 직각적으로 자명한 진리라고 그들은 주장한다. 가령 참과 거짓을 비교하되, 참 또는 거짓이 빚어내는 결과나 참 또는 거짓을 대하는 사람의 태도를 전혀 고려함이 없이 오직 참과 거짓 그 자체만을 비교하더라도, 참이 거짓보다 값지다는 것은 의심의 여지가 없다는 것이다. 그러나 이 직각론(直覺論)에는 하나의 큰 난점(難點)이 있다. 그것은 사람들의 직각적 판단이 일치하지 않는 경우가 많다는 사실이다. 가령 지식이 그 자체로서 값지다는 것은 자명하다고 보는 직각도 있으나, 그렇지 않다고 보는 직각도 있다. 지식이 소중한 것은 그것이 우리 생활에 유용하며 또 우리가 그것을 원하고 존중하기 때문이라는 것에 의심할 여지가 없다는 견해도 있는 것이다. 요컨대 지식, 우정, 건강, 정의 등이 사람의 마음을 떠나서 그 자체가 값지다는 것은 자명하다는 직각을 경험하지 않는 사람들도 있는 것이다.

이러한 사실이 지적되었을 때, 직각론자들은 흔히 '도덕적 맹인'의 개념을 끌어 댄다. 심리와 관계없이 실재하는 가치의 존재를 직각하지 못하는 사람은 도덕감에 어떤 결함이 있다는 것이다. 그러나 이러한 주장은 매우 독선적인 것이며, 그들이 자명하다는 직각이 실은 일종의 착각에 지나지 않는다는 반격 앞에 결정적인 대책이 없다. 여하튼 직각론의 주장은 사람들의 직각이 일치하지 않는다는 사실을 유감 없이 설명해 주지 못하며, 따라서 주관의 마음가짐과는 전혀 관계없이 독자적으로 가치가 실재한다는 이론을 확립하기에 불충분함을 면치 못한다. 한편 가치와 심리 사이에 뗄 수 없는 관계가 있음을 암시하여 가치 상대론을 뒷받침하는 것으로 해석되는 몇 가지 심리학적 내지 사회학적 사실들이 있다. 그 중 한두 가지를 들어 보기로 하자.

첫째로, 옛날엔 직각적으로 자명한 진리로서 통용되던 도덕률이, 오늘날에 와서는 도리어 불합리하다는 이유로 물리침을 받는 사례가 많다는 사실을 들 수가 있다. 예컨대, 봉건사회에 있어서 절대성을 가졌던 성도덕 또는 신하의 도리가 현대에 이르러서는 도리어 낡은 것으로 배척당하는 수가 있다. 대체로 자명한 도덕률이란 사회 전체 또는 적어도 지배계급에 대하여 유용한 처방이다. 그러나 시대가 변천함을 따라서 그 유용성이 없어지면, 그 도덕률의 자명한 타당성이 의심을 받기 시작하는 것이며, 마침내는 물리침을 받기에 이르는 것이다. 이러한 현상은 도덕적 가치가 우리의 욕구 내지 감정과 밀접한 관계를 가지고 성립함을 암시하는 사실이 아닐 수 없다.

둘째로, 동일한 대상일지라도 판단자가 그것을 원하거나 좋아하는 정도가 크면 클수록 그것의 가치를 높이 평가하는 경향이 있다는 사실을 지적할 수가 있다. 예컨대, 자유, 평화 또는 우정 등을 갈망하는 마음이 간절한 사람일

수록 그것들이 값짐을 자명하게 직각하는 경향이 있다. 좀 더 구체적인 예로써 설명한다면 혈기가 왕성하여 이성(異性)에 대한 관심이 지대한 청년기에는 남녀간의 사랑에 가장 높은 가치를 인정하던 사람이, 늙어서 생리적 요구에 변동이 왔을 때, 사랑에 대한 왕년의 평가를 포기하는 경향이 있다. 이와 같은 경향은, 이른바 가치의 직관(直觀)이 절대 불변하는 것이 아니라 평가자의 경험과 처지를 따라서 변동하는 것임을 암시하는 사실이 아닐 수 없다. 그리고 가치의 직관이 평가자의 경험과 처지를 따라 변동할 수 있다는 것은, 객관적으로 실재하는 가치를 선천적 기능이 직각적으로 파악한다고 생각하는 직각론자의 주장에 대하여 확실히 불길한 증언의 뜻을 가진 것으로 보인다. 비유컨대, 동일한 사물에 대한 온냉(溫冷)의 지각(知覺)이 지각하는 사람의 생리적인 변동을 따라서 변동한다는 사실이, 온냉의 지각이 단순히 객관적으로 실재하는 성질을 전하는 것임을 의심할 이유가 되듯이, 가치의 직관이 평가자의 심리 상태를 따라서 변동한다는 사실은, 가치의 직관이 단순히 객관적으로 실재하는 성질을 전달하는 것이 아님을 추론할 이유가 되리라고 믿기 때문이다.

셋째로, 같은 부류에 속하는 대상들일지라도, 그것들을 대하는 사람들의 관심 여하를 따라서, 어느 것은 높이 평가되고 어느 것은 그렇지 못하다는 사실을 들 수가 있다. 예컨대 생명은 어떠한 종류의 것이든 다 같이 귀중할 것 같기도 하나, 실제의 평가에는 많은 차등이 있다. 사람의 생명은 집짐승의 생명보다 높이 평가되고, 들짐승의 생명은 집짐승의 그것보다도 더욱 낮은 평가를 받는다. 또 지식은 흔히 그 자체가 값진 것이라 하지만, 우리의 호기심을 자극하지 않는 것에 대한 지식은 사실상 별로 존중되지 않는다. 누가 만약 소크라테스의 생일을 알아낸다면, 크게 찬양을 받을 것이다. 그러나 어느 고아원 아동의 경우라면, 그 생일을 알아냈다 하더라도 그다지 높이 평가되지는 않을 것이다. 그러나 이상에 논한 바로써 심리학적 가치설, 즉 가치 상대론의 타당성이 완전히 증명되었다고 보는 것은 아니다. 철학에 관한 모든 궁극적인 문제들이 그렇듯이, 가치의 본질이 무엇이냐는 문제도 결국은 어떤 신념을 전제로 삼고서만 대답될 수 있을 뿐이다. 그 기본 전제로서의 신념 자체는 결코 증명되거나 반증될 길이 없다. 어떤 궁극적인 신념의 타당성을 밝히기 위하여 우리가 호소할 수 있는 것은 오직 직각뿐이거니와, 직각과 직각이 대립할 경우에 우리가 할 수 있는 것은 오직 토론을 중지하고 시간의 흐름을 기다리는 일뿐이다.

3. 가치의 본질 문제와 역사적 사명 문제의 관계

우리는 앞 절에서 가치 실재론과 가치 상대론의 대립을 고찰하였다. 그러나 우리들의 본래의 공통된 관심은 가치 그 자체의 본질을 알고자 하는 순전히 이론적인 호기심이 아니었다. 우리는 한국이 지향해야 할 공동의 목표를 살피고자 하는 실천적인 관심에서 출발했던 것이며, 이러한 실천적 관심에 대답할 이론적 배경을 마련하기 위하여 가치의 본질을 문제 삼았던 것이다. 그러므로 이제 우리는 가치를 독립한 성질로 보는 실재론과 그것을 심리와의 관계로 이해하는 상대론 중 그 어느 편을 올바른 가치철학으로 보느냐에 따라서, 우리들의 공동의 목표 또는 우리들의 역사적 사명에 관한 고찰이 어떠한 방향으로 이끌리게 되는가를 살펴보아야 할 단계에 이른 것으로 보인다.

가치의 독자적 실재성을 인정하는 실재론자들 가운데는 목적론(目的論)을 취하는 학자들과 법칙론(法則論)을 취하는 학자들이 있다. 목적론에 의하면, 인생에는 실현을 기다리는 목적이 있다. 그 목적이 오직 한 가지뿐이라고 믿는 사람도 있고 여러 가지라고 믿는 사람도 있거니와, 여하튼 그 목적은 우리 인간이 자기의 뜻을 따라 정하는 것이 아니라 밖으로부터 이미 주어졌다고 보는 점에 실재론자들의 공통된 특색이 있다. 그것이 우리가 지향할 목적이 되는 이유는 그것 속에 선(善)의 가치가 담겨 있기 때문이며, 선의 가치는 어떠한 마음의 태도와도 관계없이 그 자체로서 거기에 있는 것이다. 따라서 그것은 우리가 그것을 좋아하거나 원하는 마음을 갖기 이전부터 이미 실현되어야 할 목적으로서 주어져 있는 것이다.

법칙론에 의하면, 인간에게는 모든 행위가 그것을 따라야 할 행위의 법칙이 주어져 있다. 그 법칙이 몇 가지나 되며 또 그 법칙의 내용이 어떠한 것이냐에 대하여는 학자에 따라서 의견이 구구하나, 어하튼 그 법칙은 우리 인간이 스스로의 필요에 의거하여 제정하는 것이 아니라, 마치 자연의 법칙이 그렇듯이, 미리부터 주어져 있다고 보는 점에 실재론자들의 공통된 특색이 있다. 그 법칙을 따라야 하는 이유는 그 법칙이 명령하는 행위가 옳은 행위이기 때문이며, 옳음의 가치는 어떠한 마음의 태도와도 관계없이 그 자체로서 거기에 있는 것이다. 따라서, 그러한 행위 또는 그러한 행위가 빚어내는 결과를 좋아하거나 원하는 마음을 갖기 이전부터, 그 법칙은 만인이 지켜야 할 규범으로서 미리 주어져 있는 것이다.

만약 인생의 목적이 밖으로부터 이미 주어져 있다는 견해를 취한다면, 현대의 한국이 지향해야 할 목표도 밖으로부터 이미 주어져 있다는 결론이 될 것이다. 따라서 어떤 사상적인 지도자의 신념이나 또는 국민 전체의 여론 따위가 이 나라의 목표를 결정하는 주체적인 구실을 할 여지는 없다. 우리가 할 일은 오직 이미 주어져 있는 그 목표를 찾아내는 일이며, 그 목표를 발견하는 일에 모든 철학과 과학이 동원되어야 할 것이다. 주어진 목표가 일단 발견된 뒤에는 그 목표의 달성을 위한 수단 내지 방법이 강구되어야 할 것이다. 어떤 목적과 그것을 달성하는 수단의 관계는 결과와 원인의 관계에 해당한다. 따라서 목적의 실현을 위한 수단을 발견하는 문제는 과학자들의 힘으로 해결할 문제다.

만약 모든 사람이 지켜야 할 행위의 규범이 선천적으로 주어져 있다는 법칙론의 견해를 따른다면 현대의 한국인들이 지켜야 할 행위의 법칙도 이미 주어져 있다는 결론이 될 것이다. 따라서 우리가 할 일은 오직 이미 주어져 있는 법칙을 찾아내어 그것을 실천하는 일뿐이다. 여기까지는 앞에서 살핀 선천적 목적론의 경우와 마찬가지다. 그러나 법칙론의 경우에 있어서는 과학의 참여를 기다리는 바가 매우 적다는 점이 목적론의 경우와 다르다. 전통적인 법칙설에 의하면, 법칙의 발견은 오로지 양식이나 직관에 의존할 도리밖에 없으며, 따라서 과학적 탐구가 이에 참여할 여지는 별로 없다. 다만 법칙을 구체적 상황에 적용함에 있어서는 그 구체적 상황을 정확히 파악할 필요가 있으므로, 이 구체적인 상황을 파악하는 일에 과학의 협력이 요구될 따름이다. 그리고 행위의 법칙은 직접적으로 파악되는 것이며 목적에 의거하여 법칙 내지 수단을 추리해 내는 것이 아니므로, 인과율을 적용하는 과학의 활동도 여기서는 그리 요청되지 않는다.

가치 실재론의 입장에 서는 한, 그 안에서 목적론의 견지를 택하든 또는 법칙론의 견지를 택하든, 우리가 가야 할 길이 어느 길이냐는 물음에 대한 올바른 대답은 오직 하나가 있을 뿐이며, 그 대답은 오로지 객관적 실재의 성질을 따라서 발견되어야 한다. 그리고 그 올바른 대답을 얻음이 사실상 매우 어려운 일일지는 모르나, 이론상으로는 그것이 가능하다는 낙관이 있다.

다음에 가치는 오직 어떤 마음의 태도가 참여하는 곳에 있어서만 비로소 일어나는 관계라고 보는 가치 상대론의 견지를 취한다면, 우리의 당면한 문제, 즉 국가의 목표 내지 역사적 사명을 모색하는 문제는 어떠한 제약을 받을 것인가?

가치 상대론에 의하면, 가치는 우리의 마음가짐의 영향을 받아 가며 형성되는 일종의 관계였다. 이것은 도덕적 가치의 경우에 있어서도 마찬가지며, 따라서 "우리가 가야 할 길은 어느 길인가?"라는 물음에 대한 대답은 우리가 지금 무엇을 원하며 무엇을 느끼고 있는가에 의하여 크게 좌우된다. 다시 말하면, 우리의 포부와 감정 그리고 결심 따위의 마음가짐 여하가 바로 우리의 올바른 길을 결정하는 중요한 인자가 된다.

이론적 가능성으로 말한다면, 가치 상대론의 견지에 서면서도 법칙주의의 윤리설을 주장할 수도 있고 목적주의의 그것을 주장할 수도 있다. 그러나 실제로는 상대론적 견지에서 법칙주의 윤리설을 주장하는 사람은 거의 없다. 상대론의 견지에서 볼 때, 가치는 결국 관심 내지 욕구가 지향하는 곳에 맺기 마련이다. 그런데 우리의 관심이나 욕구가 지향하는 곳은 단순한 행위 하나하나이기보다는 하나하나의 행위들이 쌓여서 이루는 어떤 전체이며 이 전체는 항상 하나의 목적으로서 의식된다. 그러므로 심리학적 가치론을 옹호하는 학자는 자연 목적론적 윤리설로 기울어지게 되는 것이다. 그러나 심리학적 가치론자가 윤리학의 원리로서 인정하는 '목적'은 밖으로부터 주어지는 것이 아니라 사람들의 욕구가 정하는 것이다. 다시 말하면, 그 목적은 우리 스스로가 자발적으로 선택하는 것이다. 각자는 스스로 자기의 목적을 정하고 그것의 달성을 꾀한다.

만약 모든 사람들의 지향하는 목적이 모두 일치하거나 또는 서로 잘 조화된다면, 심리학적 가치론에 입각한다 하더라도 한 국가의 목표를 발견하기에 아무런 어려움도 없을 것이다. 모든 국민이 공통으로 원하는 바가 바로 그 나라 전체의 목표가 될 것이기 때문이다. 그러나 실제에 있어서 개인들이 스스로 정하는 목적은 서로 어긋나는 경우가 많다. 그러므로 심리학적 가치설에 입각할 때, 국가나 사회의 공동 목표를 세우는 일은 매우 어려운 문제가 되고 만다.

만약 우리가 가치에 관하여 실재론을 취하고 상대론은 물리쳤다면, 상대론에 입각할 경우에 생기는 어려운 문제에 대하여 걱정할 필요는 없을 것이다. 그러나 필자는 앞서 상대론 쪽으로 기울어지고 있음을 고백하였다. 그러므로 우리는 "상대론의 견지 위에서 어떻게 공동의 목표를 얻을 수 있는가?"라는 어려운 물음을 회피할 수 없는 처지에 스스로 뛰어든 셈이다. 상대론의 견지를 취하면서도 공동의 목표를 모색하는 일이 어떤 이론적 근거 위에서 추진될 수 있는 것일까?

우리가 같은 나라의 국민으로서 공동의 목표를 세워야 하겠다는 바로 그 판단이 공동 목표의 가능성을 위한 이론적 기초의 구실을 한다. 만약 우리가 공동의 목표를 세우고자 하는 의욕을 갖지 않았다면, 그것을 세울 수 있는 아무런 근거도 없거니와 또 그렇게 할 필요도 없다. 그러나 우리는 실제로 공동의 목표를 세우고자 원하고 있다. 우리가 그것을 원하는 까닭에 그것은 가능한 것이며, 가능할 뿐만 아니라 또 그것은 실현되어야 할 과제이기도 하다. 왜냐하면, 우리가 공통으로 원하는 바는 곧 가치와 당위의 근원이라는 것이 바로 심리학적 가치설의 주장하는 바이기 때문이다.

물론 그 중에는 공동의 목표를 수립하는 일에 별로 관심이 없는 사람도 있을지 모른다. 만약 마음 어느 구석에도 그러한 관심을 갖지 않은 사람이 있다면, 그는 아직 우리와 같은 광장에서 공동의 목표를 논의할 수 없는 사람이다. 우리가 공동의 목표를 함께 논의할 수 있는 것은 그 논제에 대하여 공통된 관심을 가진 사람들 사이에만 국한된다.

우리들 대부분이 공동의 목표를 세우고자 원하고 있음에는 충분한 이유가 있다. 우리는 누구나 행복을 원하고 있으며, 만인의 소망인 행복의 실현을 위하여 공동의 목표 아래 단결하고 협력함이 필요한 것이다. 우리들의 이해관계는 개인과 개인 사이에 대립하며, 무리와 무리 사이에 대립한다. 그러나 크고 먼 안목으로 볼 때, 우리는 그래도 같은 운명 아래 살고 있는 것이다. 같은 운명 아래 살고 있는 까닭에, 우리에게는 지금도 단결과 협조가 요청되는 것이며, 이 요청이 바로 공동의 목표를 위한 가능성의 근거요, 또 당위성의 근거다. 가치 상대론의 견지에서 볼 때, 우리가 지향해야 할 공동의 목표가 주어져 있는 것은 아니다. 그러나 우리는 스스로 그 목표를 세워야 한다. 그것을 세워야 하는 이유는, 우리가 살기를 원하고 있으며, 제대로 살기 위해서는 그것을 세워야 하겠기 때문이다. 역사적 현 단계에서 우리에게는 우리가 공동으로 수행할 사명이 주어져 있다. 다만, 그 사명은 인간 밖의 어떤 존재가 인간에게 지워 준 것이 아니라, 인간 스스로가 자기에게 지워 주는 것이다. 삶으로의 뜻을 버리지 못하는 인간인 까닭에 스스로에게 그것을 명령하는 것이다.

우리는 우리 스스로의 뜻으로 공동의 목표를 작정해야 한다. 그러나 그것을 아무렇게나 기분 내키는 대로 정할 수는 없다. 우리가 그 속에 놓인 상황의 여러 가지 객관적 조건에 적합하도록 그 목표는 선정되어야 할 것이다. 우리 국민들이 현재 무엇을 가장 염원하고 있는가? 우리의 문화적 전통은 어떠한 것이며, 우리의 경제적 사정은 어떠한 것인가? 안으로 국내의 정치는 어떠하며 밖으로 국제 정세는 어떠한가? 그 밖에 고려해야 할 여러 가지 객관적 조건을 따라서 우리의 공동 목표는 선택되어야 한다. 공동의 목표란 첫째로 실현될 수 있는 것이라야 하며, 둘째로 그것의 실현이 우리 모두에게 깊은 만족을 줄 수 있는 것이 아니면 안 될 것이다. 그리고 실현이 가능하며 또 그 실현이 우리에게 깊은 만족을 줄 수 있기 위해서는, 우리의 공동 목표는 여러 가지 객관적 사정에 적응해야 하는 것이다.

우리의 공동 목표를 결정하는 일은 궁극에 있어서 우리 자신의 마음가짐에 달려 있다. 그러나 우리는 객관적인 정세에 따라서 마음가짐을 결정하는 것이며, 또 마땅히 그렇게 해야 할 일이다. 우리는 스스로의 인생관 내지 가치관을 따라서 인생의 목적을 정한다. 그러나 우리의 인생관 내지 가치관은 우리가 세계와 인생을 어떻게 인식하느냐에 따라서 크게 좌우되는 것이다.

(1964년 3월)

4장 자유의 윤리

1.

식자들은, 오늘날 한국의 불행의 가장 큰 원인의 하나는 마음의 질서를 위한 근본원리가 상실됐음에 있다고 지적한다. 행위가 의존할 가치의 체계가 무너졌다는 것이다. 유교적 교리에 바탕을 둔 옛 도덕은 벌써 새 시대의 실천을 다스릴 권위를 잃었는데, 아직 이 시대가 납득할 수 있는 새로운 모럴은 세워지지 않았다고 한다.

혹 어떤 사람은 종교의 힘으로 도덕적 무정부 상태를 극복해야 한다고 역설한다. 신앙이 없는 까닭에 마음이 방황한다는 것이다. 만약 종교에 대한 신앙이 개인의 결심 또는 국가의 정책으로 마음대로 만들어 낼 수 있는 것이었다면, 논자들의 주장은 만인의 지지를 받았을 것이다. 그러나 신앙이란 본래 인위적인 산물이 아닌 까닭에, 이 종교 구국론(救國論)을 진실로 현명한 처방이라고 생각할 수 있는 사람은 이미 신앙을 가진 일부에게만 국한된다. 그것도 각각 자기들의 종파의 보급으로 사람들의 마음을 바로잡을 수 있다는 아전인수의 사고이니 조만간 깨어질 동상이몽에 가깝다.

진실로, 현대적 불행의 뿌리는 종교를 믿어 보고자 애써도 마음 바탕으로부터는 믿어지지 않는다는 바로 이 심리적인 사실에 있는 것이 아닐까? 인습을 따라 설교를 베풀고 기도를 올리기는 하나, 그 설교와 기도에 종사하는 사람들 자신의 마음 한구석에서 무의식적 회의(懷疑)의 소리가 일어난다는 사실이 바로 현대의 모럴을 어려운 문제로 만드는 것이 아닐까? 금단(禁斷)의 열매를 맛본 원죄(原罪)의 인과(因果)를 현대의 우리가 가장 호되게 거두고 있는지도 모른다.

현대에도 경건한 믿음에 철저한 사람들이 없는 것은 아니다. 그러나 자연과학적 세계관이 압도하고 있는 오늘날, 그 믿음이 정신계의 대세를 좌우할 수 있을 정도로 지배적인 것은 아니다. 더욱이 사회생활의 불안정으로 말미암아 절대적 규범에 대한 회의는 일상적인 생활감정의 구석구석까지 침투되고 있는 상황이다.

어떤 종교적 신앙을 토대로 삼을 때, 도덕적인 가치의 체계가 저절로 세워지는 동시에, 마음이 행위의 기준을 얻고 안정될 수 있음은 의심의 여지가 없다. 그러나 그 신앙이라는 것이 마음대로 가질 수 있는 물건은 아니다. 여기서 생기는 절실한 문제는 "종교 또는 형이상학에 대한 믿음을 갖지 않고서도 세울 수 있는 모럴의 체계는 없는가?"라는 물음이 아닐 수 없다. 만약 종교적인 신앙을 갖지 못한 사람들에게도 마음의 질서는 요구되는 것이라면, 믿음으로써 복을 받지 못한 현대의 대중은 이 물음을 심각하게 제기하지 않을 수 없을 것이다.

'자유의 윤리'라는 제목 아래 필자가 앞으로 고찰하고자 하는 것은 "종교나 형이상학 또는 그 밖의 어떤 선천적 권위가 밖으로부터 우리에게 도덕의 원리를 부여한 바 없다고 가정할 때, 우리로서 가질 수 있는 도덕의 원리는 어떠한 성질의 것일까?"라는 문제다.

2.

대부분의 현대적 지성의 사유를 떠받들고 있는 것으로 보이는 자연과학적 세계관에 입각할 때, 우리가 가질 수 있는 도덕의 원리는 어떠한 것일까? 선천적으로 주어진 보편적 인생의 목적이나 절대적 행위의 법칙은 그 존재가 의심을 받고 있다. 밝혀진 자연과학적 사실을 근거로 삼고 도덕의 원리를 이끌어 내고자 한 자연주의자들의 계획도 무어(G. E. Moore)에 의하여 '자연주의적 오류'라는 이름으로 지적된 논리적 난관에 부딪쳤다. 초자연적 형이상학의 세계에도, 자연적 경험의 세계에도, 이미 형성되어 있는 도덕의 원리는 찾아볼 수 없다는 결론이다. 그럼에도 불구하고 도덕의 원리는 역시 있어야 한다. 이미 형성되어 있는 것은 없으나 그러나 반드시 있어야 할 것이라면, 남은 길은 그것을 **만들어 내는** 길뿐이다. 현대의 정신은 도덕의 원리를 스스로 만들어 내야 한다. '만들어 냄'에는 오성(悟性)뿐만이 아니라 의지의 참여도 요청된다. 헤어(R. M. Hare)도 지적한 바와 같이, 나의 주체적인 결단이 도덕원리의 형성을 위하여 결정적인 계기가 되는 것이다.

꼭 어느 길을 가야 한다는 법이 미리 정해져 있는 것이 아니다. 내 스스로의 결단으로 하나의 길을 선택한다. 때로는 전혀 길이 없기도 하다. 내 스스로의 결단으로 새로운 길을 닦는다. 주어진 법칙에 얽매여 있는 것이 아니라 스스로의 길을 스스로 정할 수 있다는 뜻에서 우리는 자유다. 그러나 그 '자유'는 단순히 '아무렇게나 해도 좋다'는 뜻이 아니며, 우리가 자유라는 사실이 우리의 복됨을 의미하는 것도 아니다. 아무렇게나 해도 좋은 것이 아니라, 없는 길을 만들어서라도 역시 길로 가야 하며, 스스로 길을 닦는 일까지 맡아야 하는 까닭에, 우리의 짐은 도리어 무겁다. 자유는 현대인이 처치하기에 곤란을 느끼는 짐. 이 거추장스러운 자유를 어떻게 처리할 것이냐는 물음에 대답함은 수많은 현대인의 공통된 과업이기도 하다.

행위를 위하여 미리 주어진 목적도 법칙도 없다 함은, 일정한 목적지도 일정한 행로도 정해지지 않은 나그네의 처지에 비유할 불안정한 상태다. 이미 주어진 목적지가 없으니, 나그네는 스스로 목적지를 결정해야 한다. 이미 예정된 길이 없으니, 나그네는 스스로 결단하여 하나의 길을 택해야 한다. 아무 목적지도 정하지 않고 아무 길도 걷지 않을 자유는 — 무제한한 자유는 — 그에게 주어져 있지 않다. 그는 어디론가 가야 한다. 어디론가 가기는 가야 하는데 어디로 갈지 결정이 아직 내려지지 않았다면, 나그네의 처지는 맹랑하지 않을 수 없다.

필자는 다른 어느 곳에서, 현대인의 도덕적 상황을 길 없는 사막 복판에 서 있는 나그네의 처지에 비긴 적이 있다. 한 방향으로 뚫린 길이 없다. 사면팔방(四面八方) 어느 곳으로도 발을 옮겨 놓을 수가 있다. 원한다면 잠시 동안 제자리에 머물러 서 있을 수도 있을 것이다. 만약 나그네가 인간이 아니고 살아야 할 생명이 아니었다면, 그는 아무 곳으로 발을 옮겨 놓아도 좋고 또는 언제까지나 제자리에 머물러 서 있어도 좋았을 것이다. 그러나 인간이요, 살아야 할 생명인 까닭에 그는 그 자리에 서 있을 수 없으며 또 아무 데로나 발을 옮길 수도 없다. 하나의 올바른 방향을 정하여 힘써 부지런히 걸어야 한다. 살기 위해서다. "그러나 반드시 살아야 한다는 법도 없지 않은가?" 이렇게 반문할 사람이 있을지도 모른다. 그렇다. 반드시 살아야 한다는 법은 없다. 다만 한마디 이쪽에서 물어볼 말이 있다. "당신은 정말 살지 않아도 좋다고 생각하는가?" 이 물음에 '그렇다'고 대답한다면, 이야기는 그것으로 끝난다.

목적지도, 코스와 일정표도 모두 선생님이 정해 주는 수학여행이 있다. 이미 정해진 계획을 믿고, 가자는 대로 그저 따라만 가면 되는 타율(他律)의 여행이다. 이리 할까 저리 할까 망설일 필요도 없으며, 생각지 않은 사고가 일어날까 두려워할 처지도 아니다. 만약 계획에 잘못이 있다든지 무슨 사고가 생긴다 해도 그 책임은 선생님에게 있다. 학생에게 책임이 돌아올 경우가 있다면, 그것은 선생님의 지시대로 따르지 않은 것이 화근이 되어 결과가 잘못되었을 경우뿐이다. 그러나 사람들은 반드시 편하고 책임이 없는 타율의 여행만을 좋아하지 않는다. 어느 정도 나이가 든 젊은이들은, 도리어 스스로 세운 계획을 따라 스스로의 책임으로 떠나가는 여행을 희망한다. 괴로움이 따르더라도 스스로의 결단으로 수행하는 일에 보람을 느끼는 것이다.

도덕의 경우도 마찬가지가 아닐까 생각한다. 스스로 결단하고 스스로 책임을 져야 하는 자유의 길은 어렵고 동시에 괴롭다. 그러나 그만큼 보람 있고 즐거운 길이기도 하다. 스스로 주인공이 되어 역사를 주름잡는 창조의 길이기 때문이다. 옛날부터 보람 있는 일은 대체로 어렵고 괴로웠다.

3.

'자유'라 하였다. 그러나 아무렇게나 멋대로 해도 좋은 '자유'는 아니라고 하였다. 결단을 내려 하나의 길을 택하거나 만들어서 그 길을 따라 걸어야 한다고 했다. 그러면 어떻게 결단하고 어떻게 선택해야 한다는 말인가? 자유를 어떻게 행사해야 할 것인가? 이미 주어진 목적이나 길이 있는 것이 아니라, 사람이 스스로 그것을 정하는 것이라면 우리는 각각 제멋대로 기분을 따라 아무렇게나 하나 정하면 될 것이 아닌가. 벌써 선악과 시비의 객관성이 부인된 것이 아니었던가. 만약 '객관성'이라는 말이 "모든 유정자(有情者)의 마음가짐을 떠나서 그 자체 초월해 있다."는 특성을 가리키는 말이라면 필자는 분명히 선악과 시비의 객관성을 부인하였다. 그러나 이 부인은 우리가 각각 기분 내키는 대로 아무렇게나 길을 택하여 행동해도 좋다는 뜻까지 포함하는 것은 아니다. 사실 우리는 아무렇게나 결단 내지 선택하고 아무렇게나 목적과 길을 정해서는 안 되는 것이다. 역시 타당성을 가진 결단과 갖지 못한 결단이 있고, 옳은 길과 그른 길의 구별이 있다. 그러나 그 구별은 무엇에 근거하는 것이며, 무엇에 기준을 두는 것일까? 그 구별은 인간존재의 현실 — 평가적이요 사회적인 인간존재의 현실 — 에 근거하며, 그 기준은 인간존재의 사회적, 역사적 현실 및 역사의 주인공으로서의 우리 인간이 사회 안에서 부단히 내리고 있는 평가의 기상도에 달려 있다. 물론 그 평가의 기상도도 또다시 평가의 대상이 되고, 그 평가의 기상도를 포함하는 역사적 현실의 힘을 입어 '타당성'이 인정되고 있는 저 기준도 또다시 평가의 대상이 되는 것이기는 하지만.

그러나 인간존재의 현실이 선악 및 시비를 구별하는 근거라 함은 무슨 말인가? 좀 더 알기 쉬운 설명이 있어야 할 것 같다. 몇 가지 중요한 점을 들어 고찰해 보기로 하자.

인간에게 미리 밖으로부터 주어진 목적은 없으나, 인간은 스스로 목적을 정해 갖기 마련이다. 우리가 어떤 목적을 위해서 생겨났다는 증거는 없으나, 우리가 목적의 의식을 갖지 않고 살 수는 없다. 우리는 반드시 목적을 가져야 한다. 그리고 그 목적은 스스로 결단 내지 선택을 통하여 정하는 것이다. 비록 스스로의 결단을 가하여 정하는 것이기는 하나, 그것을 아무렇게나 정할 수는 없다. 왜냐하면 첫째로, 우리가 선정하는 목적은 실현할 수 있는 것이 아니면 안 될 것이다. 목적이란 본래 실현을 위한 목표다. 실현의 가능성이 없는 것을 목적으로 세우는 것은 자기모순이 아닐 수 없다. 둘째로, 우리의 목적은 그것의 달성이 우리에게 깊은 만족을 주는 것이 아니면 안 된다. 우리가 인생의 목적을 찾고 옳은 길을 묻는 것은 스스로의 인생에 보람이 있기를 마음의 바닥이 갈망하기 때문이다. 이 절실한 요구에 응하는 바 없는 목적이나 길은 무의미한 것이니, '타당하다'고 부를 수 없음이 명백하다.

잘못된 판단, 즉 무지(無知)에 입각하여 선택된 목적이나 길도 타당한 것이 될 수 없다. 여러 번 지적된 바와 같이 사실에 관한 지식에서 당위에 관한 지혜가 형식논리적으로 추리되는 것은 아니다. 그러나 실제에 있어서는 사실에 관한 우리의 소견이 당위에 관한 우리의 태도를 크게 좌우한다. 사실에 관한 소견과 당위에 관한 태도는 형식논리적으로는 필연적인 연결이 없음에도 불구하고, 이를테면 생명의 요구를 통하여 연결되어 있는 셈이다. 자연과 인생에 관한 우리의 **인식**은 삶의 문제에 대한 우리의 **태도**를 필연적으로 제약한다. 현실이 이러이러하다는 판단에서 장차 이리이리해야 하겠다는 생각이 저절로 생기는 것이다. 저 판단에서 이 생각이 나오도록, 논리의 단절면(斷絕面)을 넘이시시 중개의 구실을 하는 것은 어떤 결과를 희구하는 우리의 욕망이다. 다시 말하면 우리가 의식 또는 무의식 중에 희구하는 어떤 결과와 우리가 현재 알고 있는 사태를 인과율적(因果律的)으로 연결시켜 보는 모종의 예견이 우리로 하여금 어떤 태도를 짓게 하는 것이다. 그런데 만약 현재 또는 과거의 사실에 관한 잘못된 인식을 기초로 삼고 위에 말한 바와 같은 인과율적 고찰을 통하여 어떤 태도를 취한다면 그렇게 취한 태도가 초래하는 결과가 미리 희망하고 예견한 바와 다를 것은 대체로 틀림이 없을 것이다. 스스로 희망하고 예견한 바와 다른 결과를 낳는 태도를 '타당하다'고 부르지 아니함은 우리의 평가와 언어의 일상적인 사실이다. 이리하여 우리는 잘못된 판단, 즉 무지에 의거한 태도의 결정을 타당하다고 볼 수 없다 한 우리의 결론으로 되돌아온다.

끝으로 시대나 사회의 요구와 배치되는 목적이나 길도 타당성을 인정받을 수 없다. 이와 같은 결론은 인간이 본래 '사회적 동물'이라는 사실 및 인간의 지성은 논리의 일관성을 요구한다는 사실에 의하여 뒷받침되고 있다. "인간은 사회적 동물"이라는 말이 엄밀하게 어떤 사실을 가리키는 것인지는 반드시 분명하지 않다. 그러나 그 말이 가리키는 사실들 가운데 적어도 다음 두 가지가 포함되리라는 점에는 의심의 여지가 없다. 하나는 인간이 인간을 대할 때 넓은 뜻에 있어서 '사랑'이라고 부를 수 있는 감정을 일반적으로 느끼는 경향이 있다는 사실이요, 또 하나는 사회 일반과 협조함이 없이는 개인으로서도 행복을 실현하지 못한다는 사실이다. 우리가 만약 동류(同類) 인간에 대하여 천연적으로 친애감(親愛感)을 느끼기 마련이라면, 우리는 사회 일반이 요구하는 바와 배치되는 목적이나 길을 진심으로 소망하기 힘들 것이며, 비록 그런 것을 소망하는 경우가 생긴다 하더라도 그 길을 실천하여 그 목적을 달성하기는 거의 불가능할 것이다. 사회 일반의 요구와 배치되는 목적의 추구는 사회 일반의 협조를 얻지 못할 것이며, 사회적 협조를 얻지 못한 개인의 노력은 그 목적을 달성하기 어렵기 때문이다. 앞서 실현의 가망이 없는 목적이나 실현된다 해도 마음의 바닥에 깊은 만족을 주지 못하는 목적은 타당성을 인정받을 수 없다고 지적하였다. 사회나 시대의 요구와 배치되는 목적은, 첫째로 실현의 가망성이 적은 까닭에 타당한 목적이 될 수 없으며, 둘째로 설혹 실현된다 하더라도 그러한 목적은 마음의 전체가 진심으로 소망하기 힘든 '사회적 동물'인 인간에게 깊은 감명을 주지 못할 것인 까닭에 타당한 목적이 될 수 없다.

같은 결론은 이성적 존재로서의 인간의 본질적 경향의 하나인 논리의 일관성에 대한 요구에 관한 고찰에 의해서도 뒷받침된다. 나의 목적, 나의 자유가 존중되어야 한다고 믿는다면, 남의 목적, 남의 자유도 다 같이 존중해야 한다고 생각하는 것은 논리의 일관성을 요구하는 지성으로서는 피치 못할 사유의 길이다. 여러 가지 방향으로 달리는 남들의 욕망과 남들의 자유까지도 고루 존중할 때, 우리는 최대 다수가 가급적 만족할 수 있는 선에서 이기성의 대립을 조화시킬 수밖에 없을 것이다. 여기서, 결국 사회 대중과 발을 맞추어 걸을 수 있는 길이 아니면 올바른 길이 못 된다는 결론에 또다시 도달한다. 그러나 이것은 단순히 사회 대중에게 연합해야 한다는 뜻은 아니다. 진실로 신념이 굳세고 그 신념을 밀고 나갈 만한 실력의 소유자라면 스티븐슨(C. L. Stevenson)이 말한 '설득'을 통하여, 대중으로 하여금 나를 따르게 하는 적극적인 해결도 있을 수 있는 일이다.

우리가 스스로의 결단으로 정하는 목적 또는 스스로 선택한 길에 타당한 것과 타당하지 못한 것의 구별이 생기는 것은, 인간이 평가하는 동물이기 때문이다. 우리의 마음은 우리의 삶과 직접적으로 관련이 있는 모든 것 — 물질적 사물뿐만 아니라 행위나 사상까지도 포함한 모든 것 — 을 대할 때, 그것들을 단순한 '사실'로서만 냉정하게 바라보는 것이 아니라, 반드시 평가적인 관점에서 저울질하기 마련이다. 그리고 우리의 인생과 관계가 깊은 대상일수록 그것으로 쏠리는 평가의 시선은 날카로워지는 경향이 있다. 우리가 어떠한 결단으로 인생의 목적을 선택하는가, 그리고 어떠한 길을 자기의 항로로서 선택하는가는, 개인에 삶뿐만 아니라 사회생활 전체에도 결정적인 영향을 미친다. 따라서 우리의 결단과 선택은 필연적으로 평가 내지 비판의 두드러진 대상이 되는 것이며, 평가 내지 비판의 대상이 되었다는 바로 그 사실로 말미암아 옳은 결단과 그른 결단 또는 타당한 선택과 부당한 선택의 구별이 생기는 것이다.

그러나 그러한 심리학적 사실이 옳고 그름을 나누는 구별의 근거라면 그 구별은 오직 주관적임에 불과하며 아무런 객관성도 없지 않느냐고 반문할지도 모른다. 만약 '객관적'이라는 말이 판단자의 마음을 초월해 있는 뜻이라면, 우리는 이 반문에 일단 수긍하는 동시에 다만 한마디를 덧붙여 물어볼 것이다. "객관성이라는 것이 그토록 중요한 것인가?"라고. 그 총애받는 '객관성'이 없다 하더라도, 옳음과 그름의 구별은 없어지지 않는다. 사람들은 '객관성'이야 있든 없든 비판하고 평가하기를 그치지 않을 것이기 때문이다.

그러나 같은 대상을 갑은 옳다고 평가하고 을은 그르다고 평가할 때 그 대상은 옳기도 하고 그르기도 하다는 말인가? 이 물음에 대하여 우선 지적해야 할 것은 "시비나 선악의 구별이 있는가, 없는가?"라는 문제와 "도덕적 판단에 보편적 기준이 있는가, 없는가?"라는 문제와는 전혀 별개라는 사실, 즉 설령 도덕적 판단에 보편적 기준이 없다 하더라도 시비나 선악의 구별 그 자체는 없어지지 않는다는 사실이다. 그리고 이 자리는 도덕 판단의 기준의 문제를 장황하게 다루려는 계획이 아니다. 다만 여기서는 다음과 같은 몇 가지 사실만을 지적해 두기로 한다.

(1) 도덕적 판단을 비롯한 모든 평가의 판단은 지성의 숙고를 매개로 삼고 내려지는 결론으로서, 단순한 호오(好惡)와 같은 감정적 반응과는 다르다. 우리는 여기서 인류에게 공통된 '동정심(sympathy)' 내지 '인정(humanity)'을 도덕적 가치판단의 보편성의 가능 근거로서 강조한 흄(D. Hume)을 상기한다. 그러나 우리는 오히려 '논리의 일관성'을 요구하는 지성의 본성이 여기서 강조되어야 할 것으로 믿는다. 논리의 일관성을 요구하는 지성의 적극적 참여는 여러 사람의 도덕적 가치판단을 일치의 방향으로 이끄는 강력한 계기가 된다.

(2) '사회적 동물'인 인간의 모든 사상은 사회적 산물이다. 우리의 도덕 사상에 있어서도 그 기조를 이루는 것은 '시대사조'라고 불리는 사회 일반의 사상적 경향이다. 우리의 사상은 우리 사회의 역사적 현실을 반영하는 것이며, 같은 역사적 현실을 반영하는 도덕 사상은 그 바탕에 공통된 색조를 띠는 것이 보통이다.

(3) 도덕의 법칙과 언어의 법칙 사이에는 그 타당성에 관해서도 유사성이 발견된다. 일정한 시대와 사회 안에서 실제로 타당성을 인정받고 있는 어법(語法)이 타당한 어법이듯이, 일정한 시대와 사회 안에서 실제로 타당성을 인정받고 통용되는 도덕률이 타당한 도덕률이다. 다만 '타당한 도덕률'도 역시 비판의 대상이 될 수 있으며, 조만간 새로운 시대정신에 의하여 재평가되기 마련이다. 따라서 '타당성'이란 상대적 개념이며 타당한 행위의 기준도 역사와 사회의 변천을 반영하여 변천한다. 이를테면 도덕 사상도 변증법적으로 전개되는 일종의 창조의 과정이다.

4.

규범 윤리학의 모든 문제는 필경 "어떻게 살 것인가?"로 귀착한다. 이 기본적인 물음은 우리가 묻지 않을 수 없는 필연성을 가진 물음이며, 이 물음의 필연성은 '윤리학'이라는 탐구를 불가피한 것으로 만드는 필연성의 근본이기도 하다. 이 기본적인 물음에 대한 해답은, 발견될 날을 기다리고 땅속에 묻혀 있는 광맥처럼, 이미 존재하는 세계의 구조 속에 파묻혀 있는 것이 아니라, 그 물음에 대답해야 할 사람이 자기를 둘러싼 세계의 상황을 음미하고 이 상황에 대응할 스스로의 태도를 결단함으로써 주어지는 것이다. 따라서 '윤리학'이라는 탐구의 과정은 그것이 세계의 상황을 음미하는 동안에 있어서는 단순한 발견의 작업임에 틀림이 없으나 스스로의 태도를 결단하는 순간부터는 오히려 창조에 가까운 과정으로 돌입한다.

삶의 물음에 대한 대답은 결국에 있어서는 대답하는 사람 자신의 태도 결정에 의하여 주어진다. 그러나 이 태도의 결정은 그저 아무렇게나 기분 내키는 대로 내려지는 것이 아니라, 우리가 대처할 세계의 실정에 대한 인식을 토대로 삼는 것이다. 태도의 결정을 앞두고 고려해야 할 조건들은 이루 헤아릴 수 없을 정도로 많을 것이며, 또 상황에 따라서 천차만별할 것이나, 여기 모든 사람이 모든 경우에 고려해야 할 근본적인 조건들이 있다. 몇 가지 특히 중요한 것들만을 추려 보기로 하자.

(1) "어떻게 살 것인가?"라는 우리의 물음은 현재 우리가 살고 있다는 사실에 의하여 제기된 것이다. 다시 말하면, 현재 우리가 살고 있으며 앞으로도 살아간다는 것을 전제로 삼고 제기된 문제다. 따라서 "살아야 할 것인가, 말아야 할 것인가?"라는 햄릿 식의 물음은 우리의 근본 문제 밖으로 제외된다. 우리는 지금 '삼신 할머니'의 문턱에 서서 인생이라는 세계로 나갈까 말까 망설이고 있는 것이 아니다. 인생의 항로는 이미 시작되었으며, 나머지 항로를

어디로 향해서 어떻게 달릴 것인가가 우리들의 현실적인 문제다.

(2) 인생이라는 우리 항로의 종착점도 어떤 의미로는 이미 결정되어 있는 셈이다. '죽음'이라는 종착점이다. 그러나 죽음은 우리 항로의 종착점이기는 하나 목적은 아니다. 우리의 목적은 이미 출발된 항해가 종착점에 도달하기까지에 우리 스스로의 힘으로 이룩할 가치의 세계다. 우리의 목적이 종착점에 있는 것이 아니라 종착점에 이르기까지의 과정에서 이루어질 가치에 있다는 말 가운데는, 단순한 생물학적 생명의 유지가 우리의 목적이 될 수 없다는 뜻이 포함되어 있다. 만약 단순한 생명의 유지 또는 생존의 계속을 목적으로 삼는다면, 그 계획은 반드시 실패하고 말 것이다. 우리의 종착점은 이미 '죽음'으로 지정되어 있기 때문이다. 우리에게 생명의 유지는 지극히 중요하다. 그러나 그것이 중요한 이유의 첫째는 가치의 창조를 위해서 시간이 필요하다는 사실에 있다.

우리 항로의 종착점이 '죽음'이라는 팻말이 박힌 땅으로 지정되어 있음은 인생이 가진 가장 슬픈 사연의 하나일지도 모른다. 그러나 이 슬픈 사연에 대한 올바른 인식과 신중한 고려는, '행위의 문제' 앞에 망설이는 우리에게 아름다운 결단을 내리라고 암시한다. 모두가 죽음이라는 슬픈 종착지로 향하는 같은 배 위에 탄 나그네들이다. 같은 운명의 별을 이고 동행하는 사람들이, 배가 예정된 종착점에 다다르기까지의 제한된 시간을 조금이라도 더 보람 있게 보내자는 것이다. 애절한 사연이 아닐 수 없다.

망각은 때로는 고마운 혜택을 끼친다. 우리에게 예정된 종착역이 죽음이라는 사실을 평소에 늘 의식하지는 않기 때문에 우리는 활기에 가득 찬 생활을 할 수 있는 것일지도 모른다. 역사 안에 가지가지 찬연한 업적을 기록한 적극성 있는 노력과 투쟁은 죽음을 망각한 분위기 속에서 더욱 고취됐을 것이다. 그러나 이것은 이야기의 일부분에 지나지 않는다. 우리가 다 같이 죽음을 면하지 못하는 유한자(有限者)라는 사실을 망각함으로 인하여 생기는 불행의 사례는 더욱 많을 것으로 보인다. 우리는 예나 지금이나 흔히 서로 미워하고 시샘하며 싸운다. 그러나 우리가 우리의 공통된 운명을 좀 더 뚜렷이 의식한다면 아마 우리의 미움과 시샘과 싸움이 대부분의 경우에 있어서 불합리한 어리석음임을 뉘우칠 것이다. 세상에 알려진 악인도 죽음의 마당에서는 마음의 아름다움을 증명한다 하거니와, 죽음을 눈앞에 가까이 의식할 때 대개의 마음은 너그러이 용서하고 깊이 사랑한다. 그런데 죽음은 결코 특수한 사건이 아니다. 그것은 모든 때와 모든 곳에 모든 사람에게 생기는 가장 일반적인 사건이다. 이 극히 일반적인 사건을 깊이 고려할 때 우리가 인생에 대하여 어떠한 자세를 취할 것인가에 관한 비교적 뚜렷한 관념을 의식한다.

죽음에 대한 고려는 삶의 의욕을 꺾으며 적극적인 건설의 노력을 가로막는 퇴폐한 사상이라고 비난할지도 모른다. 그러나 이러한 비난은, 일이 제대로 손에 잡히게 하기 위해서는 술이나 아편으로 정신을 마취시켜야 한다는 주장과 마찬가지로, 정말 옳은 주장은 아니다. 첫째로, 죽음에 대한 고려는 반드시 사람으로 하여금 의욕을 잃고 게으름을 피우게 하지는 않을 것이다. 뜻있는 사람은 죽음을 염두에 두면 도리어 시간의 귀중함을 통감한다. 제한된 시간 안에 답안을 써야 하는 학생의 경우처럼, 우물쭈물할 처지가 아님을 깨닫고 최선을 다한다. 나쁜 짓, 못된 행동으로 보낼 시간은 더욱 없다. 좋은 일만 하기에도 모자라는 귀중한 시간을 어찌 나쁜 일을 하기에 소모할 여유가 있겠는가? 죽음을 앞에 의식하면 건설의 의욕이 꺾이는 것은, 평생 살 집이 아니라는 이유로 뜰에 나무 한 그루 심지 않는 이기주의자처럼, 오직 옹졸하기 짝이 없는 사람들의 경우뿐이다. 마음이 슬기로운 사람은 언제 떠날지 모르는 관사(官舍)의 앞뜰에도 꽃나무를 가꾼다. 둘째로, 천 년 만 년 살 것 같은 착각에 입각한 '의욕'이란 대체로 아름답지 못한 야욕(野慾)이기가 쉽다. 술자리를 베풀고 기분을 돋운 뒤가 아니면 들어줄 가망이 없는 '부탁'이 떳떳한 것이 못 되듯이, 스스로의 한계를 모르는 헛된 기세로 고취된 의욕도 그리

온전한 것이 아니다. 그것은 증오와 시기, 그리고 모든 어리석은 경쟁과 탐욕의 원천이다.

'죽음'에 관련하여 한 가지 덧붙여 말해야 할 점이 있다. 그것은 개인이 죽은 뒤에도 인류는 오래 살아남을 수 있다는 사실이다. 내가 이룩한 가치가 죽은 뒤에도 오래오래 생명을 유지할 수 있는 계기가 여기에 있다. 그것은 '죽음에 대한 고려'가 반드시 허무주의로 이끌 필연성이 없다는 이유이기도 하다. 자손을 사랑하는 할아버지는 자기 생전에 열매를 볼 성싶지도 않은 실과나무를 심는다. 사랑이 혈연관계 안에서만 국한되는 것은 원시적인 감정이라면, 현대의 지성인은 누군지 모를 후세 사람이 혜택을 입을 일을 시작함에 보람을 느낄 것이다. '나'의 죽음과 함께 모든 일이 끝난다고 생각하는 것은 불행할 정도로 이기적인 성격의 사고일 뿐이다.

(3) "어떻게 살아야 하는가?"라는 물음 가운데서 가장 중요한 부분을 차지하는 것은 대인관계의 문제, 즉 "남을 어떻게 대접해야 하는가?"라는 물음이다. 이 물음에 관해서는 칸트(I. Kant)의 윤리설이 감명 깊은 제언을 하였다. 칸트는 "네 의지의 준칙이 항상 동시에 보편적 입법의 원리로서 타당하도록 행위하라."고 가르쳤으며, 또 "너 자신을 포함한 모든 인격에 있어서의 인간성을 항상 동시에 목적으로서 대우하고 결코 단순한 수단으로서 사용하지 말라."고 제언했던 것이다. 이러한 제언을 논리적 필연의 결론으로서 정당화하고자 한 칸트의 계획은 실패하였다. 그러나 이 제언을 칸트 자신의 결단으로 선택된 원리라고 볼 때 우리는 이 제언에 깊은 감명과 찬동을 느끼는 것이다. 이 제언을 통하여, 칸트는 첫째로 '논리의 일관성'의 요구를 강조하였고, 둘째로 우리가 스스로의 인간성을 **목적으로** 생각하지 않을 수 없는 인간 심리를 깊이 반영하였다.

대인관계의 문제와 관련하여 또 한 가지 잊을 수 없는 것은 인간의 사회성이다. 사회적 존재로서의 인간은 본래 고립해 있지 않으며 또 고립해서는 살기 어렵다. 인생이 성공적인 것이 되기 위해서는 상호간의 긴밀한 협조가 요청된다. 긴밀한 협조가 가능하기 위해서는 평화의 유지가 필수적이며, 참된 평화는 자유와 평등 그리고 정의가 지배하는 사회에서만 실현될 수 있다. 그리고 자유와 평등과 정의 등의 여러 가치는 깊은 우정의 뒷받침을 얻을 때 비로소 내면화하여 영속적 축복의 기틀이 된다.

그러나 넓은 뜻으로 '우정(友情)'이라는 인간관계가 도학자(道學者)들의 관념적인 설교에서나 또는 여학생 기질의 센티멘털리즘에서 생길 것 같지는 않다. 자유와 평등이 헛갓 구호에 그쳐서는 안 되듯이, '우정'도 다만 책상머리의 좌우명으로 그쳐서는 안 될 것이라면, 그것을 현실적인 것으로 만들어 줄 외부적 조건들이 갖추어져야 할 것이다. 그 외부적 조건들 가운데서 매우 중요한 것의 하나는, 사람들의 마음으로부터 불만이 제거되는 일이다. 노력에 대한 정당한 대가를 받지 못한 사람들에게는 불행이 떠날 사이 없고, 배가 고픈 사람에게는 불만이 풀릴 때가 없다. 경제의 문제가 합리적으로 해결됨이 없이 도덕의 문제만이 제대로 해결될 가망은 없다. 정신을 물질과 떼어서 생각하는 것은 낡은 사고의 유물이다.

(1963년 11월)

4 부
세대의 차이와 가치관의 차이

1장 세대의 차이와 가치관의 차이
2장 보수의 자세와 진보의 자세
3장 후진국과 대학생의 사회참여
4장 사제관계의 어제와 오늘
5장 부모와 자녀의 유대
6장 시민사회에 있어서의 인격과 개성

1장 세대의 차이와 가치관의 차이

오늘날 우리나라에 있어서 심각한 반성이 요구되는 문제의 하나는, 늙은 세대와 젊은 세대 사이의 대화가 원활하게 진행되지 않는다는 사실이다. 젊은이들은 말하기를, "구세대와는 이야기가 통하지 않는다. 그들의 생각은 이미 낡았다."고 단정하는가 하면, 기성세대에 속하는 사람들은, "요즈음 젊은 아이들은 공연히 건방지고 경박하기만 해서 탈이다."라고 한탄한다.

늙은 사람들과 젊은 사람들 사이에 공통된 의견이 있다면, 그것은 서로가 간직하고 있는 가치관에 현격한 차이가 있다고 믿는 점에서 발견될 따름이다. 가치관이 다른 까닭에 말이 통하지 않는다는 것이다.

그러면 신구 두 세대 사이의 가치관은 도대체 어떻게 그리고 얼마나 다르다는 것일까? 막연히 '다르다'는 의견을 힘주어 주장하는 사람은 많으나, 무엇이 어떻게 다르다는 것인지, 구체적이고 분석적인 견해를 밝혀 주는 사람은 의외로 적다.

이러한 실정을 염두에 두고, 필자는 우리나라 대학생들의 도덕관념 내지 가치 관념을 조사하는 조그만 연구 하나를 시도한 일이 있다. 그 조사에 있어서 필자는, 서울과 지방에 있는 여러 대학에서 뽑은 1,962명의 학생들에게

70개의 물음으로 구성된 질문서를 제시하였다. 그리고 그 물음들은 다음과 같이 분류할 수 있는 내용의 것들로 구성되었다.

(1) 위정자(爲政者)의 기본 사명에 관한 것 : 5문항
(2) 위정자의 인격 및 이도(吏道)에 관한 것 : 8문항
(3) 국정(國政)에 대한 비판 및 사회참여에 관한 것 : 4문항
(4) 이기(利己)와 이타(利他)에 관한 것 : 3문항
(5) 사회정의에 관한 것 : 4문항
(6) 실리주의와 인격주의 또는 물질 가치와 정신 가치의 대립에 관한 것 : 8문항
(7) 허례, 사치 및 낭비에 관한 것 : 4문항
(8) 우정, 연애 및 결혼에 관한 것 : 7문항
(9) 사제, 장유(長幼) 등 사이의 예절에 관한 것 : 7문항
(10) 효도에 관한 것 : 7문항
(11) 형제간의 우애에 관한 것 : 1문항
(12) 부부의 도(道) 및 부덕(婦德)에 관한 것 : 3문항
(13) 상사 및 제사에 관한 것 : 2문항
(14) 친척에 관한 것 : 2문항
(15) 그 밖의 개인적 처신에 관한 것 : 5문항

똑같은 질문서를 사용하여, 이른바 기성세대의 도덕관념 내지 가치 관념을 조사하는 통계적 연구를 아직 시험하지 않은 까닭에, 대학생을 대상으로 삼은 필자의 사회조사의 결과만을 가지고, 신구 두 세대의 가치관의 같은 점과 다른 점을 정확하게 논하기는 어렵다. 그러나 필자 자신을 기성세대의 한 대표로서 가정하고, 또 필자가 일상 접촉하는 기성 인사(人士)들의 의견을

종합함으로써, '기성 인사들의 일반적 도덕관념'에 관한 잠정적 모형을 만드는 일이 허락될 수 있다면, 필자는 위에 말한 질문서가 제시하는 문제들에 관한 대학생들과 기성 인사들의 의견을 대략 다음과 같이 비교할 수 있다고 믿는다.

(1) 올바른 정치는 진실하고 공정한 도덕적 정신에 입각해서만 가능하다고 믿는 점에 있어서, 그리고 사리사욕을 채우기에 급급한 정상배는, 그가 아무리 재주와 수완이 놀라운 사람이라 할지라도, 정치적 지도자 또는 고급 관리가 될 자격이 없다고 보는 점에 있어서, 신구 두 세대의 의견은 거의 일치한다.

(2) 고급 공무원의 부정과 부패를 미워하는 점에 있어서, 그리고 정실인사(情實人事)를 물리치고 실력 위주로 인재를 등용해야 한다고 믿는 점에 있어서, 신구 두 세대는 의견이 대체로 일치한다. 다만, 대학생들의 경우에 있어서, 공무원의 부정과 부패를 어느 정도는 자연스러운 사실로서 인정하려는 경향이 일부에 보이는 것은 주목할 만한 사실이다.

(3) 개인적 의리나 붕당적(朋黨的) 절조(節操)보다도 국가 또는 민족 전체의 이익을 더욱 중요하다고 보는 점에 있어서, 대학생들과 기성세대의 식자층은 대체로 의견을 같이한다. 다만, 개인적 의리나 붕당적 절조를 중요시하는 정도에 있어서는, 구세대의 경우가 좀 더 보수적인 것으로 보인다.

(4) 정치는 정치가에게만 일임할 것이 아니라 국민 전체가 나랏일을 걱정해야 한다고 보는 점에 있어서, 그리고 일신(一身)의 안일과 이익을 꾀하여 사회문제로부터 뒷걸음치는 소극적 태도를 부당하다고 믿는 점에 있어서, 신구 두 세대는 대략 의견이 일치한다. 다만, 이 사회참여의 문제에 관하여 대학생들이 옳다고 믿는 길은 구세대의 경우에 비하여 약간 더 적극적이며 급진적이라는 차이가 있음을 인정할 수 있다.

(5) 자유를 원하며 독재를 꺼리는 점에 있어서, 풍족한 생활을 희구하며 가난을 싫어하는 점에 있어서, 그리고 자유와 굶주림 사이에서 하나를 택해야 한다면 어느 것을 취해야 할지 몰라 딜레마에 빠지는 점에 있어서, 신구 두 세대는 대체로 비슷한 가치관을 가졌다. 다만, 여기에도 정도의 차이는 보인다. 즉, 오늘의 대학생들은, 기성의 지식인들에 비하여, 관념적 자유보다는 경제생활의 안정을 더욱 중요하다고 생각하는 경향이 강하다.

(6) 조국이 가난하고 어지럽다는 이유로 그것을 등지거나 도피적 태도를 취하는 것을 부당하게 생각하며, 어렵더라도 나라를 일으켜 세우는 일에 적극 노력해야 한다고 믿는 점에 있어서, 신구 두 세대 사이에 별로 다른 것이 없다.

(7) 대부분의 사람들은 분배의 불공정을 시정하여 사회정의를 실현해야 한다고 믿고 있으나, 일부의 사람들은 이 문제에 대하여 극히 무관심한 태도를 보이고 있다는 점에 있어서도, 신구 두 세대는 대략 비슷하다.

(8) 사리(私利)보다도 공익(公益)을 우선적으로 추구해야 한다고 믿는 점에 있어서 대부분의 신구 두 세대는 견해를 같이한다.

(9) 대학생의 경우에 있어서나, 구세대의 경우에 있어서나, 대부분의 사람들은 한 가지 특기에 능하여 생활의 안정을 얻는 일보다도 전체로서의 인격을 닦는 일이 더욱 중요하다고 생각한다.

(10) "실력의 양성에만 주력할 것이 아니라, 세상 사람이 나를 알아주도록 어느 정도의 선전도 게을리하지 않을 필요가 있다."고 믿는 대학생이 56%가 넘는다. 이 점은 자기선전을 야비한 것이라고 생각하는 사람이 많은 구세대와는 상당한 차이가 있다.

(11) 돈 벌기와 출세를 위해서라면 수단과 방법을 가리지 않는 태도를 배격하며, 아무리 어려움이 많은 세상일지라도 역시 신의를 지키고 정직하게 살아야 한다고 생각하는 점에 있어서, 대부분의 대학생과 기성세대는 의견이

일치한다.

(12) 식(食)이나 색(色) 같은 육체적 쾌락보다도 예술을 즐기고 우정을 나누는 따위의 정신적 쾌락을 더욱 값지다고 보며, 금력(金力)과 권력 같은 물질적 가치보다도 학식이나 인격 같은 정신적 가치를 더욱 소중하다고 보는 점에 있어서, 대부분의 신구 두 세대는 생각을 같이한다.

(13) 학생의 신분으로, 술집이나 다방에 출입함은 되도록 삼가는 것이 바람직하다고 믿는 학생이 70%에 가깝다. 이 점에 있어서도 신구 두 세대의 견해의 차이는 그리 없는 셈이다.

(14) 결혼식, 장례식 등에 많은 비용을 들이는 풍습이나, 혼사 또는 환갑 잔치 등에 있어서 널리 초청장을 내고, 축하금을 보내는 관례에 대하여 70% 내지 80%의 대학생들이 비판적이다. 관혼상제를 간소화해야 한다고 보는 점에 있어서는 오늘의 구세대도 대부분 같은 생각을 가지고 있는 것으로 보인다.

(15) 의식주의 일상생활에 있어서도 사치와 허영을 배격해야 한다고 믿는 점에 있어서, 신구 세대 사이에 큰 차이가 있다고 보이지 않는다.

(16) 가까운 친척 사이의 결혼을 허용하지 않는 우리나라의 법적 제한을 철폐하는 것이 옳다고 주장하는 대학생이 23% 정도 있다. 이 문제에 관해서는 구세대가 좀 더 보수적일 것이라고 생각된다.

(17) "결혼을 전제로 하지 않는 연애는 건전한 관계라고 볼 수 없다."는 의견에 찬성한 대학생은 39%인 데 비하여, 그 의견에 반대한 대학생은 54%에 달하고 있다. 그러나 구세대의 경우에 있어서는, 연애는 결혼을 전제로 삼아야 한다는 생각을 가진 사람들의 비율이 훨씬 높으리라고 짐작한다.

(18) 결혼 전에 순결을 잃는 것이 그리 큰 잘못이 아니라고 생각하는 대학생이 남자의 경우는 69%, 여자의 경우는 26%에 달하고 있다. 성도덕 문제에 관해서는 구세대의 의견이 훨씬 더 보수적이라고 보아야 할 것이다.

(19) "스승 앞에서는 담배를 피우지 않는 것이 좋으며, 앉음앉음의 몸가짐까지도 조심해야 한다."고 판단하는 대학생이 전체의 80%에 달하고 있다. 전통적 예절을 무시해도 좋다는 확신을 가진 젊은이는 그리 많지 않은 셈이다.

(20) "새 시대에는 새 시대에 적합한 풍습과 도덕이 있다고 하지만 우리는 역시 옛 풍습과 도덕 속에서 우리의 길을 찾아야 한다."는 의견에 찬성한 대학생이 54%에 달하고 있다. 이것으로 보더라도 젊은 세대에게 의외로 보수적 가치 관념이 강함을 알 수 있다.

(21) '더운 날 숙녀 앞에서 웃옷을 벗는 따위의 행동'을 삼가야 할 무례한 행동이라고 보는 사람이 대학생의 경우에도 51%에 달하고 있다. 그러나 구세대의 경우에 있어서는 이 비율이 좀 더 높아질 것이라고 추측된다.

(22) 오늘의 젊은 학생들도 부모에 대하여 효도를 지킴이 인간의 도리임을 거의 모두 인정하고 있다. 다만, 부모의 명령에 대하여는 무조건 복종해야 한다는 식으로 효도를 해석하는 대학생은 아주 적다. 이러한 점에 있어서, 새 세대의 가치 의식에 약간의 변화가 생기고 있음을 발견할 수 있다.

(23) 형제 또는 자매 사이에 이해의 대립이 생겼을 경우에, 서로 자기의 이익을 위하여 다투는 행동을 '나무랄 수 없는 현상'이라고 본 대학생이 41%를 약간 넘는다. 형제나 자매 사이에는 무조건 서로 돕고 양보해야 한다고 하던 종래의 가족주의적 도덕관념이 허물어지면서 개인주의의 경향이 일어나고 있음을 볼 수가 있다.

(24) 가정에 있어서 남녀가 동등한 대접을 받아야 한다는 생각이 대학생들에게 압도적으로 우세하다. 가정의 민주화가 필요하다는 것은 구세대의 지식인층도 거의 모두가 인정할 것이다. 그러나 그것을 강조하는 정도에 있어서는 젊은이들이 한 걸음 앞서고 있는 것으로 보인다.

(25) "부녀자는 첫째로 가정을 지켜야 하며, 사회문제나 정치에 관여하는

것은 결코 권장할 일이 못 된다."고 믿는 대학생들이, 남자의 경우는 62%, 여자의 경우는 48%에 달하고 있다. 여자의 사회적 진출을 긍정하는 경향이 젊은이들 사이에 대두되고 있음은 사실이나, 여기서도 신구 두 세대의 대화가 어려울 정도로 현격한 가치관의 차이가 있는 것으로는 보이지 않는다.

(26) 조상의 제사를 지내는 일에 반대를 하지는 않으나, 그것을 지극히 중대한 일이라고까지는 믿지 않는 경향이 대학생들 사이에 농후하다. 이 점에 관해서, 구세대는 좀 더 보수적인 경향을 유지하고 있는 것으로 생각된다. 그러나 여기에서도 근본적인 견해의 차이는 없다고 보는 편이 옳을 것이다.

(27) 일가친척끼리 서로 도와 가며 사는 것이 원칙적으로 바람직하다는 것은, 오늘의 젊은 세대도 대개는 부인하지 않는다. 다만, 나이가 젊을수록 일가 또는 친척을 생각하는 관념이 점점 희박해져 가는 경향이 있음을 발견할 수 있다.

이상에 간추린 바를 종합해 보면, 우리나라에 있어서, 적어도 지배층에 관한 한, 새 세대와 묵은 세대의 가치 의식에 혁명적인 차이는 아직 발견되지 않는다. 성 도덕의 문제와 가족 도덕의 문제에 관해서 상당한 차이가 보이기도 하나, 전체적으로 고찰할 때, 신구 두 세대의 가치 관념은 대체로 일치하는 면이 크다. 물론, 여러 방면에 있어서 약간의 정도의 차이를 발견할 수는 있다. 그러나 대화의 길을 막을 정도의 철저한 가치 의식의 대립은 아직 없는 것으로 보아야 할 것이다.

그럼에도 불구하고, 우리는 새 세대와 묵은 세대 사이에 현격한 가치 의식의 차이가 있다고 생각하는 경향이 있다. 이와 같은 경향은 젊은 세대에도 있고 늙은 세대에도 있다. 그러면 이와 같은 경향은 무엇에 유래하는 것이며, 또 무엇을 의미하는 것일까?

우리들이 실제로 가지고 있는 가치 의식의 차이는 그토록 심한 것이 아님에도 불구하고, 우리가 그 차이를 매우 현저한 것으로 판단하는 근본 원인은, 일종의 혼동에 있는 것으로 보인다. 그 혼동이란, **반성적 판단을 거쳐서 얻는 시비(是非)의 관념**과 행동의 동기가 되고 있는 **충동적 욕구로서의 가치 관념**을 구별하지 못하는 혼동이다. 다시 말하면, 도덕적 반성을 통해서 내려지는 가치판단과 실제 행동의 배경이 되고 있는 원초적 가치 의식을 혼동함으로 말미암아, 우리는 신구 두 세대의 가치 관념의 차이를 실제보다도 훨씬 더 큰 것으로 보게 되는 것이다.

우리가 도덕적 반성을 통하여 옳다고 판단하는 바와 우리들의 실제 행동은 반드시 일치하지 않는다. 예컨대, "공무원이 뇌물을 받고 업자(業者)에게 부당한 편의를 보아 주는 것이 옳은가?"라는 물음에 대하여, '그렇다'고 대답하는 공무원이나 업자는 우리나라의 경우에도 거의 없을 것이다. 그러나 실제에 있어서는, 뇌물을 주고받는 부패한 행동을 하는 사람이 매우 많은 것으로 알려져 있다. 또 "나 한 사람의 이익을 위하여 나라 전체에 해독을 끼치는 행위를 해도 좋은가?"라는 물음을 받았을 때, '그렇다'고 대답하는 사람은 우리나라에도 별로 없을 것이다. 그러나 실제에 있어서는, 자기 한 개인의 이익을 위하여 국가의 이익을 돌보지 않는 행위가 매일같이 신문의 지면을 넘쳐 흐르고 있다. 그런데 오늘날 우리가 **남의** 가치관을 판단할 때, 우리는 그의 **말**보다는 **행동**을 근거로 삼는다. 젊은 세대가 늙은 세대의 가치관을 논할 때, 그들은 늙은 사람들의 도덕적 반성을 나타내는 **말**이나 **생각**을 문제 삼는 것이 아니라, 그 **행동**을 가지고 판단하는 것이 보통이다. 한편, 우리가 **자기 자신**의 가치관을 짐작할 때는, 자기의 **실천 생활** 즉 **행동**에 의존하기보다는 자기의 머릿속을 지나가는 **비판적인 관념** 즉 **생각**을 근거로 삼는 경향이 있다. 짧게 말해서, 우리는 남의 가치관은 그의 '행동'을 보고 판단하는 반면에, 자기의 가치관은 한갓 '관념' 또는 '생각'에 의거해서 판단한다. 그런데 앞에서도 말한 바와 같이, 우리의 행동과 생각은 크게 어긋나고 있는 것이 오늘의 실정이다. 따라서 우리는 나와 남의 가치관의 차이를 실제 이상으로 큰 것같이 느끼게 된다.

우리나라의 젊은이들, 특히 대학생들은 우리 사회의 현실에 대해서 불평과 불만이 많다. 사회 현실에 대한 불만의 화살은 곧장 기성세대에게로 향한다. 이러한 현실을 만들어 낸 것은 기성세대의 잘못이라고 보기 때문이다. 그리고 기성세대가 많은 잘못을 저지른 것은 그들의 가치관에 잘못이 있기 때문이라고 추리한다. 이와 같이 추리할 때, 젊은이들은 늙은 세대의 가치관은 개조되어야 한다고 느끼면서, 자기 스스로가 새로운 가치관의 수립을 위한 기수(旗手)라는 자부심을 갖는다. "늙은 세대와 우리는 가치관이 다르다."는 말도 실은 그러한 자부심의 한 표현이라고 볼 수 있는 성질의 것이다.

그러나 기성세대의 사람들도 자신들의 행동을 반드시 정당하다고 믿고 있는 것은 아니다. 다시 말하면, 그들의 행동이 그들의 도덕관념을 충실히 따른 것이라고 보기 어려울 경우가 많다. 도덕관념은 도덕관념대로 따로 있고, 행동은 행동대로 다른 길을 가는, 이를테면 관념과 행동의 유리(遊離)가 심하게 된 것이다.

젊은 세대라 할지라도, 그들의 행동이 반드시 그들의 도덕관념을 충실히 따르는 것은 아니다. 그들에게도 관념과 행동의 유리가 심하기는 마찬가지다. 구세대의 행동을 비판하는 마당에서는 매우 지각이 있는 것 같은 말을 많이 하지만, 그들 자신이 실천의 마당에 들어설 때는 구세대가 무색할 정도의 짓을 가볍게 해치우는 것이다. 그래서 구세대의 사람들은, 젊은이들의 행동을 관찰하고 '참 한심한 노릇'이라고 말하면서 젊은 세대의 도덕관념이 땅에 떨어졌음을 종종 개탄한다.

오늘날 우리나라의 기성세대와 젊은 세대는, "무엇이 옳고 무엇이 그른가?"라는 문제에 관해서 갖는 가치 관념에 있어서도 근본적인 차이는 적으며, 실천 생활에서 보여주는 행동의 차원에 있어서도 놀랄 만한 차이는 없다. 다만 그들은 서로 자기의 '관념'과 남의 '행동'을 같은 수평선 위에서 비교하는 까닭에, 즉 자기의 가치관은 자기가 머릿속에 가진 관념에 의해서 파악하면서, 남의 가치관은 겉으로 나타난 그의 행동에 의하여 짐작하는 까닭에, 그들은 피차의 가치관 사이에 대화를 불가능하게 할 정도의 현격한 차이가 있다고 믿기 쉽다.

물론 세대의 차이에 따르는 가치관의 차이가 우리나라에 전혀 없다는 것은 아니다. 생리(生理)와 심리(心理)에도 차이가 있고 사회적 지위에도 차이가 있는 신구 두 세대는, 그들이 갖는 욕구와 정서가 서로 다른 만큼, 서로의 마음속에 품고 있는 가치관에도 어느 정도의 차이가 있다. 그러나 그러한 정도의 차이는 어느 나라에도 있는 것이며, 그것이 서로의 대화를 불가능하게 할 정도로 심각한 것은 아니다. 그리고 청년기의 생리와 심리에 근거를 둔 젊은이의 가치관은, 그의 나이가 많아진 뒤에는 자연히 변화하여, 차차 늙은 세대의 가치관으로 가까워지기 마련이다.

우리에 있어서 가장 심각한 문제는, 새 세대와 묵은 세대의 가치관의 차이가 크다는 사실에 있는 것이 아니라, 머릿속의 **관념**과 겉으로 나타내는 **행동** 사이의 거리가 멀다는 사실에 있다. 그리고 우리의 관념 또는 생각과 우리의 행동 사이의 거리가 유달리 멀다는 것은, 스스로 옳다고 믿는 바를 실천에 옮기지 못함이 특히 심함을 의미하는 것이니, 시비에 관한 관념이 실천의 마당에서 무력하다는 사실을 나타내는 현상이다. 바꾸어 말하면, 확고한 실천적 신념으로서의 가치관의 확립이 결여되어 있음을 의미한다.

젊은 세대에 있어서도 늙은 세대에 있어서도, 확고한 신념으로서 가치관이 서 있지 못하다는 사실은, 그 사회에 있어서 전통적인 가치관이 새로운 시대의 양상에 적합하지 않은 요소를 가지고 있다는 것을 암시한다. 우리가 어렴풋이 가지고 있는 가치관을 실천에 옮기기 매우 어려운 세태 안에 살고 있는 까닭에, 우리는 스스로의 도덕적 요구를 배반하게 된다. 그리고 현실적으로 따르기 어려운 도덕적 요구임을 발견하는 까닭에, 우리는 스스로의 도덕적 요구의 절대 타당성에 대하여 은근히 회의를 품는다. 전통으로부터 물려받은 가치관이 흔들리기 시작하는 것이다.

전통으로부터 물려받은 가치관과 현실의 사회 양상이 지나치게 맞지 않을 경우에는, 그것이 맞도록 하는 어떤 개조가 절실히 필요하다. 인격의 분열을 막으며, 삶의 불안을 제거하기 위해서는, 관념과 행동 사이에 조화가 이루어져야 하기 때문이다. 그리고 가치관과 사회 현실 사이의 부조화를 시정하는 길은, 안으로 가치관을 뜯어고치는 방향으로 생각할 수도 있고, 밖으로 사회 현실을 개조하는 방향으로 생각할 수도 있다. 그러나 가장 현실적이며 온당한 길은 두 가지를 모두 고치는 방향으로 노력하는 일일 것이다.

우리의 가치관 가운데의 낡은 요소를 제거하는 동시에, 우리 사회 현실 속의 불합리한 점을 고쳐 가는 중대하고 또 어려운 일을 완수하기 위하여 가장 필요한 조건의 하나는, 늙은 세대와 젊은 세대의 협력이 원활하게 이루어지는 일이다. 신구 두 세대 사이의 협력이 가능하기 위해서는 우선 두 세대가 서로 이해해야 하는 것이며, 그 이해가 성립할 수 있기 위해서는 기탄 없는 대화의 길이 열려야 한다. 그 대화의 길을 열기 위해서 우선 필요한 것은, "우리는 서로 가치관이 다른 까닭에 이야기해도 통하지 않는다."는 옹색하고 교만한 편견을 버리는 일이 아닐 수 없다.

(1967년 5월)

2장 보수의 자세와 진보의 자세
—한국의 두 세대

1.

흔히들 말하기를 신세대와 구세대는 생각하는 것이 다르고 따라서 행동의 방향도 다르다고 한다. 그러나 어떻게 그리고 얼마나 다르다는 것일까? 또 그러한 차이는 무엇에 연유하는 것이며 그 거리는 어느 정도까지 좁혀질 수 있는 것일까? 이러한 물음을 염두에 두고 잠시 생각해 보는 것은 우리가 현실을 살아감에 약간의 참고가 될지도 모른다.

세대를 논하는 마당에서 사람들은 즐겨 신구(新舊)의 차이점을 강조한다. 그것은 마치 외국을 여행한 사람이 남의 나라의 신기한 광경만을 찾아서 내 나라와의 차이점을 강조하는 것과 비슷하다. 그러나 우리는 그러한 차이점이 지엽적인 성질의 것일 경우가 많다는 사실과 그러한 차이점의 바탕에 더 크고 더 근본적인 공통점이 있다는 사실을 잊어서는 안 될 것이다. 외국에 가 보면 여러 가지로 우리나라와 다른 현상들이 눈에 뜨인다. 사람들의 모습이 다르고 그들이 사용하는 언어가 다르며 거주하는 가옥의 구조도 다르다. 그러나 비록 우리의 주목은 끌지 않을지 모르나 그러한 차이점 배후에 더 근본적인 공통점이 있음을 부인하지는 못한다. 동서 어느 나라를 가나, 사람들의 머리는 목 위에 달렸고 머리 위에는 털이 났으며, 눈은 코 위에 두 개가 달렸다는 사실은, 머리카락이나 눈동자의 빛이 좀 다르다는 사실보다도 훨씬 더 크고 근본적인 사실이다. 어느 나라 사람이나 모두 언어를 사용하며 집을 짓고 산다는 이 공통된 사실은 언어의 낱말과 문법이 다르고 가옥의 구조가 다르다는 그 사실보다도 더욱 근본적이다. 신구 두 세대 사이의 가치관이나 현실관(現實觀)의 비교에 있어서도 근본은 마찬가지다. 여기에도 바탕에는 공통점이 크게 깔렸다는 사실이 이해되어야 하며, 그러한 이해 위에서 양자의 차이점이 고찰될 경우에만 그 차이점이 갖는 의미를 충분히 파악할 수 있을 것이다.

독자의 호기심에 호소하여 책이나 팔아 보겠다는 얕은 생각에서 기행문을 쓰는 것과 같은 따위의 동기에서라면, 우리도 차이점을 들추고 그것을 과장 선전하는 것이 좋을 것이다. 그러나 세대를 주목하는 우리의 관심은 단순한 호기심의 문제가 아니며, 출판에 관련된 상업의 문제가 아니다. 여기에는 우리의 운명이 연결되었으며, 민족의 전도(前途)가 달려 있다. 우리는 대화로 접근할 수 있는 공동의 자리를 필요로 하는 것이며, 차이와 대립이 더 높은 차원에서 조화되기를 갈망하는 것이다. 그리고 그러한 공동의 자리와 대립의 조화를 모색하는 출발점에 있어서 우리가 이미 가지고 있는 공통점이 어떤 귀중한 발판이 되리라는 사실을 부인하는 사람은 없을 것이다.

2.

그러나 엄연히 존재하는 차이점을 모르거나, 알고도 모르는 체하는 것은 별로 도움이 되지 않을 것이다. 도움이 되지 않을 뿐 아니라 도리어 문제의 해결을 지연시킨다. 그것은 문제의 은폐 또는 문제로부터의 도피에 지나지 않기 때문이다. 오늘날 한국 사람들의 가치관 및 현실관에 깊은 분열이 생기고 있음은 엄연한 사실이다. 물론 어느 시대 어느 국가에 있어서나 만인의 가치관 내지 현실관이 완전한 일치를 보는 경우는 없다. 만약 완전히 일치되는 경우가 있다면 그것은 인간적인 개성의 상실을 의미할 것이니 도리어 불행한 일이 아닐 수 없다. 어느 정도의 대립은 인간 사회에 있어서 정상적인 현상이며 그것은 장차의 발전을 위한 근원이기도 하다. 문제는 대립과 분열이 정도를 지나쳐 사회의 안녕과 질서에 위협을 가져올 경우에 있어서 일어난다. 그리고 한국의 현실은 바로 그러한 경우가 아닌가 두려워하는 것이다.

국민의 의견이 나누어질 때, 그것은 반드시 두 갈래 또는 세 갈래로 나누어지지 않는다. 대부분의 경우 의견은 백출(百出)하고 분열은 다원적(多元的)이다. 그러나 사소한 차이점을 불문에 부칠 때, 의견의 대립은 크게 두 진영으로 나누어 볼 수 있는 것이 보통이다.

우리 한국의 가치관과 현실관에 관해서도 우리는 역시 이분법의 관찰로써 그 대립상을 정리해 볼 수 있을 것이다. 그리고 한국인의 가치관 및 현실관을 크게 두 진영으로 나누어 볼 때 그 한편 진영에 있어서 가장 기본적인 특색은 보수적 성격이요, 다른 한편의 진영에 있어서의 기본적인 특색은 진보적 성격이라고 말할 수 있을 것이다.

의식이나 행동에 있어서 보수의 자세를 취하는 사람들을 구세대라고 부르고, 진보의 자세를 취하는 사람들을 신세대라고 부르는 것은 반드시 적절하지 않을 것이다. 신세대를 구별함에 있어서 연령이라는 요소를 전혀 무시할 수는 없는 일이며, 개인에 따라서는 젊은이가 늙은이보다도 보수적인 경우도 있기 때문이다. 그러나 통계학적으로 말한다면, 늙은 세대에 보수적인 경향이 강하고 젊은 세대에 진보적인 경향이 강하다는 것은 거의 확실한 사실이다. 다시 말하면, 대체로 보아서 구세대에게는 전통을 지키고자 하는 경향이 강하고, 신세대에게는 전통을 깨고 새로운 질서를 세우기를 원하는 경향이 강하다는 것은 거의 의심의 여지가 없는 상식적인 사실이다. 그러므로 우리는 구세대와 보수성, 그리고 신세대와 진보성 사이에 밀접한 상관관계가 있다는 것을 우선 인정하는 전제 아래 고찰을 계속하여도 무방할 것으로 보인다.

3.

우리는 '보수적'이니 '진보적'이니 하는 말로 사람들의 의식 내지 생활 태도를 평가하는 경우가 많다. 그러나 개인의 의식 내지 생활 태도는 반드시 모든 면에 있어서 한결같은 자세를 취하는 것은 아니다. 한 가지 방면에 있어서 보수적인 사람이 다른 방면에 있어서는 진보적일 수도 있고, 관념에 있어서는 상당히 급진적인 이론을 지지하는 사람이 실제 행동에 있어서는 몹시 완고한 태고를 취하는 사람도 있다. 그렇다면 지금 우리가 논의의 대상으로 삼고 있는 구세대는 어떠한 방면에 있어서 보수적이며, 한편 신세대는 어떠한 방면에 있어서 진보적이라고 말할 수 있는 것일까? 좀 더 구체적인 고찰을 시도해 보기로 하자.

보수와 진보의 대립의 문제가 활발하게 논의되며 사회적으로도 가장 심각한 의의를 갖는 것은 아마 정치 및 경제의 문제에 관련해서일 것이다. 그러므로 우리는 우선 정치와 경제에 관련해서 신구 두 세대의 태도가 어떠한 차이를 보이고 있는가부터 살펴보기로 하는 것이 좋을 것같이 생각된다.

정치 또는 사회 문제에 관하여 어떠한 의식 내지 신념을 갖느냐는 마당에 있어서, 연령이 결정적인 구실을 하는 것 같지는 않다. 가정 사정, 교우관계, 종교관계 등 다른 요인들의 영향도 적지 않은 까닭에, 정치와 경제 문제에 관하여 "구세대는 보수적이요, 신세대는 혁신적이다."라고 간단히 개괄해서 말하기는 힘들 것이다. 그러나 일반적으로 보아서 젊은 세대에게 전진적인 자세를 취하는 사람이 비교적 많다는 것은 하나의 상식적인 사실이다. 그리고 정치와 사회의 문제에 관해서 젊은 세대가 더 진보적인 자세를 취하는 경향이 있는 것은 그들의 가치관 및 현실관이 구세대의 그것과 다르다는 사실을 배경으로 삼고 있는 것으로 보인다.

오늘날 한국의 구세대와 신세대를 비교할 때 후자에게 이상주의의 경향이 강하고, 사회정의에 대한 감각이 더 예민하다는 것은 누구나 인정하는 사실이다. 물론 이것을 우리는 현대적인 특색이라고는 생각하지 않는다. 이상주의의 경향과 사회정의의 감각은 어느 시대 어느 나라의 청년들에 있어서나 대개는 찾아볼 수 있는 일반적인 현상이며, 현대의 한국 청년에 있어서 고유한 특색이라고는 여겨지지 않는다. 만약 30년 전의 한국의 젊은이들과 비교한다면, 오늘날 한국의 젊은이들에게는 현실주의의 경향이 강하고 사회정의에 대한 감각도 약간 무딘 편이라고 말하는 사람이 있을지 모른다. 그러나 여하튼, 현재의 젊은이들이 현재의 늙은이들보다는 일반적으로 이상주의의 경향이 강하고, 사회문제에 대한 감각이 예민하다는 것은 사실이며, 이러한 사실이 현대 한국의 세대와 세대 사이의 간격을 넓히고 있다는 것도 의심의 여지가 없다.

그런데 지금 한국에 있어서의 신구 두 세대 사이의 대화의 두절은, 이상주의나 사회문제에 대한 의견의 차이가 필연적으로 결과하지 않을 수 없을 그 정도의 것보다도 더욱 심한 것이 아닌가 생각된다. 다시 말하면 한국의 신구 두 세대가 가지고 있는 이상주의 내지 현실주의의 경향 및 정의감의 차이보다도, 한국의 현실 문제에 대해서 이 두 세대가 가지고 있는 견해의 차이는 한결 더 큰 것같이 느껴진다.

이러한 불일치의 원인을 우리는 여러 가지 각도에서 생각할 수 있겠거니와, 첫째로 우리는 신구 두 세대가 놓인 사회적인 위치와 이해관계의 차이를 간과하기 어려울 것이다. 봉건적인 가족제도가 무너져 가고 있는 우리나라에 있어서, 부모가 누리고 있는 사회적 안정이 자식들에게까지도 사회적 안정으로서의 의의를 가질 수는 없다. 가정보다도 개인을 의식하는 젊은이들은 자기 자신을 위한 내일의 보장을 갈망한다. 그러나 이 점에 관한 전망이 매우 어둡다는 것이 젊은이들의 견해이며, 또 그러한 견해에는 상당한 근거가 있는 것이다. 여기서 젊은이들은 늙은이들이 자기들의 앞길을 위해서 그리 고맙다고 여길 수 없는 존재라는 것을 느끼게 된다. 여기서부터 감정의 요소가 사고의 과정 속으로 숨어드는 정도가 높아진다.

감정이 사고의 과정 속으로 숨어들 때, 그 사고가 과격한 방향으로 움직이는 것은 일반적인 현상이다. 한국의 젊은이들의 경우도 예외는 아니며, 한국의 현실과 이 현실에 대처하는 한국의 기성세대에 대한 젊은이들의 견해에, 감정으로 말미암은 지나침이 전혀 없는 것같이 보이지 않는다. 예컨대 젊은이들은 한국의 구세대와 신세대 사이에는 전반적인 이해관계의 대립이 있다고 생각한다. 젊은이들은 구세대가 현재에 만족하고 있는 것같이 생각하는 경향이 있으며, 현재에 만족하고 있는 까닭에 부당한 현실도 그대로 긍정하려고 드는 것이라고 단정한다. 그리고 구세대는 거의 예외 없이 썩어 버렸다고 단정을 내린다.

젊은이들의 이러한 견해가 전적으로 틀렸다고 말할 수는 없을 것이다. 그러나 거기에는 어떤 과장이 있지 않은가 생각된다. 한국의 구세대와 신세대가 상반된 이해관계를 가질 경우가 없는 것은 아니나, 그것이 전반적인 현상이라고 생각하는 것은 좀 지나칠 것이다. 대국적 견지에서 말한다면, 한국인은 신구 세대를 막론하고 같은 운명의 별 아래 있다고 보아야 할 것이다. 구세대 가운데는 현재에 만족하고 있는 사람들도 있을 것이나, 대부분은 역시 현재를 극복해야 할 것으로 보고 있다고 해야 할 것이다. "구세대는 썩었다."는 명제도 간단히 전칭판단(全稱判斷)으로 처리해서 좋을지 자못 의심스럽다.

신세대에 대한 구세대의 평가에도 빗나간 관찰이 없지 않은 것 같다. 젊은이들이 현실에 대하여 가진 날카로운 통찰이나 미래에 대하여 가진 방향감각을 공정하게 인정하기를 거부하는 사람들이 많이 있다. "젊은 아이들이 무엇을 아느냐."는 식의 독선적인 의견을 가진 '어른'들이 아직도 남아 있는 것이다. 그런가 하면 반대로 젊은이들의 실력을 과대평가하고 나아가서는 젊은이들의 기분에 영합하는 사람들도 있다. '젊은 사자'니 '젊은 엘리트'니 하는 따위의 유행어가 나돌기 시작한 것도 그러한 풍조의 산물이라 하겠거니와, 젊은이들 특히 젊은 대학생들이 하는 짓이라면 덮어놓고 친양하는 축들의 태도에도 재고의 여지가 있음을 본다.

신구 두 세대 사이의 상호 이해가 부족하다는 사실은 결코 가볍게 넘겨 버릴 일이 아니라고 생각된다. 세대와 세대는 본래 계급과 계급처럼 대립하지 않을 수 없는 필연성을 가진 것이 아니며, 또 그렇게 대립해서는 안 될 성질의 사이다. 만약 세대와 세대와의 대립관계가 불가피한 것이라면, 인생은 필연적으로 불행하다는 결론으로 몰리게 될 것이다. 그것은 부모와 자식 그리고 스승과 제자가 필연적으로 맞서야 한다는 것을 의미할 뿐만 아니라, 문화적 가치의 계승과 발전의 가능성조차도 부인하는 뜻을 포함하고 있기 때문이다. 신구 두 세대는 릴레이 선수들처럼 협력해야 할 관계에 있으며, 빈틈없는 협력을 위해서는 투철한 상호 이해가 요청되는 것이다.

4.

앞에서 우리는 신구 두 세대가 이상이나 사회정의 등에 관하여 품은 가치관의 차이보다도 한국의 현실을 보는 견해의 차이가 한결 현저함을 지적하고, 그러한 불일치가 연유하는 바를 간단히 고찰하였다. 이제 우리는 신구 두 세대의 현실관이 어떠한 점에서 다르다고 말할 수 있는가를 잠깐 생각해 보기로 하자.

첫째로, 현실을 긍정하는 정도에 있어서 두 세대 사이에는 상당한 차이가 있는 것으로 보인다. 구세대에 속하는 사람들도 다소 식견이 있는 축이라면 우리의 현실을 그대로 긍정하지는 않는다. 하지만 그들이 현실을 부정하는 정도는 대체로 미온적인 것이며, 약물치료나 침과 뜸 정도로 고칠 수 있다고 보는 환자의 태도에 비교할 수 있는 그러한 태도에 지나지 않는다. 그러나 이 점에 대한 젊은 세대의 생각은 훨씬 급진적이다. 그들은 한층 더 깊은 바닥에서 현실을 부정하고 있으며, 대수술이 아니고는 고칠 수 없는 병이라고 진단하는 외과 의사의 태도를 연상시킨다.

젊은이들 가운데 교육 정도가 높은 대학생들은 우리의 현실을 '위기'라는 말로 특색짓는 것이 적합하다고 생각하는 경향이 있다. 위기인 까닭에 비정상적인 수단으로써 이에 대처해야 한다고 믿는다. 그들이 자주 거리로 뛰쳐나오는 것도 이러한 현실관에 입각한 것으로 해석된다. 그러나 구세대 가운데서 지식층에 속하는 사람들 — 보통 지도층이라고 불리는 사람들 — 은 우리의 현실을 '위기'라는 말로 규정하는 것을 대체로 좋아하지 않는다. 그들은 의외로 낙관적이다. 혹은 낙관적임을 가장한다. 대학생들이 거리로 뛰쳐나올 정도로 사태가 절박하지는 않다고 주장한다. 만약 위기가 존재한다면 그것은 다름 아닌 학생들의 너무 적극성을 띤 사회참여에 의해서 초래되는 것이라고 그들은 생각한다. 그들의 대부분은 학생들이 조용히 공부에 전념해 주기를 간절히 바란다.

위기의 존재 여부에 대한 이와 같은 견해의 차이의 배후에는 기성과 미성이 사회 안에서 차지하는 지위의 차이 및 그에 따르는 이해관계의 차이가 작용하고 있는 것으로 보인다. 현상이 유지되는 가운데 어느 정도의 안정과 만족을 느낄 수 있는 위치에 있는 사람들이 볼 때에는 아무렇지도 않은 상태가, 당장 그날그날의 살림이 어려운 사람의 처지에서 볼 때에는 위기로서 판단

될 수도 있음직한 일이다. 약간 역설처럼 들릴지도 모르나, 변화를 희구하는 위치에 놓인 사람들은 도리어 이것이 위기이기를 희망할 이유를 가졌다. 그리고 사람들은 각각 자기가 원하는 바를 현실 속에서 발견하는 버릇이 있다.

그러나 좀 더 거시적인 안목으로 볼 때, 자녀들에게 위기를 내포한 세상이 부모들에게만은 태평성세가 될 수 있을 리 없으며, 부모들을 위해서 아주 만족스러운 세상이 자녀들로 볼 때에는 견딜 수 없이 비참한 세계가 될 수도 없을 것이다. 우리가 주어진 현실을 극복할 수 있기 위해서는 현실을 보는 신구 두 세대의 판단이 대국적인 일치를 얻어야 할 것이며, 현실관에 있어서 일치된 견해에 도달할 수 있기 위해서도, 사소한 이해의 대립을 넘어서서 공동의 이익을 바라볼 수 있는 높이에까지 우리의 관점을 올려야 할 것이다.

공동의 이익을 바라보는 높은 관점을 취할 때, 우리의 의견은 적어도 다음 두 가지 점에 있어서 일치할 것이다. 첫째는, 위기라는 것이 단순히 밖으로부터 주어지기만 하는 것이 아니라, 우리들 자신의 태도에 의해서 예방되기도 하고 촉진되기도 한다는 사실이다. 둘째는, 위기라는 것이 순간적으로만 오는 것이 아니라 오랜 세월을 두고 만성적으로 올 수도 있다는 것, 따라서 지금 당장 눈앞에 닥치는 바가 없다고 해서 반드시 안심할 수 없을 경우도 있다는 사실이다.

5.

이제까지 우리는 정치와 사회의 문제에 관한 보수적 자세와 진보적 자세를 두고 신구 두 세대의 차이점을 고찰하였다. 다음에는 좁은 의미로 '도덕적'인 문제들에 관하여 신구 두 세대가 취하고 있는 태도를 비교함으로써 이 글의 끝을 맺을까 한다.

한마디로 '도덕'이라고 부르지만 거기에도 여러 가지 분야가 있다. 그 어떤 분야에 있어서는 신구 두 세대의 태도의 차이가 크고, 다른 어떤 분야에 있어서는 그 차이가 별로 없는 것으로 보인다. 예컨대 성 도덕의 문제에 관해서는 젊은이들은 전통적 관념으로부터 상당히 멀리 떠나 있으나, 정신적 가치를 높이 평가하는 점이라든지 신의를 존중하고 허위를 배격하는 점 등에 있어서는 전통적인 도덕관 가까이 머물고 있다. 그러나 전반적으로 말해서 구세대에게 보수적 도덕관념이 강하고 신세대는 전통적인 도덕관에 대하여 다소간 반발하는 경향이 있다는 것은 누구나 상식으로 짐작하고 있는 바와 같다.

그러나 새 세대와 늙은 세대의 도덕관의 차이가 지나치게 과장되어서는 안 될 것이다. 사실은 오늘날 한국에 있어서의 젊은 세대의 도덕관은 대체로 말해서 보수적 경향이 강하다는 것을 우리는 통계적인 조사를 통하여 알고 있다. 새로운 시대적 풍조에 접촉할 기회가 많은 대학생들까지도, 머릿속에서 생각하고 있는 막연한 관념에 관한 한, 공자나 맹자의 가르침을 그리 멀리 배반하고 있지는 않다. 요즈음 '주체성'이라는 말이 유행어처럼 나돌고 있거니와, 한국의 젊은이들이 한국적 전통에 대하여 가지고 있는 애착은 피상적인 관찰로써 판단하는 것보다 훨씬 강하다.

신구 두 세대 사이의 차이가 두드러진 것은 그들이 품고 있는 관념의 세계에 있어서가 아니라, 그들의 실천적인 행동 양식에 있어서이다. 다시 말하면, 도덕 문제에 관하여 어느 길이 옳다고 보느냐는 '생각'에 관해서는 한국의 젊은이들은 전통적 관념에서 그리 멀리 떠나 있지 않으나, 그들의 실제 행동은 그들의 부모와는 상당히 다른 방향으로 움직이고 있음을 본다. 관념의 세계와 행동의 세계 사이의 간격에 있어서 신세대의 경우에 구세대의 경우보다도 정도가 심하다고 말할 수 있을 것이다.

도덕적 관념과 도덕적 행위 사이에 넓은 간격이 생기는 것은 그러나 신세대에서만 발견되는 고유한 현상이 아니다. 정도의 차이는 있을지 모르나, 구세대의 경우도 관념과 행동이 유리된 경향이 있음은 일반이다. 행동이 관념의 명령대로 따라가지 못함은 누구에게나 있는 일반적인 현상이기는 하지만, 전통적 도덕의 체계와 새로운 시대의 요구 사이에 어떤 부조화가 생길 경우에는 관념과 행동 사이의 간격이 더욱 벌어지는 경향이 있다. 우리는 한국의 현재를 그러한 경우의 전형적 사례라고 볼 수 있을 것이다.

전통적 도덕관념이 절대로 타당하다는 것을 전제로 한다면, 행동과 관념의 거리가 멀수록 그 사람의 도덕성에 결함이 있다고 말할 수 있을 것이다. 그러나 시대와 사회가 빠른 속도로 움직이고 있을 경우에는, 도덕관념 자체가 수정을 받아야 마땅한 때가 있다. 우리 한국의 처지도 아마 그러한 경우에 가까울 것이다. 따라서 한국의 젊은 세대의 행동이 그들의 도덕관념을 따르지 못하는 정도가 심하다는 것만으로, 그들의 도덕성이 빈약하다고 단정하기는 어려울 것이다. 우리나라의 경우에 있어서 도덕적 공동 노력의 목표는 전통적 도덕관념을 맹목적으로 따르는 데 있는 것이 아니라, 새 시대의 사람들이 따라야 하고 또 따를 수 있는 새로운 가치의 기준을 발견하는 데 있을 것이다.

(1966년 12월)

3장 후진국과 대학생의 사회참여

1.

모든 사람은 사회적 존재이며, 대부분의 행위는 넓은 의미의 사회성을 가졌다. 이와 같은 관점에서 볼 때, '사회참여'라는 개념의 한계에 관하여 논의의 여지가 있음직하나, 우리는 이 개념을 아주 상식적인 뜻으로 이해하는 전제에서 출발하기로 한다. 즉, 이른바 '사회문제' 특히 정치적인 문제에 대한 직접적인 관여의 뜻으로 이 개념을 이해하고, 지금 우리에게 주어진 주제 '한국 학생의 사회참여 문제'를 생각해 보기로 한다.

"정치와 경제를 위시한 국가적인 여러 문제는 기성세대에게 맡기고, 학생들은 그들의 본분인 수학(修學)의 길에 전념해야 한다."는 것이 우리들의 상식이요, 통념이다. 이러한 통념에 대해서는 학생들 자신도 대부분의 경우 원칙적인 찬동을 거부하지 않을 것이다. 만약 세상 일이 모두 원만하게 돌아가고 국민은 안정과 번영을 누리는 복된 사회에 있어서라면 아마 '학생의 사회참여'라는 현상은, 적어도 논의와 시비(是非)의 대상이 될 그러한 규모의 것은, 나타나지 않을 것이다. 무엇인가 잘못된 점이 많은 나라에 있어서일수록 학생들의 사회참여는 빈번하게 일어난다.

정치와 경제가 안정되고 문화 일반이 그 궤도에 오른 건전한 사회를 '정상적인 사회'라고 부를 수 있다면, 오직 비정상적인 사회에 있어서만 그것이 모습을 나타낸다는 뜻에서 '학생의 사회참여'는 비정상적인 현상인 것이다.

비정상적인 사회, 특히 불안정한 후진국의 사회와 '대학생의 사회참여'의 관계는 거의 필연적인 것으로 보인다. 비정상적 사회는 스스로를 정상화하는 일을 공동의 목표로 삼는다. 특히 불안한 후진국에 있어서는, 여러 가지로 혁신해야 할 문제를 가지고 있으면서도 그 혁신을 제대로 실현하지 못하는 것이 일반적인 실정이다. 그리고 학생, 특히 대학생들은 그 혁신이 빨리 이루어지기를 조급하게 고대하는 계층에 속한다. 조급하게 고대하지만 실제로는 그대로 되지 않는 까닭에 그들에게는 불평과 불만이 끊일 사이가 없으며, 이 불평과 불만은 그들로 하여금 '사회참여'라는 비정상적인 행동을 일으키게 하는 원동력이 되는 것이다.

학생들에게 다른 일반 국민보다도 특히 불평과 불만이 많음에는 충분한 이유가 있는 것으로 보인다. 첫째로, 그들은 어느 정도의 지식을 가지고 있는 까닭에 선진국의 실정에 대하여 아주 어둡지 않으며, 내 나라의 나쁜 사정과 남의 나라의 좋은 사정을 자연 비교하게 된다. 둘째로, 대학생의 경우에는 자신들이 국가의 엘리트라는 자부심을 가지고 있는데, 실제 사회에는 이 자부심을 만족시켜 줄 아무런 준비도 없을 뿐 아니라, 대학을 졸업한 뒤에 자신들이 배운 전문적 지식을 활용할 수 있는 직장이 주어지리라는 전망도 대체로 어두운 편이다. 셋째로, 그들은 선진국의 생활수준이 어느 정도인지 대략 아는 까닭에 특수한 성격의 소유자를 제외하고는 대개 상당한 수준의 소비생활을 희망하고 있음에도 불구하고, 사실은 매우 고통스러운 일상생활을 강요당하고 있다.

학생들의 개인적인 불평과 불만은 젊은이들이 흔히 갖는 소박한 정의감과 결합된다. 여기서 그들의 불평과 불만의 출발점이던 개인적 이해 관심은 의식의 뒤편으로 물러서게 되며, 학생들은 자신들의 반항적 의식이 대의와 명분에 의하여 뒷받침되고 있다는 것을 느낀다. 다시 말하면, 개인적 불만을 '의분(義憤)'의 형태로 꼴을 바꿈으로써 자신들의 반항적 의식을 더욱 정당화하는 것이다.

'의분'을 금치 못할 사회적 현실에 대하여 책임을 져야 할 사람은 기성세대 — 특히 기성세대 가운데서의 지도층 — 라고 젊은 지성인들은 생각한다. 이에 그들의 불만은 기성세대에 대한 불신(不信)으로 번진다. 그리고 기성세대에 대한 불신은 급기야 자신들이 스스로 사회 개혁의 요청을 위하여 앞장을 서야 하겠다는 사명감으로 발전한다. 여기에 이르러 학생들의 정치의식의 고조를 보거니와, 이와 같이 고조된 정치의식이 행동으로 표면화되었을 때 이른바 '학생들의 사회참여'라는 긴장된 현상을 보게 되는 것이다. 이러한 관점에서 볼 때 비정상적인 사회, 특히 경제의 위협과 정치의 불안이 심각한 후진국에 있어서 '학생의 사회참여'를 보게 되는 것은, 어떤 독재적 탄압이 이를 막아 내지 않는 한, 거의 일반적인 현상이 아닌가 생각된다.

2.

앞에서 우리는 '학생의 사회참여'가 비정상적인 사태를 의미하는 것이면서도, 위협과 불안이 심각한 후진국에 있어서는 거의 일반적인 현상이라는 이중성을 가졌다는 사실을 지적하였다. 그리고 비정상성과 일반성이라는 이중의 특색에 대한 이해는 학생의 사회참여의 핵심으로 접근하는 실마리가 될 뿐만 아니라, 그것의 시비를 평가함에 있어서도 좋은 출발점이 되리라고 생각한다.

학생의 사회참여가 '비정상적' 현상이라는 전제에서 우선 따라 나오는 결론은, 그것이 일종의 불행한 사태에 속한다는 것이다. 불행한 사태에 속하는 까닭에, 학생의 사회참여라는 현상은 건설적인 일부의 것을 제외하고는, 하루바삐 자취를 감추도록 노력해야 한다는 결론도 이어 뒤따라 내릴 수 있다. 어차피 비정상적인 사태라면, 정상적인 방향으로 진로를 돌려 놓아야 할 것이다.

그러나 우리의 논리는 "학생의 사회참여는 불행한 사태인 까닭에, 그러한 사태를 빚어낸 학생은 그릇된 학생이다."라는 식으로 간단하게 비약해서는 안 될 것이다. '학생의 사회참여'라는 사태의 비정상성의 근본은 학생들의 성토대회나 시위 행진에 있는 것이 아니라, 그 성토와 시위의 먼 원인을 이룬 부조리한 사회 현실에 있는 것이다. 우리는 사태의 의미를 전체적으로 파악해야 할 것이며, 성토나 시위 같은 눈앞에 나타난 현상에만 시선을 국한해서는 안 될 것이다.

여기서 우리는 무질서한 후진국에 있어서 학생의 사회참여는 거의 일반적이라고 한 앞에서의 진술을 상기하게 된다. 만약 학생들의 사회참여가 불안한 나라에 있어서 거의 일반적인 현상이라면, 학생의 사회참여라는 심상치 않은 사태에 대하여 책임을 져야 할 사람은, 우선 누구보다도 기성세대의 지도층이라는 결론을 회피하기는 힘들 것이다. 따라서 학생의 사회참여의 원인이 된 부조리한 현실에 대한 책임은 묻지 않고, 그러한 현실이 자연적으로 불러일으킨 학생들의 행동에 대해서만 책임을 묻는 것은 공정한 일이 아니다.

비정상적이며 불행한 사회현상은 일어나지 않도록 막아야 한다. 그러나 그것을 막는 올바른 방법은 그 근본 원인에까지 올라가서 찾아야 할 것이다. 정의와 질서가 지배하고 밝은 전망이 보이도록 사회의 현실만 시정된다면, 학생들로 하여금 위험한 정치 운동에 앞장을 서도록 유도하기란 금전과 감언이설의 힘으로도 힘들 것이다. 현실의 부조리는 불문에 부치고 젊은 학생들에게만 책임을 전가시키는 것은 이중의 과오를 범하는 것이라 하여도 과언이 아닐 것이다.

그러나 학생들의 사회참여가 부조리한 현실에 기인하는 자연적인 현상이라는 전제로부터, 그것이 어떠한 경우에나 정당하다는 결론이 따라 나오는 것은 아니다. 학생의 사회참여의 시비를 일률적으로 단정할 수는 없는 것이며, 어떠한 경우에 어떠한 방식으로 참여했느냐에 따라서 개별적으로 평가되어야 할 문제가 아닐 수 없다.

모든 정치적 활동은 그 자체가 목적이기보다도 수단으로서의 의의가 훨씬 크다. 따라서 학생들의 정치적인 사회참여의 경우에 있어서도, 그것이 빚어낸 사회적 결과를 고려함이 없이 그 시비를 논할 수는 없을 것이다. 일반적인 추상론(抽象論)으로 말한다면, 좋은 목적을 위하여 시작되어서 실제로 좋은 결과를 (학업과 그 밖에 있어서의 일시적 손실을 메우고도 남을 정도의 좋은 결과를) 가져온 사회참여는 시인을 받을 것이며, 그 반대의 경우는 비난을 받아야 마땅하다는 논법이 성립할 수 있을 것이다. 그러면, 어떠한 목적이 좋은 목적이며, 어떠한 결과가 좋은 결과냐 하는 물음이 여기서 우리의 앞길을 가로막는다.

학생들이 교실을 떠나서 어떤 사회적 운동을 전개했을 때, 그 운동에는 대개 어떤 목적이 있는 법이며, 또 그 운동으로 말미암아 어떤 결과가 반드시 생기기 마련이다. 이때 그 목적 또는 이 결과가 좋은 것이냐 나쁜 것이냐는 문제에 대해서 사람들의 의견은 쉽사리 일치하지 않을 것이다. 평가하는 사람의 인생관에 따라서, 특히 그가 신봉하는 정치 노선에 따라서, 같은 목적, 같은 결과에 대한 평가도 크게 달라지는 것이 보통이다. 우리나라의 경우에 있어서 여당과 야당은 그들이 신봉하는 정치 노선에는 본질적인 차이가 없음에도 불구하고, 6·3 사태 같은 학생들의 움직임에 대한 평가가 크게 달랐다는 것을 생각한다면, 본질적으로 정치적 신념이 다른 두 당파의 경우에 있어서 그들의 평가가 얼마나 다를 것인가에 대하여 능히 짐작이 갈 것이다.

학생들의 사회운동에는 어떤 목적이 있는 법이라고 하였다. 그러나 여러 학생들의 목적이 정말 하나로 통일되는 경우는 비교적 드물다. 타고난 기질, 가정환경, 그리고 교우의 영향 등을 따라서, 그들의 동기는 각양각색일 수가 있다. 다만 사회의 현 사태에 대해서 불만을 가졌다는 한 가지 공통점만 있다면, 전혀 생각이 다른 사람들일지라도 같은 구호와 깃발을 앞세우고 시가행진에 나설 수가 있는 것이다.

'동상(同床)의 이몽(異夢)' 격으로 생각이 서로 다르다고는 할지라도, 거기에는 주류를 이루는 여론의 의사가 있는 것이 보통이다. 그리고 이 주류를 이루는 여론의 의사는 — 그 운동이 순수한 학생들의 것이며, 외부로부터의 불순한 세력에 의하여 영향 받지 않는 한 — 대체로 국민의 대다수의 이익과 조화를 갖는다. 따라서 그 여론의 의사와 일치하는 방향으로 학생들의 운동이 결과를 가져온다면, 국민의 대다수는 학생들의 용기와 판단을 찬양할 것이다. 그러나 실제에 있어서는, 학생들이 의도했고 또 국민이 희망했던 것과는 전혀 다른 결과가 생기기도 한다. 학생들의 사회운동은 많은 경우에 있어서 확고한 신념과 치밀한 계획에 입각한 것이기보다는 젊은 혈기에 지배되는 것일 뿐만 아니라, 거기에는 군중심리가 작용하기 쉽고 외부로부터의 불순한 세력이 침투할 가능성조차 없지 않은 까닭에, 학생들 자신도 냉철한 지성으로서는 원하지 않는 결과를 가져오기가 쉽다.

3.

후진국은 많은 전진과 개혁이 요구되는 사회다. 그런데 전진과 개혁이 실현되기 위해서는 그것을 추진할 중심 세력이 필요하다. 어떠한 사람들이 그 중심 세력을 이룰 수 있느냐 하는 것은 그 국가의 사정에 따라서 다를 것이다. 그러나 일반적으로 말해서 능력과 불만을 아울러 가지고 있는 계층의 사람들이 개혁을 위한 중추 세력을 구성하기에 가장 적합하다고 볼 수 있을 것이다. 첫째로, 능력이 없는 사람들로서는 현실의 개조라는 어려운 일을 감당할 도리가 없다. 그러나 그 일을 할 만한 능력이 있다 하더라도 현실에 만족하고 있는 사람들은 개혁을 위한 중추 세력이 될 수가 없다. 현재 만족한 자리에 있으면서 구태여 위험을 무릅쓰고 변화를 희구할 이유가 없기 때문이다. 배부른 고양이는 쥐를 잡지 않으며, 목마른 사람이 우물을 판다는 속담과 같이 일은 언제나 현재에 불만을 느끼는 사람들이 서두르기 마련이다.

후진국의 대학생들이 일반적으로 불평과 불만을 갖기 쉽다는 것은 이미 언급한 바 있거니와, 그들은 또 능력도 있는 사람들이다. 그들은 젊음이 주는 생리적인 힘과 교육에서 오는 지능적인 힘을 아울러 가지고 있는 사람들이다.

젊은 지성인들의 불만 및 그 불만에서 파생된 정치적 관심은 후진국에 있어서 매우 귀중한 역량이다. 그 불만과 관심을 좋은 방향으로 살리기만 한다면, 그것은 곧 후진국을 근대화로 이끄는 큰 원동력이 될 것이다. 이와 같은 견지에서 볼 때, 후진국에 있어서의 대학생의 존재와 그들의 불만이 얼마나 소중한 것인가는 스스로 명백하다.

대학생의 존재와 그들의 불만이 소중하다는 전제에서 우선 이끌려 나오는 것은, 대학생을 아끼고 그들의 불만을 존중해야 한다는 결론이다. 그리고 이 아끼고 존중하는 대접은 누구보다도 대학생들 자신이 스스로에게 베풀어야 할 것이다. 대학생들에게 자중자애(自重自愛)의 정신이 요구되는 이유다. 대학생들이 자신들의 위치를 깨닫고 자중과 자애의 정신에 철저할 때, 그들은 한갓 반항아나 불평객으로서 행동할 수 없음을 아는 것이며, 내일의 주인공으로서의 자세를 가다듬을 것이다.

학생들에게 자중과 자애가 필요하다는 말이 그들에게 자신에 대한 과대평가를 권장하는 것이라고 오해되어서는 안 될 것이다. 과대망상적인 영웅주의의 심리는 이미 낡은 시대의 소속이며, 현대의 젊은 세대가 이를 자기에게 허용한다면 그것은 시대를 착오한 자기모순이 아닐 수 없다.

학생들이 자중자애해야 한다는 말은 또 그들에게 무조건한 순종과 무기력한 소극주의를 권장하는 것이라고 오해되어서도 안 될 것이다. 사사건건 현실과 타협하는 태도가 습성화한다면, 그는 결과에 있어서 현재에 만족하는 사람과 다를 바가 없게 될 것이며, 새로운 내일을 위하여 큰 역량을 기른다는 자중자애의 본래의 취지에 어긋나게 될 것이다.

다음은 사회 일반이, 특히 기성세대의 인사들이 학생들의 존재와 불만을 아끼고 소중히 여겨야 할 것이다. 장차 나라의 운명을 걸머지고 그 주인공이 될 사람들이라는 이유로도 아낌을 받아야 할 것이며, 새로운 시대의 방향에 대한 그들의 예민한 감각도 충분히 존중되어야 할 것이다.

젊은 세대를 아끼고 소중히 여긴다 함이 그들의 기분에 영합함을 의미하지 않음은 물론이다. 새 세대를 지도해야 할 묵은 세대의 책임은 어떠한 구실 아래서도 포기될 수 없다. "훌륭한 교육자가 되기 위한 첫째의 조건은 제자를 존경함이다."라고 말한 사람이 있거니와, 우리는 훌륭한 교육자가 제자를 존경하는 정신으로 젊은 세대를 존중해야 할 것이다.

젊은 세대를 아끼고 존중하는 가장 실질적인 길은 그들을 위하여 사회개조의 정지(整地) 작업을 하는 일일 것이다. 다시 말하면, 새 세대가 앞으로 가야 할 같은 방향으로 일을 시작하는 일이다. 현실의 부조리를 제거하는 작업을 기성세대가 이미 시작하고 있다면, 젊은 세대는 구태여 사회참여를 일찍 서둘러 가며 공부할 시간을 낭비하려고 들지 않을 것이다.

4.

이제까지 우리는 학생이 아닌 사람의 관점에서 학생의 사회참여에 대한 의견을 베풀었거니와, 한국의 학생들 자신은 이 문제에 대하여 어떠한 생각을 가지고 있는지 여기 하나의 통계자료를 살펴보기로 하자.

필자는 한국의 남녀 대학생 1,692명을 상대로 실시한 사회조사의 질문서 가운데 다음과 같은 명제에 대한 의견을 물은 일이 있다.

"어지러운 세상에 함부로 바른말을 하다가 희생을 당하는 것은 어리석은 일이다. 따라서 험악한 세상에서는 오직 침묵을 지키는 것이 좋다."

이에 대하여 '그렇다'라고 찬성의 의사를 표시한 학생수는 505명으로서 전체의 29.8%를 차지하고 있으며, 전체의 61.8%에 해당하는 1,046명이 '아니다'라고 반대의 뜻을 표명하고 있다. 이 숫자로 본다면, 한국의 대학생들의 대부분이, 옳은 일을 위해서라면 개인의 희생을 무릅쓰고도 사회문제에 대하여 적극적 자세를 취해야 한다고 믿고 있는 듯하다.

한편 대학생들의 실제의 움직임을 보면, 성토대회나 시위 행렬에 참가하는 사람은 비교적 소수의 일부분일 경우가 많다. 적극적인 사회참여를 옳은 일이라고 생각하면서도 실제의 행동에 있어서 가담하는 학생이 적다는 사실을 우리는 두 가지로 해석할 수 있을 것이다. 그 하나는 정당한 사회참여라면 마땅히 가담할 것이나, 현실적으로 전개되고 있는 사회참여 운동은 정당하다고 볼 수 없는 까닭에, 그 운동에 있어서만은 자기는 참가를 보류하는 것이라고 보는 해석이다. 또 하나는 그 운동에 참가하는 것이 옳다고 믿기는 하지만, 개인적 이해관계를 생각하여 실제로는 참가하지 않는 것이라고 보는 해석이다. 아마 두 가지 해석이 모두 부분적인 타당성을 가질 것이다. 즉 눈앞의 현실적 학생운동에 대한 개별적 비판으로 말미암아 참가를 거부할 경우도 있을 것이요, 이해타산으로 말미암아 참가를 보류할 경우도 있을 것이다.

위정자들은 전자의 경우가 대부분이라고 관찰하고, 학생들의 반정부적 단체행동을 극소수의 의사표시에 불과하다고 해석하는 경향이 있는 것 같으나, 필자가 여러 학생들을 접촉한 인상으로는 후자가 더 많은 것이 아닌가 생각된다. 실제로 행동하지 않는 학생들 가운데, '미안하다'는 느낌을 갖는 사람들이 대단히 많은 것으로 보인다. 이와 같은 관찰이 크게 빗나가지 않았다는 것을 뒷받침하기에는 다음 문항에 대한 결과가 약간 도움이 될 것이다. 즉 필자는 질문서 가운데 다음과 같은 명제를 제시하고 학생들의 의견을 물었던 것이다.

" '이 나라의 고등교육을 받은 사람들은 뜻을 널리 국가 사회문제로 돌려야 한다'고 외치는 소리도 있으나, 차라리 안락한 가정생활에 관심을 집중하여 실속을 차리도록 하는 것이 옳다."

이에 대하여 '그렇다'라고 대답한 학생은 전체의 42.2%이며, '아니다'라고 대답한 사람은 48.8%이다. 이와 같이 찬반의 비율이 비슷한 것은 개인주의 내지 이기주의의 태도와 국가 또는 사회의 문제를 걱정하는 태도와의 긴장된 혼재를 반영한 것이라고 해석되거니와, 앞에서 소개한 문항이 얻은 숫자와 비교할 때, 약간 논리적 정합성의 부족을 발견한다. 논리를 일관시킨다면, 도리어 뒤의 문항에 있어서의 '아니다'가 더 높은 비율을 차지했어야 할 것이다. 왜냐하면 앞의 문항은 '사회악에 대한 비판'이라는 부정적 참여를 물은 것인데, 뒤의 문항은 건설적인 긍정의 참여까지도 아울러 물은 것이기 때문이다. 이와 같은 논리의 부정합은 첫째로, 학생들의 실천적 신념이 아직 확고하게 굳지 못했음을 의미하는 것이라고 볼 수 있겠거니와, 실천적 신념이 흔들리는 가장 큰 이유는 국가와 사회를 생각하는 마음과 개인적 안전을 희구하는 마음 사이에서 딜레마에 빠지기 때문이라고 생각된다. 그러기에 '안락한 가정생활' 및 '실속'이라는 두 마리의 말이 가족 중심적 유가(儒家) 도덕의 전통과 현대적 실리주의의 사조의 영향을 받은 한국의 젊은이들에게 상당히 강한 설득력을 발휘하여, 둘째 문항에 대한 '그렇다'의 대답을 상당히 증가시킬 수도 있었던 것으로 보인다. 만약 실천적 신념이 굳지 못하다는 것이 사실이라면, 학생들을 반대의 방향으로 — 즉 적극적 사회참여에 찬동하도록 유도하는 방향으로 — 설득할 수도 있을 것이다. 다시 말해서, 우리의 문항이 제시한 명제의 질을 바꾸어서, "개인의 불리를 무릅쓰고라도 국가와 사회의 문제에 투신해야 한다."는 식으로 유도하면, 사회참여에 찬성하는 응답이 좀 더 많아질 수도 있을 것으로 보인다. 여하튼 오늘날 한국의 학생들 가운데는, 사회참여가 어떤 후환이나 개인적 손실을 가져올 것을 고려하지만 않는다면, 그 자체로서는 찬양할 일이라고 믿는 경향이 강한 것으로 보인다.

그러나 대학생들은 공연히 현실을 부정하고 무턱대고 기성세대에게 반항하는 것을 옳다고는 생각하지 않는다. 이 점은 또 하나의 문항에 대한 통계가 밝혀 준다. 즉 필자는, "반항은 젊은이의 생명이다. 현대의 젊은이는 웃어른들을 대할 때 우선 반항하는 자세로 시작하여 차차 시비를 가릴 정도로 패기가 있어야 한다."는 명제를 제시했는데, 이 명제가 약간 설득적인 표현을 썼음에도 불구하고, '그렇다'는 전체의 14.1%밖에 안 되고, '아니다'가 81.0%의 절대다수를 차지했던 것이다.

이러한 통계가 시사하는 바는 명백하다. 즉 한국의 대학생들이 대부분은 냉철한 지성을 보전하고 있다는 것을 의미하는 것이다. 만약 학생들이 냉철한 지성을 보전하고 있음이 사실이라면, 학생을 상대로 한 지성적 대화의 길은 열려 있다고 보아야 할 것이며, 따라서 교육자의 성의와 식견만 충분하다면 그들을 선도할 수도 넉넉히 있으리라는 결론이 된다.

(1966년 세모(歲暮))

4장 사제관계의 어제와 오늘

1.

사람들은 대개 당세(當世)의 윤리가 땅에 떨어졌음을 한탄하는 동시에, 도(道)가 제대로 행해지던 옛날을 칭송으로 회고한다. 이러한 경향은 오늘날 비로소 생긴 것이 아니라 오랜 옛날부터의 한결같은 버릇이다. 백 년 전에는 2백 년 전을 동경했고, 2백 년 전에는 3백 년 전을 칭송했다. 결국 요순(堯舜)의 시대 이래 인류의 역사는 도덕에 관한 한 아래로 아래로 떨어져 간 것 같은 이야기다.

사람들이 현재를 개탄하고 과거를 칭송하는 일반적인 경향이 우리에게 확실히 알려 주는 사실의 첫째는, 인류의 역사가 아직 한 번도 도덕적으로 자랑할 만한 시대를 가져 본 적이 없다는 슬픔이요, 그 둘째는 인류가 한결같이 더 나은 내일에 대한 의욕을 지켜 왔다는 슬기로움이다.

옛날의 사제(師弟)의 도(道)와 오늘의 그것 사이에 천양(天壤)의 차이가 있다고 하는 흔히 들리는 개탄도 역시 같은 각도에서 해석해야 할 일면을 가졌을 것이다. 옛날에도 스승답지 못한 스승, 또는 제자답지 못한 제자는 많았을 것이며, 오늘도 아름다운 사제의 관계가 전혀 없지 않겠기에 말이다. 그러나 사제의 관계가 근래 크게 변질했음은 의심의 여지가 없는 사실이며, 대체로 보아 오늘날의 사제관계가 옛날의 그것에 비하여 천박한 방향으로 기울어 가고 있다는 관찰에는 다분히 근거가 있는 것으로 보인다.

사제관계의 이념에 관해서는 소크라테스가 플라톤의 『향연』 가운데서 한 암시에 가득 찬 연설을 상기하지 않을 수 없다. 소크라테스가 지적한 바와 같이, 스승과 제자는 '진리'라는 거룩한 목적을 향하여 걸어가는 동행인이다. 더 값진 인간의 상(像)을 찾고 또 그것을 실현하기 위하여 같은 길을 재촉하는 동행의 나그네인 것이다. 이 동행길에 있어서 한 걸음 앞선 스승은 그의 뒤를 따르는 제자를 끌어 올린다. 제자는 스승이 밝혀 주는 불빛의 힘을 입고 한 걸음 한 걸음 나아가며, 스승은 그의 유한한 육체가 가다 남긴 길을 제자에게 인계한다. 따라서 제자는 스승에게 감사할 이유를 가졌으며, 스승은 제자에게 감사할 이유를 가졌다. 마치 육체에 있어서 어버이와 자식 사이에 맺어진 관계가 정신에 있어서 스승과 제자 사이에 맺어지는 셈이다. 왜냐하면 인간의 육체적 생명은 부모와 자식의 관계를 통하여 존속 발전하지만, 그 정신적 생명은 스승과 제자의 관계를 통하여 대대로 전승되고 발전하기 때문이다. 이에 사제의 관계를 부자(父子)의 관계와 비슷한 것으로 존중한 동양의 전통적 사고의 근거를 보는 동시에, 정신을 육체보다도 값진 것으로 믿은 소크라테스가 사제의 사랑을 부부나 부자의 그것보다도 더욱 높은 것으로 평가한 이유를 발견한다.

만약 사제의 관계가 더 값진 인생을 목표로 삼는 동행인의 그것이요, 정신의 유산을 만세(萬世)에 전하는 계주자(繼走者)들의 그것이라면, 사제 사이에 사랑과 존경의 감정이 싹트는 것은 스스로 당연한 현상이 아닐 수 없다. 그러므로 일부에서 주장하듯이, 옛날에는 돈독하던 사제의 도가 오늘날은 천박하게 되었음이 사실이라면, 그것은 옛날에 '동행인' 또는 '계주자'로서의 의의가 크던 사제의 관계가 오늘에 와서 그러한 의의가 줄었거나 또는 그러한 의의에 대한 인식 내지 의식이 스승과 제자 당사자들 사이에 감퇴했음을 의미하는 것이 아닐 수 없을 것이다.

2.

돌이켜 살피건대, 현대의 상황에는 사제의 관계를 변질시키기에 충분한 여러 가지 요인이 있는 것으로 보인다. 첫째로, 르네상스 이래 서양 각국에서 줄곧 발달해 왔고 근래 우리나라에도 우세하게 들어오고 있는 개인주의의 사조를 그 요인의 으뜸가는 것으로서 지적할 수 있을 것이다. 개인에게 절대적 가치를 인정하는 생활감정으로 저울질할 때, '동행인'이나 '계주자'의 관계는 그리 본질적인 것이 될 수 없으며, 따라서 사제의 관계도 한갓 부차적이요 우연적인 인간관계 이상의 것이 되기 힘들 것이다.

둘째로, 현대의 교육제도도 사제관계에 변질을 가져온 중요한 원인의 하나로서 헤아려야 할 것이다. 옛날에는 같은 스승 밑에서 지도를 받는 기간이 10년 또는 20년의 오랜 세월을 두고 계속되었으며, 따라서 한 제자가 사사(師事)한 스승은 한두 사람에 지나지 않았다. 이 오랜 세월을 통하여 스승은 절대적인 영향을 끼쳤으니, 스승과 제자 사이에 깊은 사랑과 존경의 감정이 저절로 싹텄던 것이다. 그러나 오늘의 교육제도 아래서는 스승이 해마다 갈리고 심한 경우에는 시간마다 바뀐다. 한 학생이 대학을 마칠 때까지 가르침을 받는 선생의 수는 아마 적어도 백 명은 넘을 것이다. 그 숱한 스승을 제자가 자원해서 선택한 것이 아니라, 대부분의 경우 외부로부터 우연한 계기를 따라서 배정되는 것이다. 이러한 사정 아래서 옛날과 같이 깊고 절실한 사랑과 존경의 감정이 고이기 힘들다는 것은 삼척동자에게도 명백한 상식이다.

셋째로 생각할 것은 교육의 내용이다. 옛날의 교육은 전체로서의 인간 교육이었다. 그러나 오늘의 학교교육이 베푸는 것은 주로 기술 교육인 것이다. 고등학교까지는 상급 학교에 입학하는 데 필요한 기술을 가르치고 대학에서는 밥벌이에 필요한 기술을 가르친다. 기술 교육이 중요하지 않은 것은 아니다. 그러나 사제간의 깊은 이해와 존경, 그리고 애정은 본래 인격적인 공명에서 오는 것이었다. 단순한 기술의 주고받음에 그치는 것이 교육이라면, 그것은 상점의 물질적 거래와 크게 다를 바가 없을 것이다. 우리는 돈을 주고 물건을 사듯이 돈을 주고 기술을 사는 것이며, 거래가 끝나면 관계는 그것으로 일단 끝났다고 보아야 한다.

오늘날 교사들이 그 생계의 일부를 제자가 내는 납입금에 의존하고 있다는 사실은 사제의 관계를 천박한 것으로 만드는 또 하나의 요인이 아닐 수 없다. 본래 제자가 스승을 대하는 감정의 큰 부분을 차지하는 것은 사은(謝恩)의 느낌이었다. 스승의 바다 같은 은혜를 사랑과 존경으로 보답하고자 하는 심리가 있었다. 그러나 교사도 하나의 먹고 살기 위한 직업에 불과한 것이라면, 그리고 학생은 그에게 금전을 치르고 배우는 것이라면, 이미 셈은 끝난 것이니 특히 은혜를 느끼고 감사해야 할 이유가 없다고 보아야 할 것이 아닌가.

사제의 윤리를 해이하게 만든 요인으로서 끝으로 또 한 가지 언급하지 않을 수 없는 것은, 현재 우리가 다 같이 시달리고 있는 사회적 불안과 이에 관련하여 야기된 신구 세대의 부조화다. 도의(道義)라는 것은 원래 생활의 안정에서 오는 마음의 여유를 기반으로 삼고 일어나는 것이다. 사회가 불안할수록 인심은 각박해지기 마련이며, 사제의 윤리도 역시 어지러운 세태의 영향을 면하지는 못한다.

오늘날 우리가 당면하고 있는 사회적 혼란의 원인은 실로 여러 곳에 나누어져 있을 것이나, 그 책임은 나라의 살림과 사회의 질서를 일선에서 맡고 있는 구세대가 일단 지지 않을 수 없다. 따라서 늙은 세대는 젊은 세대의 불평과 비판을 정면에서 받아들여야 한다. 그리고 젊은 세대의 불평과 비판의 가장 가깝고 직접적인 대상이 되기 쉬운 것은 그 젊은이들과 매일같이 얼굴을 대해야 하는 교사들이다. 교사들은 구세대를 대표하여 신세대의 정예인 학생들의 비판을 받아야 한다. 혈기가 왕성한 젊은이들의 비판은 반드시 공정하기만 한 것이 아니며, 거기에는 존경이나 사랑과는 양립할 수 없는 경멸과 미움의 감정까지도 수반하기 일쑤다. 이러한 사태 아래서 어찌 종래의 도덕 교과서가 가르치는 사제의 윤리의 이상이 실현되기를 기대할 수 있으랴.

3.

앞에서 우리는 사제관계의 과거와 현재 사이에 상당한 차이가 있음을 인정하는 동시에, 그와 같은 차이가 생기게 된 원인의 주요한 것들을 간단히 살펴보았다. 그러나 우리들의 관심은 사제관계의 과거와 현재가 어떻게 다르며 그 차이의 원인이 무엇인가를 밝히는 데만 그치지 않는다. 우리들의 더 깊은 관심은 오늘날 해이하기 짝이 없는 사제의 관계를 어떻게 극복할 것이냐는 실천적 문제로 달리지 않을 수 없다. 교육제도와 경제 사정 등 모든 조건이 달라진 오늘날, 옛적과 같은 사제의 윤리를 회복할 도리도 없으려니와, 또 옛날의 윤리가 반드시 가장 옳다고만 단정하기도 힘들 것이다. 우리는 우리에게 가능한 범위 안에서 새로운 길을 모색해야 할 것이다.

고래로 동양의 도덕은 피지배층의 의무를 일방적으로 강조하는 경향에 치우쳤다. 효(孝)의 이름으로 자식의 도리가 강조되고, 충(忠)의 이름으로 신하의 도리가 강조되었으며, 부덕(婦德)의 이름으로 아내의 의무가 강조되었다. 이러한 경향은 지금도 일부에는 남아 있는 것으로 보인다. 그러나 한편 과거의 불합리에 대한 반동으로서 오늘날 일부에서는 자식의 권리, 백성의 권리, 아내의 권리만을 주장하고 각자의 의무는 불문에 부치는 경향도 없지 않다. 사태는 사제의 관계에 있어서도 마찬가지다. 한편에서 교육자의 권위만을 내세우는가 하면, 한편에서는 그 의무와 책임만을 꾸짖는다.

만인이 본래 평등한 인권을 타고났다는 생각이 옳은 것이라면, 모든 인간관계도 평등의 그것으로 보아야 할 것이다. 사제의 관계도, 관습적인 예의의 질서는 무시할 수 없다 할지라도, 근본은 평등의 관계라고 보아야 할 것이다. 사제의 관계를 평등의 그것으로 보는 견해에서 필연적으로 풀려 나오는 것은 스승과 제자를 연결하는 유대가 결국은 넓은 의미의 우정이라는 결론이다.

스승과 제자는 진리를 공동 목표로 삼는 동행인이라고 하였다. 스승은 그의 정신적 유산을 제자를 통하여 후세에 전한다고 하였다. 지나친 개인주의의 편견은 인간의 불가피한 협조의 관계를 간과할지도 모르나, 사제가 서로 돕고 서로 의존하는 인간관계라는 엄연한 사실은 예나 지금이나 다를 바가 없다. 인간이 '더 나은 것'에 대한 염원을 버리지 못하고, 인생의 가치가 개인의 죽음을 넘어서서 지속하기를 바라지 않을 수 없다면, 우리는 사제관계의 본질이 나변에 있음을 깨닫기에 어렵지 않을 것이며, 스승과 제자를 잇는 유대가 넓은 의미의 우정이라는 판단의 뜻도 명백할 것이다.

그러나 앞서도 지적한 바와 같이 현대 우리의 상황은 사제의 우의가 저절로 두터워지기에는 너무나 어려운 조건들을 갖추고 있다. 사제의 관계가 그 본래의 모습을 되찾게 하기 위해서는 여기 어느 정도의 인내와 노력이 필요함을 본다. 그 노력은 스승과 제자 양쪽에서 다 같이 해야 할 것이다. 그러나 이 경우에 더 많은 인내와 노력의 책임은 스승들 쪽에 주어진다. 스승이기 때문이다. 세상은 스승들에게 많은 것을 기대하는 것이며, 많은 기대를 받고 있는 까닭에 그 책임이 무거운 것이다.

더 나은 사제의 우의를 위하여 참을성 있는 노력이 요구된다고 했다. 그러나 어떠한 노력이 요구되고 있는 것일까? 오늘날 사제의 윤리를 곤경에 빠뜨린 여러 가지 조건들을 가급적 제거하는 일부터 시작해야 할 것으로 믿는다.

지나친 개인주의의 철학이 사제의 간격을 멀리 떨어뜨렸다고 했다. 이 개인주의는 근대화를 위하여 많은 공적을 남긴 사상이며, 우리나라는 이것으로부터 배워야 할 점이 많다. 그러나 방향을 상실한 개인주의는 이기주의와 혼동을 일으키면서 많은 폐단을 수반한 것이다. 개인주의를 어떻게 올바로 받아들이고 어떻게 올바로 넘어서느냐는 문제는, 이 나라에 새로운 윤리의 기틀을 잡아야 할 교육자들의 공통된 과제가 아닐 수 없다.

다음은 대량생산적인 교육제도다. 이 제도는 아마 현재의 우리로서는 어떻게도 할 도리가 없을 것이다. 그러나 이러한 제도 안에서 인격이 탁월한 스승은 학생들에게 깊은 감명을 줄 수 있으며, 평생 잊을 수 없는 지도자의 상을 남길 수가 있다. 훌륭한 인격이란 진실로 어려운 일이며 자칫하면 사람을 위선자로 만들기에 알맞은 목표다. 그러나 세상은 교사라는 직책을 가진 사람들에게 이것을 기대한다. 기대를 받고 있는 까닭에 역시 그렇게 노력하지 않을 수 없는 것이 '선생'이라는 직업이다.

다음에 한갓 기술의 전달만 하는 현대 교육의 폐단을 지적하였다. 그러나 '인간 교육'을 의식하고 아침저녁으로 설교를 일삼을 겨를도 없는 것이 오늘의 학교교육이거니와, 또 그러한 방법이 어떤 역효과를 가져오지나 않을까 도리어 걱정이다. 인간 교육이란 부지불식중의 감화를 통하여 이루어지는 것이다. 그리고 부지불식중의 감화란 탁월한 인격을 통하여 생기는 것이니, 여기서 우리는 또다시 스승된 자의 십자가인 '인격'의 문제로 되돌아오게 된다.

다음에 교사의 생계의 일부가 피교육자의 지출에 의하여 직접 유지되고 있는 실정의 폐단을 말하였다. 이 점에 관해서는 위정자의 깊은 유의(留意)가 있어야 할 것으로 믿는다. 교육자도 역시 인간인지라 공기만 마시고 살 수는 없으며, 기본 생활의 안정이 없는 사람에게 '고상한 인격'을 강요하는 것은 무리한 주문이 아닐 수 없다. 학부모들이 거두어 주는 몇 푼 돈에 마음이 흔들리는 일이 없도록, 그리고 학생들에게 물건을 사게 하고 상인으로부터 커

미션을 받았다는 소문이 떠돌지 않도록 교사들의 생활을 보장해 주는 일은 이 나라 교육의 정상화를 위하여 위정자들이 깊이 고려해야 할 급선무다. 그러나 본래가 지극히 가난한 나라인지라, 어느 정도의 청빈은 흔연히 감수하는 것이 교육자된 사람들의 타당한 자세가 아닐까 생각한다.

끝으로 이 나라의 불안하고 혼란한 사회상을 말했다. 이 사회의 암담한 현실을 극복하는 것이 어찌 사제 윤리의 확립만을 위하여 시급하랴. 이 사회의 현실을 개조하는 일은 실로 국민된 사람들의 지상의 공동 사명이 아닐 수 없다.

(1964년 6월)

5장 부모와 자녀의 유대

1.

두루 알려진 바와 같이, 옛날 그리스의 철학자 아리스토텔레스는 자신의 저술에서 인간을 사회적 동물이라고 규정하였다. 그리고 또 다른 곳에서 그는, 인생의 궁극목적은 바로 '행복'에 있다고 언명하였다. 인간을 사회적 동물이라고 본 것이나, 만인이 추구하는 바가 결국은 모두 행복으로 귀착한다고 언명한 관찰이나, 모두 평범한 가운데 천추의 진리를 지녔다. 그러나 여기 한 가지 아깝게 생각되는 것이 있다. 그것은 다름이 아니라, 인간이 사회적 동물이라는 사실과 만인이 추구하는 행복이라는 것 사이에 필시 있음직한 밀접한 관계에 대하여 아리스토텔레스는 충분히 밝혀 주지 않았다는 아쉬움이다.

사람은 날 때부터 '사회적 동물'이라 하였다. 그리고 사람은 누구나 반드시 행복을 추구하기 마련이라고 하였다. 그렇다면 이 두 가지 명제 사이에 무슨 필연적인 관계가 있음직한 일이 아닐까? 다시 말하면, 인간이 그의 궁극목적인 '행복'을 한갓 꿈 이상의 것으로 만들기 위해서는 '사회적 동물'로서의 스스로의 본질에 충실할 필요가 있는 것이 아닐까? 스스로의 본질을 떠나서 행복을 실현할 길이 열리리라고는 믿어지지 않는다.

"행복이란 무엇인가?"라는 어려운 물음을 앞에 두고 여기서 꼬치꼬치 따질 생각은 없다. 여기서는 '행복'을 상식적인 의미로 이해하는 것만으로 족할 것이다. 상식적인 의미에서 어떤 인격을 '행복한 사람'이라고 부를 수 있기 위해서는 첫째로 그 사람이 자기의 생활에 보람과 즐거움을 느낄 수 있어야 할 것이다. 그리고 그 사람의 주위가 그 사람으로 말미암아 기쁨을 얻을 수 있어야 할 것이다. 즐거움 또는 기쁨을 포함하지 않은 생활을 우리는 '행복하다'고 부르지 않는다. 본인 스스로가 체험하는 즐거움을 행복의 주관적 조건이라고 부를 수 있다면, 주위의 사람들이 체험하는 그것은 행복의 객관적 조건이라고 말해도 좋을 것이다. 여하튼 스스로도 즐기고 남에게도 즐거움을 줄 수 있는 것은, 상식적인 의미로 행복하기 위해서 갖추어야 할 필수의 조건이다.

스스로 즐기고 남에게도 즐거움을 줄 수 있기 위해서 또 여러 가지 조건이 갖추어져야 할 것이다. 어느 정도 물질도 있어야 할 것이고, 또 상당한 마음의 슬기도 필요할 것이다. 그러나 그 중에서도 가장 긴요한 것은 원만한 인간관계라고 생각된다. 사람과 사람의 관계가 원만하지 못한 곳에는 행복이 없다. 고독한 사람은 행복하다고 부르기 어렵다. 미워하고 미움을 받는 사람의 경우는 더욱 말할 것도 없다. 인간은 본래 사회적인 동물이기 때문이다.

2.

사람과 사람의 관계에도 여러 가지 종류가 있다. 그 가운데서도 가장 깊고 가까운 관계는 아마 부모와 자식의 관계일 것이다. 부모와 자식의 관계는 개인의 의사나 선택을 초월하는 선천적인 것이며, 누구의 노력으로도 끊을 수 없는 영속적인 것이다. 그것은 생물학적으로만 밀접함에 그치는 관계가 아니라 사회학 또는 경제적인 이해관계의 관점에서 보더라도 견줄 바 없이 깊고 가까운 관계다. 동양에서는 옛날부터 이 관계를 '천륜(天倫)'이라고 불러왔다. '하늘이 맺어 준 사람과 사람의 관계'라는 뜻이다.

우리는 앞서 만인이 희구하는 행복의 실현을 위한 가장 기본적인 조건으로서 '원만한 인간관계'의 필요성을 보았다. 그리고 이제 여러 가지 인간관계 가운데서 부모와 자식의 그것이 가장 깊고 가까움을 밝혔다. 만약 이상의 관찰이 과히 어긋난 것이 아니라면, 이 부모와 자식의 관계가 어떠한 형태와 내용을 갖추고 엮어지느냐에 따라서 우리의 행복이 크게 좌우되리라는 결론이 생길 것이다. 이러한 결론을 염두에 두고 우리는 앞으로 우리나라 부모와 자식의 관계의 어제와 오늘을 간단히 살펴보고자 하는 것이다.

우리나라의 전통적인 가족제도 및 가족 윤리는 중국의 제도와 윤리의 결정적인 영향을 받고 형성된 것이었다. 중국에 있어서는 '가족'이 사회생활의 가장 기본적인 단위의 구실을 하는 역사가 오래 지속하였다. 물론 가족 위에 국가라는 더 강력한 권위가 없었던 것은 아니다. 그러나 국가는 혁명이나 정변(政變)이 있을 때마다 뒤집히는 무상한 권력 기구였다. 이에 비하여 가족은 국가의 흥망이나 정권의 교체에도 불구하고 오래 이어서 계속하는 항구적인 조직이었다. 여기에 조상에 대한 숭배를 깊은 신조로 삼는 유교의 가르침이 깊이 침투하였다. 이리하여 중국에서는 가족 또는 씨족이 사회생활의 기본단위로서의 중요성을 차지하는 전통이 확립되었다.

가족 또는 씨족이 사회생활의 기본단위라 함은 가족 또는 씨족이 흥망과 성쇠의 운명을 같이하는 공동체라는 뜻을 포함한다. 다시 말하면, 한 가족 또는 한 씨족의 성원들은 흥해도 같이 흥하고 망해도 같이 망하는 동일한 운명을 지고 사는 사람들이며, 한 가족 또한 씨족 안에서 누구는 잘되고 누구는 못 되는 차별이 생길 수 없다는 뜻을 포함한다.

흥망을 같이하는 공동의 운명 아래 사는 까닭에, 한 개인의 행동이 잘되고 못 되고는 그가 속하는 가족 내지 씨족 전체에 직접적인 영향을 미친다. 한 사람의 공로가 가족 전체의 영달(榮達)을 가져올 수도 있고, 한 사람의 실수가 삼족(三族)을 멸하는 참변을 초래할 수도 있다. 이와 같은 연대책임의 사회제도 아래서는 어떠한 개인도 제멋대로 행동할 자유의 권한을 단념하지 않을 수 없다. 가족 내지 씨족 전체의 운명에 대한 고려가 개인의 의사보다도 높은 자리를 차지하기 마련이다.

개인의 의사를 압도하고 전체의 이익과 목적이 추구되는 사회나 단체에 있어서 필연적으로 요구되는 것은 지도의 체제 또는 명령 계통의 확립이다. 그 단체를 구성하는 성원들의 뜻과 행동이 전체의 이익과 목적이 요구하는 노선을 벗어남이 없도록 통제하는 강력한 권력의 체계가 요구되는 것이다. 배에는 선장이 필요하고 군대에는 지휘관이 필요하듯이 모든 운명 공동체에는 그 지휘봉을 잡을 사람의 존재가 필요하다.

봉건시대의 가족 안에 있어서 지휘봉을 잡은 것은 가장(家長), 즉 오늘날 우리가 말하는 아버지였다. 아버지는 가족 안에서 절대적인 권한을 장악했으며, 아버지의 명령에 절대복종함이 '효도'라는 미덕의 이름으로 칭송되었다. 아버지가 죽은 뒤에까지도 그의 남긴 뜻을 오래 받드는 것이 자식된 도리라고 공자(孔子)는 가르쳤다.

자식은 모든 일에 있어서 부모 특히 부친의 뜻을 따라 행동해야 했다. 직업의 선택이나 배우자의 결정 같은 일까지 부모의 뜻에 맡겨졌다. 그러나 여기서 유의해 두어야 할 것은 봉건시대의 부모가 자기의 개인적인 욕구나 개인적인 이익을 위해서 자식의 의사나 행복을 유린했다고 속단해서는 안 되리라는 점이다. 부모들 가운데는 자기의 이기적인 목적을 위하여 그 권한을 남용한 사람들도 있을 것이다. 그러나 그것은 그 시대의 기준으로 보더라도 부모답지 못한 부모의 경우임에 지나지 않는다. 부모다운 부모는 자식 그 본인

까지도 포함한 가족 전체를 위해서 가장 옳다고 믿는 길을 자식에게 명령한 것이다. 봉건적인 사회제도 그 자체의 좋고 나쁨은 물론 별개의 문제다. 여하튼 봉건사회 안에 사는 이상 가장의 위치에 앉은 사람은 강력한 명령의 위력으로 집안을 다스릴 필요가 있었다. 공동체의 이익을 위해서 그것이 필요했다.

3.

르네상스를 계기로 서구에서부터 일어난 근대화의 바람은 줄곧 이 나라에까지 불어 닥치고 있다. 그 '근대화'라는 역사적 현상을 불러일으킴에 있어서 가장 큰 원동력이 된 것은 막연하나마 '근대정신'이라고 부를 수 있는 르네상스 이후의 서구를 휩쓴 시대정신이다. 이 시대정신 가운데는 물론 여러 가지의 요소들이 있다. 그리고 그 여러 가지 요소들 가운데 개인주의가 있음은 두루 알려진 사실이다.

개인주의와 자유주의. 이것은 우리가 앞서 언급한 동양적인 부권(父權) 사회의 가족 윤리와는 근본적으로 배치되는 사상의 계열이다. 가장에게 절대권을 인정하는 부권 사회의 가족 윤리는 본래 일종의 전체주의와 권위주의를 바탕으로 삼는 것이기 때문이다.

근대화의 물결을 타고 개인주의와 자유주의의 사상이 세력을 떨치는 마당에서 절대 부권의 가족제도나 유교적인 가족 윤리가 그 옛 모습을 지탱할 도리는 없었다. 이제는 벌써 가족은 옛날같이 완벽한 운명 공동체는 아니다. 어버이의 지위가 그대로 자식의 지위로서 계승되는 것도 아니며, 한 사람의 실수가 가족 전체의 멸망을 가져오는 일도 없다. 부모는 미천해도 자식은 출세할 수가 있으며, 아우는 못살아도 형은 잘살 수가 있다. 따라서 옛날같이 행동의 통일이 반드시 요구되는 것도 아니며, 군대와 같은 명령의 질서도 필요 없게 되었다. 그리고 필요가 없는 것은 차차 쇠퇴해 가는 것이 사회현상의 일반적인 규칙이다. 더구나 구속을 싫어하고 한 몸의 자유를 갈망하는 것은 현대인에 있어서 거의 본능에 가까운 경향이다. 부모의 감독과 통제의 압력을 애써 물리치고자 하는 충동의 발작이 그칠 틈이 없다. 이러한 정세 아래서 그 옛날 그토록 준엄하던 어버이의 권위는 점차 붕괴의 과정을 더듬지 않을 수 없었다.

자식들이 부모의 감독과 통제를 거부한 것은 물론 자기 자신의 행복을 추구하는 활동의 일부였다. 그러나 부모의 억센 간섭으로부터 해방된 현대의 아들과 딸들은 과연 그것으로 행복이라는 목표로 그만큼 접근했다고 단정할 수 있을까?

우리는 여러 사람들과 여러 가지 관계를 맺고 산다. 이 얽히고설킨 여러 가지 관계들은 모두 내 행동을 제약하는 구속의 뜻을 가졌다. 주위의 사람들과 나를 연결하는 갖가지 끄나풀 때문에 내가 하고 싶은 일을 제대로 못할 경우가 허다하다. 책을 한 장 읽는 동안에도 전화가 나를 불러 내고, 글을 한 줄 쓰려고 하여도 찾아오는 손님으로 말미암아 펜을 놓아야 한다. 몸이 괴로워 좀 쉬고 싶으나 관혼상제의 통지에 이끌려 시간을 재며 외출복으로 갈아입어야 한다. 전화를 거는 사람, 찾아오는 사람, 그리고 관혼상제를 당한 사람들과 나 사이에 보이지 않는 끄나풀이 엉켜 있기 때문이다. 이 번거로운 끄나풀만 아니었다면, 인생을 한결 더 편안히 살 수 있을 것 같기도 하다.

봉건사회로부터 개인주의 사회로의 변천은 저 번거로운 대인관계의 끄나풀들을 끊어 버리거나 그 힘을 약화시켜 가는 과정이기도 하였다. 나의 자유를 위하여, 그리고 독립을 위하여 나에게 구속을 의미하는 인연의 줄을 되도록 끊어 버린다.

이와 같이 인연의 줄을 하나하나 끊어 갈 때 마지막까지 남는 것이 부모와 자식 관계를 으뜸으로 삼는 혈연의 유대일 것이다. 이 혈연의 유대는 인력을 초월하는 것인 까닭에 아주 끊어 버릴 도리는 없으나 그 힘을 몹시 약화시킬 수는 있다. 모든 부모의 간섭을 거부하는 것은 그 힘이 약해진 결과이며, 또 그 힘의 약화를 더욱 촉진시키는 활동이기도 하다. 그러면 이렇게 인연의 끄나풀을 애써 물리친 현대의 개인들은 과연 그만큼 더 많은 행복을 누리게 된 것일까? '그렇다'고 서슴지 않고 대답하기 힘든 사정이 여기 있는 것같이 보인다.

인간은 본래 사회적인 동물이었다. 사회적 동물인 인간이 그 사회적 유대, 즉 인연의 줄을 함부로 끊거나 물리침으로써 행복을 더하려 한 프로그램에는 본래 잘못된 계산이 있었다. 일시적인 고독은 즐거울지도 모르나, 철저한 무관심은 고문보다도 더욱 고통스럽다.

부모의 간섭으로부터의 완전한 자유를 이상으로 삼는 현대의 아들과 딸들은 장차 어디로 가자는 것일까? 철저한 무관심의 관계로 접근하지 않기 위해서는 부모와 자식의 윤리가 오늘날 새로운 검토를 요구하는 것이 아닐까?

4.

어느 일본 잡지에 '흔들리는 아버지의 자리'라는 제목의 글이 있었다. 내용에 관한 자세한 기억은 없으나, 여하튼 가정에 있어서의 아버지의 위치가 차차 '개밥의 도토리' 또는 '머슴'의 그것과 비슷한 것으로 되어 간다는 이야기였다. 벌써 오래전에 읽은 이 글이 아직도 기억에 남는 것은, 이것이 남의 나라 이야기가 아니라고 생각되었기 때문일 것이다.

아버지에게는 가족을 먹여 살릴 의무가 있다. 이 의무나 충실히 수행하고 말면 좋겠는데, 옛날의 봉건적 가장의 관념이 잔재로 남아 있는 까닭에 약간 거추장스럽다. 그래도 경제적 활동력이 왕성한 동안은 농가에 머슴이 필요하듯이 필요한 존재다. 그러나 그나마 늙고 병들면 개밥의 도토리만도 못한

귀찮은 물건이 아닐 수 없다. 어머니의 처지는 약간 다르다. 자식들은 대개 어머니의 편이다. 어머니와 자식의 사이가 가까운 것은 우연한 일이 아니다. 어머니는 첫째로 명령하거나 압력을 가하는 일이 적다. 둘째로 어머니의 사랑은 솔직하게 겉으로 넘쳐 흐른다. 자식의 장래를 위해서는 비록 해로운 일일지라도 그가 당장 원하는 일이라면 모두 들어주는 어머니들도 있다. 이 만만하고 헌신적인 어머니에게로 정이 더 가는 것은 자연스럽고 필연적인 경향이다.

자녀들의 교육에 관한 열성으로 말하더라도 대체로 어머니 쪽이 더 야단스럽다. '일류 학교'에 집어넣기 위해서 동분서주하며, 피아노나 미술을 가르치기 위해서 무리한 예산을 짜는 것은 대개 어머니들이 앞장을 선다. 아버지들은 어머니의 극성을 때로는 못마땅하게 생각한다. 그러나 그것을 겉으로 드러내서는 안 되며, 더구나 적극적인 반대는 절대 금물이다. 가정에 있어서의 가뜩이나 위태로운 위치가 더욱 비참하게 될 염려가 있기 때문이다. 울면서라도 겨자는 먹어야 한다.

아버지가 피를 말려 가며 일하는 덕분으로 겨우 먹고 산다는 사실을 자식들도 모르는 것은 아니다. 그러나 경제적 부담은 아버지의 당연한 의무에 지나지 않는다. 특히 감사할 이유는 없다. 울며 억지로 겨자를 먹는 아버지보다는 아버지에게 겨자를 먹도록 만든 어머니가 훨씬 더 고맙다.

그러나 어머니의 사랑을 받는 위치도 그리 확고하거나 영속적인 것은 아니다. 어머니의 본능적인 애정의 발휘가 반드시 자기의 장래를 위하여 유익한 것이 못 된다는 사실을 깨닫게 되는 날, 어머니에 대한 자식들의 태도에는 변동이 온다. "어머니가 나를 너무 보호하고 너무 위했기 때문에 나는 인생의 낙오자가 되었다."고 원망하는 아들의 하소연을 들은 기억이 있다. 자녀들의 어머니에 대한 애정에 변동을 가져오기 쉬운 또 하나의 계기는 자녀들에게 가까운 이성(異性)이 생기는 날에 있다. 어머니의 자녀들에 대한 사랑이 지성을 통해 세련된 것이 아니라 그저 본능적인 성질의 것일 때, 그리고 자녀들의 어머니에 대한 애정도 그와 비슷한 성질의 반작용일 경우에, 그 자녀들이 이성에 대한 사랑을 알게 되는 날 어머니에 대한 애정은 제2선으로 물러서야 한다. 본래 충동적 성질의 감정은 그보다 더 강한 충동적 감정과 맞설 때 그 경쟁에 견디지 못한다.

이상은 매우 극단적인 경우를 생각해 본 것이요, 우리나라의 가정들의 현실이 모두 그렇다는 것은 아니다. 그러나 지나친 개인주의의 바람이 우리의 가정을 그러한 방향으로 몰고 있다는 것은 이른바 '선진국'의 고독한 관계가 암시하는 바다. 부모와 자식의 사이가 남남끼리의 그것 비슷하게 된다면, 그것은 부모된 사람들만의 불행은 결코 아니다. 세상의 부모들이 불행하다면 그 자식들도 역시 불행하다. 사람들의 관계는 상호간의 관계다. 서로 관계하는 한쪽만이 불행하고 다른 쪽은 다행할 수는 없다. 우리는 아직도 넓은 의미로는 같은 운명의 별 밑에 사는 식구들이다. 이 말이 믿어지지 않는 사람에게는 또 하나의 일러 줄 말이 있다. 세상의 아들과 딸들은 자신들도 조만간 아버지와 어머니가 되리라는 이야기 말이다.

만약 부모와 자식의 사이까지도 남남같이 멀어진다면 인생은 매우 메마르게 될 것이다. 그러나 우리는 옛날의 봉건 도덕으로 돌아가지는 못한다. 여기 새로운 가족 윤리의 문제가 제기됨을 본다.

(1964년 4월)

6장 시민사회에 있어서의 인격과 개성

1. 자유주의의 역리(逆理)

개인과 사회의 대비에 있어서 어느 편이 우선이냐는 물음은, 하나의 당위론으로서 따지기 전에, 역사적 현실의 문제로서 다루어져야 할 것이라고 생각된다. 개인의 인권과 그 독자적 가치를 강조하며, 국가나 사회는 개인의 목적 달성을 위한 수단으로서 봉사해야 한다고 주장하는 사상은, 서양에 있어서도 근세 이후에 일어난 가치관이다. 그리고 이와 같은 개인주의의 대두는 개인의 사상과 행동이 불합리한 억압을 당했던 봉건시대에 대한 반작용으로서 이해된다. 중세기적 봉건사회에 있어서 서민층의 인권과 자유가 심한 억압을 당했음은 널리 알려진 사실이다.

억압에 대한 반발로서 일어난 사상이었던 까닭에, 초기 즉 프랑스 혁명 이전의 개인주의는 매우 과격한 성질의 것이었으며, 자유와 평등 그리고 인권의 존엄성을 그 쟁취의 목표로 선언하였다. 그리고 이 전투적인 사상의 실천을 위한 사회운동에 있어서 그 중추 세력을 이룬 것은 봉건제도 아래서 오랫동안 시달림을 받았던 상공 계급이었으며, 프랑스 혁명을 계기로 상공 계급은 압박을 감수하던 억울한 위치를 벗어나서, 도리어 우월한 계급으로서의 새로운 시대를 맞았다.

프랑스 혁명이 있은 뒤의 서구의 개인주의는 초기에 있어서와 같은 과격한 특색을 버리고 온건한 보수주의로서의 성격을 갖게 되었거니와, 이 보수적 개인주의는 스스로 자유주의의 이름을 표방하였다. 그리고 이 자유주의는 특히 경제활동에 있어서의 개인의 자유를 역설하고 법에 의한 국가의 간섭을 배격했으니, 이른바 자유방임주의의 경제 이론이다.

자유방임주의는 그것이 모든 개인의 자유와 평등 그리고 행복을 실현하는 가장 가까운 길이라고 주장했으나, 이 이론이 실천을 통해서 가져온 결과는 그 예언 내지 약속과는 크게 어긋났다. 19세기에 들어서며 급속도로 발달한 과학 기술은 생산의 수단에 혁명적 변화를 가져왔으며, 이 새로운 생산수단과 저 자유방임의 경제 원칙이 결합되었을 때, 실업자가 속출하고 빈부의 격차가 심해지는 등 갖가지 사회 불안이 결과했음은 널리 알려진 사실이다. 그리고 이러한 사회 불안은 많은 개인들의 인격과 개성을 억압하는 동시에 그 자유와 행복을 위협하는 성질의 것이니, 만인의 자유와 평등을 표방하는 자유주의의 결과로서는 역설적인 것이라 아니 할 수 없다.

자유방임적 경제체제의 폐단은, 과학 기술 및 기계문명이 지극히 놀라운 발달을 보게 된 오늘에 이르러 더욱 심각한 경지에 빠지고 말았다. 극도로 발달한 기계화의 메커니즘 속에서 인간조차도 기계의 한 부분으로 화하는 동시에, 자기가 하고 있는 노동의 의의를 알지 못하며 사회인으로서의 자기의 고유한 가치를 느끼지 못하는 지경에 — 이른바 인간의 자기 상실이라는 현상을 체험하는 지경에 — 이른 것이다. 더욱이 매스컴을 동원한 획일주의의 경향은 사람들의 사상과 취미 그리고 행동 양식까지도 타율적으로 규격화하는 판국을 초래했으니, 인격과 개성의 가치를 높이 떠받들고 나섰던 르네상스의 휴머니즘을 멀리 배반한 사태가 아닐 수 없다.

2. 서구의 개인주의

서구의 기계문명 속에서 개인이 자기를 상실하는 사태에 도달한 것은 부인할 수 없는 현실이나, 그러나 인격의 존엄성과 개인의 자유를 믿는 이념만은 하나의 당위 의식으로서 여전히 살아 있다. 다시 말하면, 서양인의 가치 의식의 바탕을 이루고 있는 것이 개인주의 사상이라는 점에는 흔들림이 없다. 그리고 이 개인주의적 가치관은 서양 사람들의 사고와 행동을 온갖 분야에 있어서 움직이는 원동력의 구실을 한다.

개인주의에 바탕을 둔 서양인의 사고와 행동의 특색으로서 우선 지적할 수 있는 것은, 그들의 강한 권리 의식이라고 생각된다. 그들은 자아의 권익을 주장하고 옹호하기를 주저하지 않으며, 때로는 노골적인 투쟁까지도 사양하지 않는다. 이와 같은 자아의 권리 의식은 개인이 권리의 주체라는 신념에 입각했다 하겠거니와, 이 신념은 타인의 같은 권리를 인정하고 존중해야 한다는 도덕 의식을 동반하지 않을 수 없다. 사람들이 처음부터 자진하여 남의 권익을 존중하기 시작했다고는 생각되지 않으나 만인이 서로 자기의 권리를 거침없이 주장하는 사회에 있어서 나만을 주장하고 남은 고려하지 않는다는 것은 사실상 불가능한 일이다. 그것은 쌍방의 파멸을 의미할 따름이기 때문이다.

남의 권리를 인정하고 그것을 존중한다 함은 나의 의무를 인정하고 이를 이행한다는 뜻을 포함한다. 남이 나에 대하여 주장할 수 있는 권리는 곧 나에게 있어서 무엇인가 해야 할 (또는 하지 말아야 할) 의무를 의미하기 때문이다. 이리하여 서양 사람들은 개인을 권리와 의무의 주체로서 보는 관념에 젖어 있으며, 이 관념에 의하여 움직이는 일이 많거니와, 이는 곧 서양 사회의 질서를 법의 질서로서 특징지을 수 있는 근본 사유이기도 하다. 그리고 서양 사람들이 저 정도의 사회질서를 유지할 수 있는 것도, 그들이 자기의 권리만을 주장하는 것이 아니라, 동시에 남의 권리 즉 나의 의무도 존중하는 준법의 정신 때문이라고 생각된다.

서양 사람들의 사고방식을 특징짓는 또 하나의 요인은 그들의 합리주의적 경향이다. 서양 사람들의 합리주의는 그들에게 있어서 발달한 과학 정신 및 경제주의와 깊은 관련을 가진 것으로 보이거니와, 앞서 말한 개인주의와도 밀접한 관계를 가졌다. 모든 종류의 집단주의가 어떤 감동 내지 격정의 심리에 그 지주(支柱)를 구하려는 경향을 가졌음에 비하여, 개인주의는 원칙적으로 냉철한 이지(理智)에 바탕을 두고 있기 때문이다. 여하튼 서양인의 사고방식이 합리주의적이며 과학적이라는 것은 널리 알려진 사실이며, 이 점에 있어서 정신적 사고의 경향이 강한 우리 동양의 전통과 대조적인 일면을 가졌다.

합리주의란 경우에 밝고 조리가 분명하며 공과 사를 혼동하지 않는 등 많은 장점을 가지고 있는 반면에, 매우 냉담하며 인생을 고독한 것으로 만들 가능성을 내포한다는 단점도 가지고 있는 사상이다. 서양 사람들이 대체로 합리주의의 경향이 강함에도 불구하고 어느 정도의 인간미를 유지할 수 있었던 것은, 그들에게 기독교라는 주정주의(主情主義) 사상의 전통이 살아남았기 때문이 아닌가 생각된다. '믿음'과 '사랑'을 가장 으뜸가는 미덕으로 삼는 기독교는 본래 그 기원에 있어서 합리주의나 주지주의(主知主義)와는 계통을 달리하는 사상이거니와, 이 정서에 가득 찬 종교 사상이 서구인의 마음의 바닥을 아직도 흐르고 있다는 사실이, 극도로 발달한 합리주의에도 불구하고, 서구인의 정신으로 하여금 어느 정도의 조화를 유지할 수 있게 한 근본 사유라고 여겨진다. 이러한 견해가 공연한 억측이 아님은, 현대 서구 세계에 있어서의 기독교 사상의 쇠퇴가 오늘의 서구 문명을 얼마나 위협하고 있는가를 상기할 때, 곧 수긍이 갈 것이다.

3. 가족주의의 전통

유교 사상의 영향을 받고 형성된 동양인의 의식구조는 여러 가지 점에서 서양인의 경우와 대조적이다. 널리 알려진 바와 같이, 유교적 전통 아래 있는 동양의 여러 나라에 있어서는 가족이 생활의 단위를 이루어 왔으며, 개인은 독립성을 가진 생활의 주체이기보다는 가족의 한 성원으로서 이에 예속된 존재에 불과한 위치를 오래 지켜 왔다. 물론, 근래에 외래의 문물이 들어옴을 계기로 우리 동양인의 의식구조에도 획기적인 변혁이 일어나고 있음은 사실이나, 아직도 가족주의적 사고의 경향은 현저하게 남아 있다. 특히 의리, 인정, 정실 등을 존중하는 봉건적인 도덕관념 가운데 그 경향의 잔재가 뚜렷하다.

가족의 윤리는 그 본질에 있어서 정감적이다. '가족'이라는 집단에 있어서 안녕과 질서의 원리가 되는 것은 권리와 의무를 따지는 법이 아니라, 혈연의 자연에 근거를 둔 정(情)이요 덕(德)이다. 그리고 가족을 인륜의 근본이라고 믿었던 유교 사상가들은 국가 전체까지도 가족의 확대와 비슷한 성질의 것으로 보았던 것이며, 따라서 국가 또는 사회 일반의 안녕과 질서를 유지하는 원리가 되는 것도 인정과 의리라고 생각하였다. 더욱이 유교의 윤리는 먼 곳보다는 가까운 곳을 먼저 위하라고 가르치는 차별애(差別愛)의 일면을 가진 까닭에, 공과 사를 혼동하는 폐단으로 이끌 계기를 숨기고 있다. 오늘날 한국의 인심이, 부분적인 사건에 있어서는 다정다감한 인간미를 보여주면서도, 나라 전체의 질서와 이익을 도모하는 정신에 있어서는 결핍한 바 적지 않음을 느끼게 하는 것도, 저 가족주의적 가치 관념의 잔재 때문이라고 해석된다.

가족과 같은 좁은 범위의 단체가 원시적 감정 또는 차별적 애정을 유대로 삼고 단결할 때, 자연히 배타의 경향으로 흐르기 쉬우며, 더 큰 전체에 대한 충성심을 배반하기 쉽다. 이것은 가족의 경우뿐만 아니라 동향(同鄕), 동창(同窓), 붕당(朋黨) 등 모든 종류의 단체에 있어서도 마찬가지다. 조선시대 이래 우리나라에 당파의 싸움이 빈번하였고, 오늘에 있어서도 아직 그 폐습이 가시지 않은 우리들의 딱한 현실 속에 우리는 전통적 가치 의식의 폐단을 보는 동시에, 새로운 시대가 해결해야 할 여러 실천 문제의 핵심이 어디에 있는가를 짐작한다.

집단주의적 신분 사회에 있어서, 개인의 인격과 자유는 자연히 억압을 당하기 마련이다. 우리나라의 경우에 있어서도 가족주의적 도덕관념 속에서 개인의 인격과 개성이 정당한 존중을 받지 못하고, 개인적 자아의 성장이 당연한 수준에 이르지 못한 사례가 적지 않으며, 오늘에 이르러서도 그러한 폐단이 완전히 해소된 것으로는 보이지 않는다.

가족주의적이요 정서주의적인 가치 의식은 우리의 일상적인 사고와 행동의 방향을 크게 좌우하고 있다. 체면에 대한 과민성, 허영과 사치, 공정의 정신을 망각한 온정주의 등, 불합리하고 비과학적인 사고와 행동을 우리는 수없이 발견하거니와, 이러한 전근대적 관념과 행동이 민주주의적 산업사회를 지향하는 우리나라의 발전을 몹시 저해하고 있음은 두말할 것도 없다.

우리나라의 윤리 문제는 근래 서구적 개인주의의 물결이 밀려들어 옴을 계기로 더욱 복잡다단하게 되었다. 외국의 새로운 사조가 흘러들어 올 경우에는 언제나 토착한 전통 사상과의 마찰을 빚어내기 마련이거니와, 오늘의 우리들의 상황은 개인주의라는 서구의 사상을 신중한 자세로 받아들여 우리의 전통 속에 조화롭게 동화시키기에 적절한 조건을 갖추고 있지 않다. 첫째로, 우리는 지금 전근대적 윤리관의 폐단을 절실하게 느끼는 가운데 일종의 반동 심리의 영향을 받아 가며, 저 개인주의를 목마르게 흡수하고 있다. 그리고 둘째로, 우리는 지금 지극히 치열한 생존경쟁이 불가피한 절박한 상황 속에서 개인주의라는 외래의 사상을 '더 진보한 가치관'이라는 선입견을 가지고 환영하고 있다. 이러한 사정 아래서 받아들여지는 개인주의인 까닭에, 우리는 그것을 비판적 각도에서 검토하거나 우리의 처지에 맞도록 개선할 여유가 없음은 물론, 나와 남의 권익을 공정하고 평등하게 존중한다는 개인주의 본래의 정신까지도 망각하고, 개인주의가 아닌 이기주의로 타락함을 막기 어려운 실정에 있다.

4. 종합의 과제

우리나라에는 지금 낡은 가족주의와 설익은 개인주의가 위험한 상태로 엉클어져 있다. 늙은 세대의 많은 사람들이 가족주의적 전통의 의리와 인정을 겉으로 내세우면서 안으로는 자기의 실속을 추구하는가 하면, 젊은 세대의 많은 사람들은 안으로 자기의 생리 속에 스며 있는 동양적 가치 의식은 계산에 넣지 않고, 함부로 서구적 사고방식으로 급진한다. 어떤 사람들은 '전통의 존중'이라는 이름 아래 옛것에 대하여 감정적으로 애착하는가 하면, 다른 사람들은 '근대화'의 표어를 앞세우고 외래의 것을 성급하게 그저 찬미하기에 바쁘다. 이러한 풍토 속에서 찾아볼 수 있는 유일한 공통점은 오직 위장된 에고이즘뿐이다.

우리는 지금 언뜻 보기에 서로 배치되는 듯한 두 가지의 과제를 동시에 성취해야 할 어려운 처지에 놓여 있다. 첫째로, 우리는 개인 각자의 인격과 개성이 실질적으로 존중되고 유감 없이 실현 내지 성장할 수 있는 사회를 건설해야 한다. 그러면서도 둘째로, 우리는 개인이 자기 한 사람의 이익이나 목적을 넘어서서 전체의 공동 목표를 존중하며, 때로는 남을 위하여 자기를 망각하기도 하는 인간다운 사랑의 감정을 지키고 더욱 발전시켜야 한다. 인간의 존엄성을 부인하지 않는 한 우리는 첫째 과제를 외면하지 못할 것이며, 인간의 사회성과 도덕성을 믿는 한 우리는 둘째 과제를 거부하지 못할 것이다.

그리고 이 두 가지 과제는 서로 배치되는 듯한 느낌을 주기도 하나, 실은 동일한 인간적 이상의 두 측면일 따름이다. 사람들이 각각 그 개성을 살려 훌륭한 인격을 실현할 수 있는 것은 단결과 협조로써 번영을 이룩한 사회에 있어서뿐이라면, 개인의 목표와 사회의 목표를 궁극적으로 대립하는 것이라고 보아서는 안 될 것이다.

민주 사회의 시민은 어느 누구에게도 예속될 수 없는 자기 스스로의 주인이어야 한다. 그러나 그는 자기만을 생각하는 이기주의자여서는 결코 안 되는 것이며, 그가 사는 사회의 공동 목표의 실현을 위해서 이바지하는 성실한 봉사자라야 한다. 그는 자기의 개성을 따라서 인격을 실현해야 할 것이며, 스스로의 소신을 따라 세운 목표를 향하여 매진할 수 있는 자유를 누려야 할 것이다. 그러나 그와 같은 자유인으로서의 활동이 남의 인격이나 자유를 억압할 권한은 없는 것이며, 도리어 그 활동이 국가 또는 인류 전체의 번영과 행복을 위하여 공헌하는 바 있어야 한다.

필자가 믿는 바에 의하면, 개인이 사회 전체의 공동 목표를 위해서 응분의 공헌을 해야 한다는 원칙은 오늘의 윤리도 이를 거부하지 못한다. 다만 진실로 민주적인 사회의 시민은, 그 공동의 목표를 단순히 밖으로부터 강요당하는 것이 아니라 스스로의 의사를 반영하여 그 공동 목표의 설정에 참여하며, 남의 강제나 압력에 못 이겨서가 아니라 스스로 자진하여 공동 목표를 위해서 협력하는 점에 있어서, 만사를 권위의 명령에 따라 하던 옛날 봉건시대의 서민과 다르다.

개인들이 각각 자기 한 사람의 이익이나 성공을 추구하면, '보이지 않는 손'의 신비로운 작용에 의하여, 개인들의 이해 대립은 결국 해소되고 국가 전체도 저절로 번영을 얻게 되리라는 거짓된 생각은 이제 깨끗이 버려야 한다. 사람들이 저마다 이기적 목적을 위하여 광분하는 동안, 국가와 사회는 파괴와 불안과 그리고 비민주적 인간관계를 면치 못할 것이며, 개인들이 소아(小

我)의 원시적 욕심을 넘어서서 대아(大我)의 성장을 꾀하는 도덕적 노력이 없는 한, 공동체의 번영은 실현되지 않을 것이다.

양심에 대한 호소와 도덕적 설교만으로 사람들로 하여금 이기주의를 넘어서서 공동의 목표에 이바지하게 만들 수 있다는 생각도 단호히 청산해야 한다. 도덕적 교육에도 물론 어느 정도의 성과는 있을 것이다. 그러나 그보다 더욱 중요한 것은 제도에 나타난 사회질서다. 파렴치하고 이기적인 욕심을 견제할 수 있는 제도의 확립이 없고, 개인의 이익과 사회의 번영이 일치한다는 것을 믿을 수 있게 하는 질서의 확보가 없는 한, 공동체에 대한 헌신적인 노력을 개인들로부터 기대하기는 어려울 것이다. 여기서 우리는 현대사회에 있어서의 정치의 중요성을 다시 확인하는 동시에, 인권과 정의를 위한 개인들의 투쟁적 노력이 민주 사회의 실현을 위하여 불가결한 조건임을 새삼 반성하게 된다. 아직도 권력은 부패를 동반하기 쉬운 오늘의 현실에 있어서, 국민들의 용감한 비판 내지 저항과 적극적인 참여 없이는, 올바른 정치의 실현을 기대하기 어렵기 때문이다.

(1968년 1월)

[보론]
더욱 높은 목표를 향하여

더욱 높은 목표를 향하여

1.

韓國의 學術院과 日本의 學士院이 東京에서 學術交流 協定을 締結한 것은 1998年 11月 5日이었습니다. 그 協定이 締結된 뒤 약 7年 동안은 엄밀한 意味의 學術交流는 없었으며, 韓國의 學術院과 日本의 學士院에 속한 人員들이 서로 禮訪하는 交流가 每年 交代로 있었습니다. 두 機關의 幹部들이 訪問한 경우가 많았으며, 一般 會員 또는 事務職員이 訪問한 경우도 있었습니다.

처음부터 學術交流를 서두르지 않고 禮訪과 答訪의 型式으로 人員들만 往來하는 準備 期間을 가진 것은 매우 현명한 手順이었다고 생각됩니다. 원만한 交流를 위하여 相互間의 信賴와 理解가 앞서야 하는 것은 商去來의 경우만이 아닐 것입니다.

2005年 4月 初에 日本學士院의 이노구찌(井口) 教授가 夫婦同伴으로 韓國의 學術院을 訪問하셨을 때, "이제는 學術的 內容이 담긴 交流를 試圖하여도 좋은 때가 되지 않았을까?" 하는 意見을 조심스럽게 내비쳤습니다. 韓

國의 學術院에서도 그와 비슷한 생각을 非公式 席上에서 交換한 바 있었으므로 이노구찌 敎授의 그 意見은 크게 歡迎을 받았습니다.

2005年 6月에 우리 두 나라의 最高 學術機關은 學術問題를 話題로 한 談論의 廣場(forum)을 開設하기로 合議하였으며, 兩國에서 각각 選出된 두 사람씩의 準備委員이 여러 번 모여서 그 포럼의 細部內容을 議論했습니다. 그리고 오늘 드디어 이곳 日本學士院에서 그 첫 번째 會議가 열리게 되었습니다. 그동안에 玄海灘을 往來하며 수고를 아끼지 않으신 兩國의 準備委員과 오늘 이 자리를 마련하신 日本學士院의 나가꾸라(長倉) 院長先生을 비롯한 여러분께 眞心으로 感謝를 드립니다.

오늘의 會合을 契機로 삼고 장차 持續的으로 열리게 될 이 포럼의 意義는 실로 莫大하다고 생각합니다. 그렇게 생각하는 까닭은 이 포럼에 등장하는 사람들이 두 나라의 最高級 知識人들이기 때문입니다. 韓國과 日本, 日本과 韓國은 地理와 人種의 觀點에서 볼 때 마땅히 가까워야 할 두 나라임에도 불구하고 실제로는 그렇지 못한 地球上의 特殊한 國家들입니다. 그리고 이 두 나라가 실제로 가깝고도 가까운 關係를 實現하기 위해서는 두 나라의 最高 知識人들의 深度 있고 廣範圍한 對話가 必須的임에도 불구하고, 이제까지는 그러한 對話의 廣場이 충분하게 마련된 바가 없었습니다. 그리고 오늘은 바로 그 深度 있고 廣範圍한 對話의 廣場이 처음 열리는 날입니다. 제가 이 포럼의 意義를 감히 '莫大하다'고 말씀드리는 까닭이 바로 여기에 있습니다.

2.

저는 靑年期의 5年 半 가까운 歲月을 日本에서 보낸 적이 있습니다. 第六高等學校의 入學試驗을 보기 위하여 渡日했을 때, 合格할 것으로 믿고 寢具

까지 準備하여 떠났으나, 豫想이 빗나가서 歸國을 保留하고 찾아간 곳이 京都府立一中의 補習科였습니다. 그곳에서 1年 동안 再修한 다음에 운 좋게 第三高等學校에 入學했습니다. 第三高等學校에서 文科를 마친 뒤에 東京大學 法學部에 다니던 時期까지 합하면, 그럭저럭 5年 半 가깝게 됩니다.

그 5年 半 동안에 저는 매우 貴重한 體驗을 했습니다. 卓越한 良識을 가진 日本의 知識人들을 여러 사람 만날 機會를 가졌던 것입니다. 몇 가지 事例를 들어 보겠습니다.

제가 三高에 다닐 때 가장 感銘 깊게 들은 講義는 야마야(山谷) 先生의 法學通論 時間의 그것이었습니다. 야마야 先生은 時間講師로서 法學通論을 가르쳤던 것인데, 그의 講義 가운데서 아직도 잊히지 않는 것은 그의 法學 이야기가 아니라 法學과 관계없는 雜談에 속하는 말씀 가운데 있었습니다. 당시는 日本이 하와이의 眞珠灣을 不意에 爆擊하고 太平洋戰爭을 遂行하고 있을 무렵이었습니다. 야마야 先生은 太平洋戰爭의 不當性을 조목조목 따져서 論駁했으며, 日本의 軍國主義를 論理整然하게 꾸짖었습니다. 두려움을 모르는 그의 勇氣는 다름 아닌 높은 識見에서 솟아올랐다고 저는 느꼈습니다. 하오리와 하까마 차림의 傳統的 日本式 正裝을 하고 論語를 講義한 姓銜이 생각나지 않는 漢文敎授도 때때로 論理整然한 語法으로 日本의 軍國主義를 叱咤했습니다.

第三高等學校의 젊은 敎授 한 분이 美國으로 留學을 갔다가 戰爭으로 인하여 도중에 歸國했을 때, 그의 美國 見聞談을 第三高等學校 寄宿舍에서 들은 적이 있었습니다. 그때 그 젊은 敎授도 日本이 일으킨 太平洋戰爭의 不當性을 指摘했습니다. 그가 太平洋戰爭을 옳다고 보지 않은 가장 큰 理由의 하나는 '勝算이 없다'는 데 있었습니다. 勝算이 없다고 보는 理由는 物資에 있어서 日本은 美國을 당할 수 없다는 데 있다고 했습니다. 그 젊은 敎授가 든 例는 매우 具體的이었습니다.

그가 美國의 어느 食堂에서 食事를 하고 있었을 때, 옆 테이블의 손님이 비프스테이크를 주문했습니다. 주문한 料理 접시를 가져온 웨이터에게 그 손님은 "내가 요구한 것은 '미디움(midium)'이었는데, 이것은 '웰던(well-done)'이오." 하고 不評을 했습니다. 웨이터는 두말 하지 않고, 가지고 온 스테이크를 쓰레기통에 버렸습니다. 일단 廚房으로 가지고 가서 다른 손님에게 팔 수 있는 機會를 살리지 않고, 아예 버리고 말았다는 것입니다.

그 젊은 教授가 美國에서 보고 들은 바를 天眞爛漫한 愛國心으로 包裝하지 않고, 冷淡한 語調로 이야기한 것은 그의 知的 成熟性을 意味한다고 보았습니다.

그리고 三高의 寄宿舍生들이 젊은 教授의 말을 조용히 傾聽하던 嚴肅한 雰圍氣에서 저는 그 學生들의 知的 水準도 만만치 않음을 느꼈습니다.

寄宿舍生들의 生活態度를 통해서 본 三高生들의 몸가짐에는 요즈음의 日本이나 韓國의 젊은 學徒들과는 크게 다른 점이 있었습니다.

요즈음의 젊은 學徒들은 '戀愛'라는 것에 상당한 比重을 두는 것으로 보입니다. 그러나 제가 3年 가까이 自由寮의 三高生들 가운데는 女子에게 熱中한 사람은 거의 없었습니다. 그들 가운데는 猥褻스러운 노래를 장난스럽게 부르며 즐기던 친구는 흔히 있었으나, 실제로 女子를 만나거나 女子와 사귀는 일에 많은 時間을 割愛하는 친구들은 거의 없었습니다.

學校 工夫를 열심히 하는 것도 아니었습니다. 學校 成績에 執着하는 것은 사람됨이 옹졸하다는 證據라고 보는 雰圍氣였습니다. 學校 工夫 가운데서는 外國語에 力點을 둘 것이고, 文史哲 分野의 古典的 良書를 깊게 읽으라고 上級生들은 忠告했습니다. 짧게 말해서, 三高生들의 生活態度는 個人的 立身揚名을 뒤로 미루고, 歷史의 바른 길에 寄與할 것을 꾀해야 한다는 雰圍氣가 강했습니다. 그 三高生들을 가리켜서 '卓越한 良識을 갖춘 知識人'이라고 말하기는 어려울 것입니다. 그러나 그들을 '卓越한 良識을 갖춘 知識人

을 指向하는 有望株'라고 부를 수는 있을 것입니다. 저는 그러한 '有望株'의 多數를 친구로 가질 수 있었으니 참으로 幸運兒였음에 틀림이 없습니다.

제가 第三高等學校를 마치고 東京帝大 法學部로 進學한 것은 1943年 9月이었습니다. 東京大學에 들어간 덕분에 저는 다시 한 번 '卓越한 知識人의 有望株'들의 多數와 만나는 幸運을 갖게 되었습니다. 그 당시는 太平洋戰爭이 한창 高調된 時期여서 東京大學生들에게도 軍隊에서 부르는 令狀이 수 없이 날아오는 어수선한 狀況이었습니다. 그럼에도 불구하고 東大生들은 動搖하는 氣色 없이 講義를 듣기 위하여 열심히 敎室을 찾아오고 있었습니다. 法學部 一學年 授業은 주로 正門에서 가까운 大型 講堂에서 듣도록 되어 있었는데, 좋은 자리를 차지하기 위한 競爭이 치열할 정도였습니다. 그 學期의 授業을 끝까지 들을 수 있을 것이라는 展望이 몹시 흐린 상태에서, 이름난 敎授들의 講義를 듣겠다고 앞을 다투는 모습이었습니다. 講義 도중에 敎室을 빠져나가는 學生은 하나도 볼 수 없었습니다.

제 記憶에는 오노(小野) 敎授의 刑法時間이었다고 생각되는 어느 날, 學生 한 사람이 약 10分쯤 늦게 敎室로 들어왔습니다. 막 의자에 앉으려고 했을 때, 敎授의 호통소리가 250名을 收用하는 大型 講堂에 울려 퍼졌습니다. "여기가 劇場인 줄 아느냐? 어디라고 뒤늦게 들어와서 앉으려고 하느냐. 당장 나가거라!" 저는 그 敎授의 엄하고 당당한 態度에서 또 하나의 높은 知識人의 事例를 느꼈습니다.

以上에서 말한 것 이외에도 제가 만난 日本의 卓越한 識者는 또 여러 사람이 있었습니다. 그 가운데는 말뿐이 아니라 實踐을 통해서 저를 困境으로부터 구해 주신 잊지 못할 사람도 있습니다.

以上에서 제가 오래된 過去에 日本에서 만난 卓越한 識者들의 이야기를 列擧한 것은 卓越한 識者들의 存在가 넓은 人間事會 全體를 위하여 매우 所重하다는 믿음을 전하고자 함에 그 本來에 뜻이 있습니다. 그리고 日本의 學

士院과 韓國의 學術院은 그 會員들 가운데 卓越한 識者들이 여러 분 숨어 있을 것으로 보는 까닭에, 앞으로 우리 두 學術機關이 함께해야 할 일들이 많다고 믿는 마음이 그 背後에 있습니다.

3.

앞으로의 討論의 廣場에서 우리는 狹義의 學術的(scientific) 談論의 領域을 넘어서서 우리가 當面하고 있는 世界史的 問題들을 哲學的 視角에서 接近하는 勞苦를 아끼지 말아야 할 것입니다. 極度로 發達한 現代의 科學技術은 天體의 먼 곳까지를 밝힐 수 있게 되었고, 人間複製의 技術이 한 걸음 더 나아가면 無所不爲의 超人을 量産할 수 있을지도 모르는 境地로 接近하고 있습니다. 科學者는 自身이 考案한 技術의 産物이 사람들을 위하여 有用하게 쓰이기를 바랄 터인데, 그와 反對되는 結果가 생긴다면 안타까운 일이 아닐 수 없습니다.

제가 中學校 下級班에 다녔을 무렵에 읽은 어떤 책의 內容이 문득 생각납니다. 西洋 사람이 쓴 것을 飜譯本으로 읽었습니다만, 著者의 이름도 책 이름도 생각나지 않고, 오직 內容의 줄거리만이 記憶에 남아 있습니다. 그 줄거리는 대략 다음과 같습니다.

세 사람의 魔法師가 人迹이 드문 아프리카의 산길을 徒步로 旅行하고 있었습니다. 얼마쯤 걸어가다가 그들은 길가에 動物의 骸骨이 흐트러져 있는 것을 發見했습니다. 죽은 지 여러 날 되는 표범의 骸骨이었습니다. 魔法師 한 사람이 표범의 骸骨을 앞에 놓고 한참 동안 무슨 呪文을 외웠습니다. 그의 呪文은 놀라운 힘을 發揮하여 표범의 全體 骸骨들이 하나도 빠짐이 없는 標本의 體系를 形成했습니다.

그 일을 成就한 魔法師가 意氣揚揚한 表情으로 다른 두 사람을 바라보았을 때, 두 번째 魔法師가 팔을 걷어부치고 진흙을 파서 물에 개기 시작했습니다. 그리고 물에 갠 진흙을 표범 骸骨에 정성들여 발랐습니다. 다음에 두 팔을 번쩍 들고 그 사람의 특유한 呪文을 외웠습니다. 呪文을 외우는 동안에 또 놀라운 일이 생겼습니다. 骸骨에 묻은 진흙이 살과 가죽으로 변하더니, 그 위에 털이 났을 뿐만 아니라 표범 特有의 둥근 무늬까지 鮮明하게 나타났습니다.

"참 놀라운 魔術이외다!" 하고 세 번째 魔法師가 稱讚을 했습니다. 그리고 "이번에는 내가 재주를 보여드릴 차례군요." 하고 嚴肅한 목소리로 그의 呪文을 외우기 시작했습니다. 그것은 죽은 物件에게 生命을 불어넣는 靈驗한 呪文이었습니다. 呪文이 끝나기가 무섭게 표범은 四肢를 펴고 기지개를 켰습니다. 그리고 다음 순간에 세 魔法師를 차례로 襲擊했습니다.

제가 飜譯 책을 읽은 것이 70여 年 前이므로 그 原書가 나온 지는 그보다도 더 오래되었을 것입니다. 著者의 이름도 책의 이름도 생각나지 않습니다만, 벌써 그 옛날에 누군가가 童話를 빌려서 놀랍고 意味 깊은 豫言을 한 것임에 틀림이 없습니다.

"하나밖에 없는 地球를 살려야 한다."는 목소리가 울려 퍼지기 시작한 지 이미 오래입니다. 地球를 살리기 위해서는 人類 全體가 한마음이 되어 힘을 합해야 한다는 외침도 無數하게 들었습니다. 듣기에 아름다운 저 言語의 盛饌이 知識社會에서 當然한 常識으로 받아들여진 지도 이미 오래입니다. 그러나 이 當然한 常識이 우리들의 現實生活에서 얼마나 實踐에 옮겨지고 있느냐고 물었을 때, 우리는 갑자기 할 말이 없음을 느낍니다.

"하나밖에 없는 地球를 살리자."로 表現되는 當然한 常識을 背反하는 現

實을 到處에서 目擊합니다. 예컨대 '開發'이라는 名分을 앞세우고 綠地帶를 破壞하는 土地公社의 橫暴를 막을 길이 없습니다. 堂堂하게 許可를 받고 遂行하는 公共事業이기 때문입니다.

韓國에서는 많은 갯벌이 農地로 변했습니다. 갯벌보다 農地가 經濟性이 높다는 名分을 앞세우고 人間이 作用하여서 그렇게 만든 것입니다. 지금도 韓國에서는 갯벌을 農地로 바꾸는 事業이 進行되고 있습니다. 갯벌과 農地를 比較할 때, 어느 편의 經濟性이 높은지는 그 計算法이 單純하지 않다고 생각합니다만, 설령 農地의 經濟性이 높다 하더라도 갯벌은 갯벌로 남겨두는 것이 바람직할 것이라는 생각을 버릴 수 없습니다. 自然은 自然 그대로 두는 것이 順理라고 믿기 때문입니다.

自然을 保護함으로써 地球를 살리자는 목소리 못지않게 强調되고 있으며 輿論을 形成하고 一般化되고 있는 또 하나의 목소리가 있습니다. 平和에 대한 熱望이 바로 그것입니다.

20世紀는 戰爭의 世紀였다고 해도 過言이 아닐 정도로 戰亂이 連續했으며, 특히 韓國과 日本은 形言하기 어려울 정도로 莫大한 被害를 겪었습니다. 그리고 21世紀로 바뀐 뒤에도 크고 작은 戰爭이 到處에서 터졌고 오늘도 터지고 있습니다. 이와 같은 世界史的 不幸을 背景으로 삼고 平和를 希求하는 목소리가 높아지는 것은 매우 當然한 現象이라 하겠습니다.

그러나 平和에 대한 熱望이 뜨겁고 그 목소리가 높음에도 불구하고 現實的으로 平和가 實現되는 경우를 찾아보기는 어렵습니다. 萬人이 平和를 渴望하고 있으며, 아무도 戰爭을 원치 않는다고 公言함에도 불구하고, 우리들의 現實은 反對의 方向으로 展開되고 있는 現象을 어떻게 說明해야 할지 解答의 실마리조차 찾아보기 어려우니, 眞實로 답답하기 그지없습니다.

러셀(Bertrand Russell)이 80歲의 生日을 맞이했을 때, 回顧의 感想을 述

懷한 짧은 글을 읽은 적이 있습니다. 그 述懷 가운데 다음과 같은 뜻의 말이 담겨 있었습니다. “내가 살아온 80年 가까운 歲月을 돌이켜 보건대, 人間이 自然과 만남으로 인하여 생기는 問題들을 解決할 수 있는 能力은 놀라운 成長을 이룩했다. 그러나 人間이 人間과 만남으로 인하여 생기는 葛藤의 問題들을 解決할 수 있는 能力은 거의 제자리에 머물러 있다.” 自然科學에 立脚한 技術은 눈부신 發展을 거듭하고 있으나, 人文社會科學에 立脚한 智慧에는 별다른 進展이 없다는 뜻을 말한 것으로 보았습니다.

제가 러셀의 그 글을 읽은 뒤로 다시 半世紀 以上의 歲月이 흘렀습니다. 만약 러셀이 지금도 살아 있다면, 그가 80歲 때 한 말과 大同小異한 懷古를 다시 말하지 않을까 하는 생각이 듭니다. 즉 人間과 人間의 만남에서 오는 問題는 옛날보다도 오히려 늘어가고 있는데, 그 問題를 解決할 智慧, 즉 人文社會科學에 立脚한 智慧에는 별다른 進展이 없다는 事實을 慨歎하지 않을까 하는 생각이 드는 것입니다.

人間과 人間의 만남에서 오는 問題란 다름 아닌 人間的 葛藤의 問題가 아니겠습니까? 하나뿐인 地球를 살려야 한다는 높은 목소리에도 불구하고 自然을 지키지 못하는 것은 '開發'이라는 것을 통하여 얻을 수 있는 것에 대한 사람들의 慾心이 自然을 自然 本來의 모습으로 지키고자 하는 사람들의 所望을 凌駕하기 때문일 것입니다. 平和를 熱望하는 목소리가 높음에도 불구하고 平和를 定着시키지 못하는 것은 平和를 破壞함으로써 利益을 圖謀하는 사람들의 慾心이 平和를 지키고자 하는 사람들의 意志를 凌駕하기 때문일 것입니다.

우리의 狀況은 두 勢力의 對立 내지 葛藤의 構圖로 要約할 수 있을 것입니다. 人類와 그들의 依支處인 地球를 함께 살리고자 하는 大我의 陣營과 그에 맞서서 目前의 利益에 愛着하는 小我들의 陣營과의 對立 및 葛藤이 現在 우리들이 살고 있는 人間的 自畵像의 核心이라고 생각됩니다.

이 두 陣營 가운데서 우리들, 즉 두 나라의 學術院과 學士院의 會員들은 당연히 大我의 陣營에 속한다고 보아야 할 것입니다. 그렇다면 우리가 속하게 된 大我의 陣營을 위해서 무엇을 어떻게 할 것인가가 現實의 問題로서 다가옵니다. 우리들의 두 團體에 속하게 된 그 會員들도 個人에 따라서 딛고 있는 處地가 다르므로, 무엇을 어떻게 해야 할지 一律的으로 말하기는 어렵겠습니다. 다만 우리는 學問的 問題를 다루기 위한 對話의 마당에 모이게 되었으므로, 우리는 이 討論의 마당을 염두에 두고 이 共通된 使命을 좀 더 생각해 보는 것이 좋으리라고 여겨집니다.

작년 6월 말경에 저는 朴煐植 敎授와 日本學士院을 訪問한 바 있습니다. 어느 由緖 깊은 場所로 우리를 데려간 나가꾸라 院長께서는 저녁 食事를 마친 다음에도 지칠 줄 모르고 말씀을 나누셨습니다. 院長先生은 平生을 人文社會科學 分野에서 보낸 저보다 더 該博한 識見을 가지고, 人類가 처해있는 危險한 狀況을 念慮하셨습니다. 先生은 단순히 念慮하는 데 그치지 않고, 이 亂局을 克服할 수 있는 希望의 原理에 대해서도 言及하신 것으로 記憶합니다. 물론 豫言者 같은 豪言壯談은 없었습니다. 다만 매우 조심스럽게 하신 말씀 가운데, 儒學과 佛敎를 誕生시킨 東洋의 智慧에서 무엇인가 살려야 할 原理가 있을 것 같다는 말씀을 하셨습니다. 그리고 이어서 儒學과 佛敎의 가르침이 아직도 많이 남아 있는 나라는 日本과 韓國이라는 主張도 있었던 것으로 記憶합니다. 그러한 主張 가운데는 오늘날 人類가 안고 있는 世界史的 難題를 克服하기 위해서 日本과 韓國의 識者들이 함께해야 할 일들이 많다는 뜻도 包含되어 있었던 것으로 보입니다.

오늘 우리는 學問的 談論의 廣場을 조촐하게 始作하고 있습니다. 공연히 虛勢를 부리고 豪言壯談하는 것이 바람직하다고는 생각하지 않습니다. 다만 오늘의 始作이 비록 조촐하나 앞으로 이 廣場(포럼)을 質과 量 두 側面에서 알뜰하게 가꾸어 나가고 싶은 慾望을 누르기는 어렵습니다. 우리들의 앞날에 幸運이 있기를 祈願합니다.

感謝합니다.

2006年 9月

大韓民國學術院

會長 金泰吉

(2006년 대한민국 학술원과 일본 학사원 학술교류 포럼 축사)

편 　집 : 우송 김태길 전집 간행위원회

간행위원 : 이명현(위원장), 고봉진, 길희성, 김광수, 김도식,
김상배, 김영진, 박영식, 손봉호, 송상용, 신영무,
엄정식, 오병남, 이삼열, 이영호, 이태수, 이한구,
정대현, 황경식

우송 김태길 전집

새로운 가치관의 지향

지은이 김태길

1판 1쇄 인쇄 2010년 5월 20일
1판 1쇄 발행 2010년 5월 25일

발행처 철학과현실사
발행인 전춘호

등록번호 제1-583호
등록일자 1987년 12월 15일

서울특별시 종로구 동숭동 1-45
전화번호 579-5908
팩시밀리 572-2830

ISBN 978-89-7775-714-1 94100
978-89-7775-706-6 (전15권)
값 15,000원

●잘못된 책은 교환해 드립니다.